“十三五”普通高等教育本科系列教材

应用统计学

陈莉静　姜仁贵　高榕　编
马斌　主审

中国电力出版社
CHINA ELECTRIC POWER PRESS

内 容 提 要

本书为“十三五”普通高等教育本科系列教材，是在总结多年应用统计学教学实践的基础上编写完成的。

本书在编写过程中将应用统计学的基本理论与方法和工程实践有机结合，内容上力求言简意赅，便于读者理解和掌握。

本书共11章，涵盖了应用统计学的基本理论与方法，增加了基于Excel和SPSS的上机实践教学内容，突出计算机应用。主要内容包括统计调查与整理、统计量与抽样分布、参数估计、统计假设检验、方差分析、回归分析、时间序列分析、统计指数、实用多元统计分析、Excel和SPSS在统计学中的应用。

本书可作为高等院校工程管理、工程造价和管理科学与工程等专业本科生的教材和建设工程管理学科考研参考书，也可作为工程管理和工程咨询等技术人员的工具书。

图书在版编目（CIP）数据

应用统计学 / 陈莉静，姜仁贵，高榕编．—北京：中国电力出版社，2018.4（2023.6重印）
“十三五”普通高等教育本科规划教材
ISBN 978-7-5198-1080-1

Ⅰ．①应…　Ⅱ．①陈…　②姜…　③高…　Ⅲ．①应用统计学–高等学校–教材　Ⅳ．①C8

中国版本图书馆CIP数据核字（2017）第205457号

出版发行：中国电力出版社
地　　址：北京市东城区北京站西街19号（邮政编码100005）
网　　址：http://www.cepp.sgcc.com.cn
责任编辑：孙　静
责任校对：常燕昆
装帧设计：左　铭
责任印制：吴　迪

印　　刷：中国电力出版社有限公司
版　　次：2018年4月第一版
印　　次：2023年6月北京第四次印刷
开　　本：787毫米×1092毫米　16开本
印　　张：13
字　　数：306千字
定　　价：30.00元

前　言

应用统计学是工程管理专业一门重要的专业基础课和必修学位课。本书的目的旨在为工程建设的科学管理，资料的统计、整理、综合应用，以及科研试验、建材试验等资料的分析处理，提供理论方法和工具。通过学习，使学生掌握统计学的基本知识，为工程建设的科学管理、科学研究和实验打下基础。

《应用统计学》采用理论结合实践的方法，在系统介绍应用统计学基本理论和方法基础上，结合工程实践，增加基于 Excel 和 SPSS 的应用统计学上机实践教学内容，强化学生实践能力。本书提供了大量与工程管理密切相关的例题，每章配有思考和练习题，帮助读者进行复习。

全书共分为 11 章，内容包括：应用统计学概述、统计调查与整理、统计量与抽样分布、参数估计、统计假设检验、方差分析、回归分析、时间序列分析、统计指数、实用多元统计分析、Excel 和 SPSS 在统计学中的应用。本书教学预计需要 40 学时，要求学生具备概率论及数理统计的基础。本书可作为高等院校工程管理、工程造价和管理科学与工程等专业本科生的教材和建设工程管理学科考研参考书，也可作为工程管理和工程咨询等技术人员的工具书。

本书由西安理工大学和西京学院教师合作编写。编写分工如下：第 1 章、第 2 章、第 3 章、第 4 章、第 5 章、第 6 章、第 7 章由陈莉静编写；第 8 章、第 9 章、第 10 章由姜仁贵编写；第 11 章由高榕编写；全书由陈莉静、姜仁贵统稿，马斌教授主审。

本书在编写过程中得到了许多教师和使用本书校内教材的工程管理系学生的宝贵意见。吴小超、王孝敏、高瑄、韩浩、王小杰、杨思雨等做了大量的绘图和文字校对工作。在编写过程中参阅了有关专家和学者正式出版的应用统计学相关教材，中国电力出版社编辑在本书出版过程中给予指导和帮助，在此一并向各位表示衷心感谢。

由于作者水平所限，书中难免有不妥和疏漏之处。敬请读者提出宝贵意见，以便进一步改进和完善。

编　者

2018 年 2 月

目 录

前言

1 应用统计学概述……1
1.1 统计的产生和发展……1
1.2 应用统计学与其他学科的关系……3
1.2.1 应用统计学和数学、其他专门学科的关系……3
1.2.2 应用统计学与工程管理之间的关系……3
1.3 应用统计学研究的特点及其基本职能……4
1.3.1 应用统计学研究的特点……4
1.3.2 统计工作的基本职能……5
1.3.3 统计工作在工程管理中的意义和作用……5
1.4 应用统计学中的基本概念……6
1.4.1 总体及总体单位……6
1.4.2 样本……6
1.4.3 指标……6
1.4.4 变量……7
1.4.5 统计资料……7
思考与练习题……8
2 统计调查与整理……9
2.1 统计调查……9
2.1.1 统计调查的意义和要求……9
2.1.2 统计调查的组织形式……9
2.1.3 统计调查的方案设计……13
2.2 统计整理……14
2.2.1 统计整理的意义……15
2.2.2 统计整理的内容……15
2.2.3 统计表与统计图……15

2.3 综合指标 18
2.3.1 总量指标 18
2.3.2 相对指标 19
2.3.3 平均指标 20
2.3.4 标志变异指标 21
思考与练习题 22
3 统计量与抽样分布 24
3.1 统计量 24
3.1.1 描述分布集中趋势的统计量 24
3.1.2 描述分布离散趋势的统计量 28
3.1.3 描述分布偏斜程度的统计量 31
3.2 样本随机性与总体特征参数 32
3.2.1 样本随机性 32
3.2.2 总体特征参数 33
3.3 抽样分布 33
3.3.1 正态分布 33
3.3.2 标准正态分布 35
3.3.3 χ^2分布 36
3.3.4 F分布 37
3.3.5 t分布 38
3.3.6 样本统计量抽样分布 39
思考与练习题 41
4 参数估计 43
4.1 参数估计概述 43
4.2 点估计 43
4.2.1 矩估计法 43
4.2.2 顺序统计量法 44
4.2.3 最大似然法 45
4.2.4 衡量估计量优劣标准 47
4.3 区间估计 48
4.3.1 区间估计基本问题 48
4.3.2 正态总体均值μ区间估计 49
4.3.3 正态总体方差σ^2区间估计 50
4.3.4 两正态总体参数的比较 51
4.4 样本容量n的确定 51
思考与练习题 52
5 统计假设检验 53
5.1 假设检验的基本问题 53

5.1.1 假设检验的基本思路 …… 53
5.1.2 拒绝域的布置方法 …… 54
5.1.3 假设检验的两类错误 …… 55
5.2 总体均值假设检验 …… 55
5.2.1 单一正态总体均值假设检验 …… 55
5.2.2 两正态总体均值比较的假设检验 …… 56
5.3 总体方差的假设检验 …… 57
5.3.1 单个总体方差的假设检验 …… 57
5.3.2 两个总体方差比较的假设检验 …… 58
5.4 正态分布的假设检验 …… 59
思考与练习题 …… 63
6 方差分析 …… 64
6.1 基本概念及原理 …… 64
6.1.1 相关概念 …… 64
6.1.2 方差分析原理 …… 65
6.2 单因素方差分析 …… 65
6.2.1 数学模型 …… 66
6.2.2 参数点估计 …… 67
6.2.3 偏差分析 …… 67
6.2.4 显著性检验 …… 68
6.3 双因素方差分析 …… 70
6.3.1 双因素试验表 …… 70
6.3.2 双因素方差分析参数估计 …… 71
6.3.3 双因素偏差分解及显著性检验 …… 72
思考与练习题 …… 74
7 回归分析 …… 77
7.1 回归分析概述 …… 77
7.2 一元线性回归 …… 78
7.2.1 一元线性回归模型 …… 78
7.2.2 参数 a、b、σ^2 的估计 …… 78
7.2.3 一元回归方程的显著性检验 …… 80
7.2.4 预测 …… 83
7.3 多元线性回归 …… 84
7.3.1 多元线性回归模型 …… 84
7.3.2 多元线性回归模型的参数估计 …… 84
7.3.3 多元回归方程的显著性检验 …… 85
7.4 使用哑变量的回归 …… 87
7.4.1 哑变量的概念 …… 87

7.4.2 哑变量的应用 …… 87
7.5 非线性回归 …… 89
思考与练习题 …… 92
8 时间序列分析 …… 94
8.1 时间序列概述 …… 94
8.1.1 时间序列 …… 94
8.1.2 时间序列编制原则 …… 95
8.1.3 时间序列水平指标 …… 95
8.1.4 时间序列速度指标 …… 96
8.2 时间序列趋势分析 …… 97
8.2.1 时间序列构成模型 …… 97
8.2.2 长期趋势分析 …… 98
8.2.3 季节变动分析 …… 101
8.2.4 循环变动分析 …… 103
8.3 时间序列的预测方法 …… 104
8.3.1 移动平均法 …… 104
8.3.2 指数平滑法 …… 104
8.3.3 趋势线外推法 …… 107
8.3.4 自回归预测模型 …… 108
8.4 本章小结 …… 108
思考与练习题 …… 108
9 统计指数 …… 111
9.1 基本概念和分类 …… 111
9.1.1 基本含义 …… 111
9.1.2 统计指数的性质 …… 111
9.1.3 统计指数的作用 …… 111
9.1.4 统计指数的分类 …… 112
9.2 总指数编制及其形式 …… 112
9.2.1 总指数编制方法 …… 113
9.2.2 拉氏指数与帕氏指数 …… 113
9.2.3 固定权数与基期变换 …… 115
9.3 综合指数 …… 116
9.3.1 综合指数编制原理 …… 116
9.3.2 综合指数编制方法 …… 116
9.4 平均数指数 …… 117
9.4.1 平均数指数编制原理 …… 117
9.4.2 平均数指数编制方法 …… 117
9.5 指数体系及因素分析 …… 118

9.5.1 指数体系 …… 118
9.5.2 总量变动的影响因素分析 …… 118
9.6 几种典型的指数 …… 119
9.6.1 零售价格指数 …… 119
9.6.2 居民消费价格指数 …… 120
9.6.3 股票价格指数 …… 120
9.7 本章小结 …… 121
思考与练习题 …… 122
10 实用多元统计分析 …… 123
10.1 相关分析 …… 123
10.1.1 相关系数的计算 …… 123
10.1.2 散点图绘制 …… 124
10.1.3 相关系数的检验 …… 124
10.2 聚类分析 …… 124
10.2.1 聚类分析基本思想 …… 124
10.2.2 聚类分析方法 …… 125
10.2.3 K–均值聚类法 …… 127
10.3 主成分分析 …… 127
10.3.1 主成分的概念 …… 128
10.3.2 主成分的导出 …… 128
10.3.3 主成分的定义 …… 128
10.3.4 主成分的性质 …… 129
10.4 因子分析 …… 130
10.4.1 因子分析基本思想 …… 130
10.4.2 正交因子模型 …… 130
10.4.3 正交因子模型与回归模型的比较 …… 131
10.4.4 因子负荷 …… 131
10.5 判别分析 …… 132
10.5.1 判别分析基本思想 …… 132
10.5.2 线性判别函数 …… 133
10.5.3 判别指标与评价 …… 135
10.6 本章小结 …… 136
思考与练习题 …… 137
11 Excel 和 SPSS 在统计学中的应用 …… 138
11.1 常用的统计软件 …… 138
11.1.1 常用统计软件简介 …… 138
11.1.2 统计软件的选择 …… 139
11.2 Excel 在统计学中的应用 …… 139

11.2.1 数据汇总和图表 …… 139
11.2.2 Excel 的常用统计函数 …… 142
11.2.3 利用 Excel 进行方差分析 …… 142
11.2.4 利用 Excel 进行回归分析 …… 144
11.3 SPSS 在统计学中的应用 …… 145
11.3.1 SPSS 软件介绍 …… 145
11.3.2 基于 SPSS 的参数检验 …… 148
11.3.3 基于 SPSS 的方差分析 …… 152
11.3.4 基于 SPSS 的相关分析 …… 155
11.3.5 基于 SPSS 的回归分析 …… 159
11.3.6 基于 SPSS 的聚类分析 …… 161
11.3.7 基于 SPSS 的因子分析 …… 165
思考与练习题 …… 169
附录 A 有限总体样本量表 …… 171
附录 B 标准正态分布 …… 174
附录 C 标准正态分布分位数表 …… 176
附录 D t 分布表 …… 178
附录 E χ^2 分布表 …… 180
附录 F F 分布表 …… 182
附录 G 正态总体参数（μ、σ）区间估计表 …… 189
附录 H 正态总体参数（μ）的假设检验表 …… 190
附录 I 正态总体参数（σ）的假设检验表 …… 192
附录 J 相关系数临界表 …… 194
参考文献 …… 195

1 应用统计学概述

统计是指根据研究目的及要求，运用科学的方法，对客观事物或人类实践活动的数据资料进行调查、整理、分析的过程。统计学则是研究如何对社会整体的数量特征和规律进行描述、推断、认识的一门学科。

人们在日常政治、经济和社会活动中，经常接触到各种数字信息，例如国民生产总值问题、城镇乡村人口问题、资源（石油、土地、矿产）问题、工程项目管理问题及其他社会科学和自然科学问题都需要运用统计资料进行统计工作。

1.1 统计的产生和发展

人类的统计活动历史悠久，在原始社会时期，人类最初利用手指、石子、贝壳、小木棍以及绳索等工具进行的一般计数活动就蕴藏着统计萌芽。进入奴隶社会，统治者为了满足国家管理的需要，开始进行较为系统的人口、土地等统计活动。到了商代，由于国家机构的完善以及甲骨文的应用，开始建立了附属于官僚机构的统计组织，并形成了政府统计的萌芽，统计工作在军事、祭祀、田猎等方面已较广泛地开展。在封建社会，统计已经具有一定规模，并开始建立人口、土地登记调查制度。早期的统计多数涉及人口、财产和军事等方面的国情国力。

到了资本主义社会，社会生产活动日益复杂，生产要素的流动性大幅度增加，以简单汇总计数为主的静态统计已经不能适应资本主义国家管理的需要。统计工作逐步由人口、财产等领域扩展到工业、贸易、运输业、保险业等领域。随着统计领域的迅速扩大，统计的内容和方法也不断发展。20 世纪 40 年代，伴随着资本经济大萧条而产生的凯恩斯主义，对宏观统计实践提出了新的重大需求，逐步建立国民经济统计核算体系。此后，宏观统计活动又进一步从经济统计扩展到科学技术统计。统计实践活动不断丰富和迅速发展，为统计学说的创立奠定了深厚的基础。

在现代社会，统计作为政府管理的重要手段和工具，日益受到各国政府的重视。世界各国和重要国际组织都成立了专门的统计机构，制定、颁布了统计法规，统计工作逐步实现经常化、规范化、专门化。统计活动的规模、范围越来越大，从国家、行业、企业范围内统计，到世界范围内统计；从农业、商业、工业、外贸等各个领域统计，到社会经济综合统计；从一般的数据记录、汇总，到数据的综合分析；从静态的统计到动态的统计；从政府统计到民间统计。统计活动渗透到人类社会生活、生产经营活动、科学研究等各个方面。统计机构和人员定期或不定期地开展各项统计调研活动，召开统计工作会议，出版统计年鉴、统计论著和统计学术刊物。统计已经成为社会分工中的一个独立部门和专业。

虽然统计活动源远流长，但统计学作为一门独立的学科至今却只有 300 多年的历史。在统计活动不断发展的过程中，基于对统计实践的总结、提炼，统计学应运而生。虽然我国统计活动历史悠久，并且许多古代思想家很早就提出了统计思想和统计方法，进行了一些统计研究，但是一般认为统计学产生于西方国家。按照统计学的发展历程，可以把统计学划分为古典统计学、近代统计学和现代统计学三个时期，如图 1–1 所示。

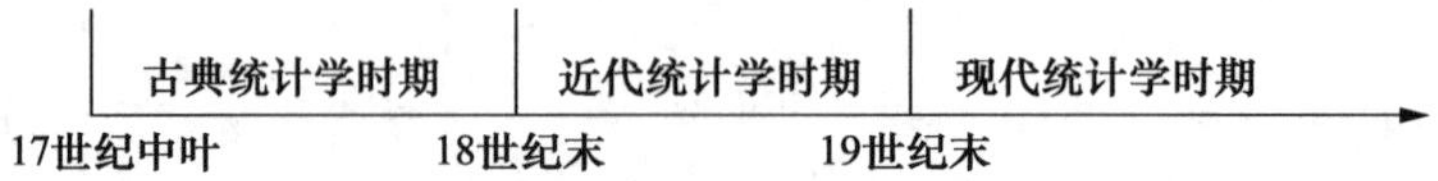

图 1–1　统计学的发展历程示意图

进入 20 世纪后，随着数学、社会学、经济学等各个学科的发展，统计学无论是在理论方法上还是在应用上都得到迅速发展。统计学学科体系日趋完善，进入现代统计学时期。现代统计学已发展成一门多分支的学科，并且仍处于不断发展的过程中。根据研究侧重点的不同，人们通常将统计学划分为理论统计学和应用统计学两个大类。

理论统计学是指统计学的数学原理，它根植于纯数学的一个领域——概率论。从广义来说，统计理论可以认为是包括概率论的，此外还包括一些并不属于传统概率论的内容，如随机化原则的理论、各种估计的原理、假设检验的原理以及一般决策的原理，这些原理可以看成是概率论公理的扩增。

与理论统计学相对应的是应用统计学。在统计实践中常常会遇到一些新问题，使原有的统计方法不适应，需要统计学家针对新问题去建立一个与实际情况相适应的统计模型，创造新的统计方法去分析。将统计学的基本原理应用于各个领域就形成各种各样的应用统计学。它包括一整套统计分析方法，有的是适应于各个领域的一般性的统计方法，如数据收集与整理、参数估计、假设检验、方差分析、相关与回归分析等。有的则是某一专业领域中特有的分析方法，例如经济统计学中的指数分析法、统计决策及产品质量统计管理等。近几十年来，由于统计研究的范围越来越广，一些科学实验也日趋复杂，统计方法也相应地复杂化和专门化，在应用统计方法中必须对因模型和实际情况的不一致而引起的各种误差的性质和大小做出判断，或提出改进的措施。由于统计的工具更加专门化了，其意味着统计工具已缺少通用性，因此要求所有的统计学家熟悉所有的专门工具已不可能。为了适应这种发展的需要，既熟悉统计知识又熟悉某一领域业务的应用统计学家就应运而生，同时也产生了相应的应用统计学。这类统计学的特点是不着重于统计数学原理的推导，而是侧重于阐明统计的思想，并将理论统计学的结论作为工具应用于各个具体领域。现代统计学的显著特点是计算机技术、网络技术以及信息技术在统计中的广泛应用，使得统计学科的内容更加丰富。通用和专业统计软件的开发和应用成为统计学工作者的一项重要任务。统计学的学科体系简图如图 1–2 所示。

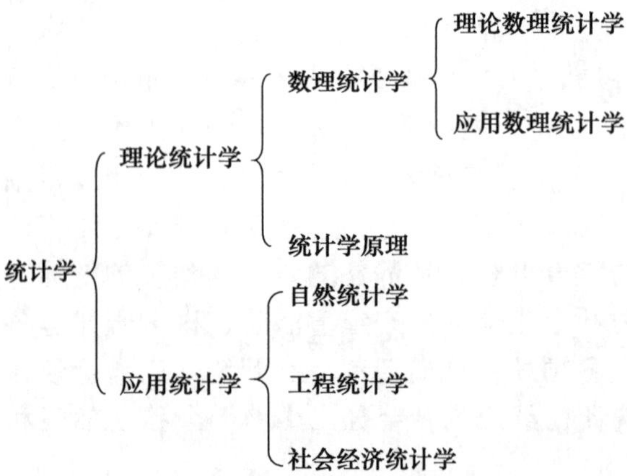

图 1–2　统计学的学科体系简图

本教材属于通用型应用统计学，并侧重于

统计学在工程管理领域的应用。在数理统计学与统计学原理的基础上，结合工程应用，形成工程统计学。

1.2 应用统计学与其他学科的关系

应用统计学与数学、哲学、社会学、经济学等其他学科也有不同程度的联系，应用统计学中广泛应用了数学方法，进行统计研究要遵循哲学的基本原理。对工程问题的数量特征进行统计分析必须以工程技术和工程管理相关科学为基础，统计研究的结果也丰富了工程技术、工程管理的内容。统计学与上述相关学科相互促进，共同发展。

1.2.1 应用统计学和数学、其他专门学科的关系

应用统计学着重研究客观现象的数量特征。统计学中具有方法论性质的数理统计学是应用数学的一个分支，因此统计学与数学的关系非常密切，且与其他的应用数学有一定的共性。如数学中的有关定理一样，统计学中的一些分布也是客观现象数量特征的一种抽象。统计学中也要使用很多数学方法，学好统计学，尤其是理论统计学需要有坚实的数学基础。但另一方面应用统计学与其他的数学分支相比又有其特殊性：

（1）处理的数据不同。偶然现象在统计学中常称为随机现象，因此统计学及其理论基础概率论不同于其他数学分支的一个特点在于它是研究随机现象的一门学科。

（2）处理的方法不同。数学常常是用演绎的方法，即数学中研究的结论，通常从若干假设命题或已知的事实出发，按一定的规则通过逻辑推导得到。而统计学在本质上是用归纳的方法，它是根据观察到的大量个别情况，“归纳”起来去推断总体的情况，这一点与概率论的方法也有区别。因此，目前国际上也有一种趋势，把统计学看成是与数学独立的学科。

统计方法有着广泛的实用性，其一般的数据分析方法适用于其他任何科学中的偶然现象，因此它与很多专门学科都有关系。但是统计方法只是从事物的外在数量表现去推断该事物可能的规律性，它本身不能说明何以会有这个规律性，这是各专门学科的任务。例如，用统计方法分析一些资料，得出工程成本与施工进度有一定的关联，但它不能解释进度何以会影响工程成本，这是工程技术学科的任务。所以统计方法只是一种工具，应用它进行定量分析时必须和定性分析结合起来。

1.2.2 应用统计学与工程管理之间的关系

工程项目管理中搜集、汇总、计算等一系列工作是由统计学工作来完成的，是由统计数据全面反映的。统计信息是工程项目管理中最鲜明的体现和最普及的应用，即通过数字揭示工程项目实施管理过程中特定时间、特定方面的数量特征，帮助对工程项目的管理进行定量乃至定性分析，从而做出正确的工程设计、施工、运营管理方案。另外，统计学在工程项目管理中以统计数据为依据结合其他信息对项目进行定量定性分析；对与工程项目管理有联系的劳动力、资源材料、机械设备等的供应来源、价格、条件以及市场预测等情况进行反映；可以以统计数据、统计指标来核算银行贷款利率、担保收费、保险费率及投标报价等资金有关因素；同时各项法规，如企业法、合同法、劳动法、税收、工程管理条例以及技术规范等也可以与统计学相融合，使其在工程项目管理中得到良好的体现。

在一些工程项目管理中，因为工期长，而且场地铺展比较长，所以必须要有一个完善的工程项目管理机构，而在确定组织管理机构的职能、结构以及各项制度的时候，就需要参考

统计上报的信息，通过这些信息的量化分析和综合性分析，从而制定相应的管理方案。而应用统计学的普遍性原理可以对工程项目组织管理中的一些细节问题进行支撑，从而能对一些异常情况提前做出反应。另外，在工程项目组织管理中以统计信息为依据，将各级工作进行细化，能在全部范围内形成一个有效的沟通网络。

在工程项目开始之前统计工作就必须要先进行，在工程前期的地质测量中，对施工场地的地质情况要做出准确的测量，然后利用统计学原理将所得信息进行汇总，做出量化的分析。在施工过程中，施工方案确定可通过统计推断原理选出最优方案。在施工过程的质量控制中，要利用统计学原理将工程实际的施工情况与原先的预计目标进行对比，对存在差距的地方进行调整。在对整个工程总体的施工情况进行综合性的评价时也要用到统计学知识，将各方面的情况进行分析和汇总，做出精细化的工程项目方案，从而为相关的评价提供真实、可靠的依据。

1.3 应用统计学研究的特点及其基本职能

1.3.1 应用统计学研究的特点

应用统计学是一门研究客观现象数量特征和规律性的方法论科学，强调统计知识应用于实际生产生活。

统计研究的特点可以概括为以下几点：

（1）数量性。“数字是统计的语言”，数量性是统计研究的基本特点。如图 1–3 所示的统计研究系统，输入的是数据，即客观事物个别的或者局部的原始数据；输出的是客观事物综合的数量特征，包括数量大小和数量的规律性。统计研究系统是一个数据获取和加工处理系统。

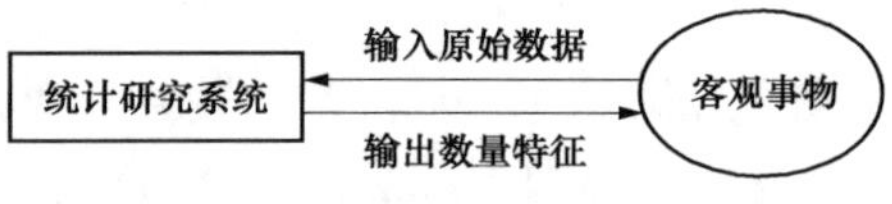

图 1–3 统计研究的数量性示意图

客观事物都有质和量两个方面，是质和量的辩证统一体。统计所研究的虽然是客观事物的数量特征，但不是纯粹的数量，而是与质量密切联系的数量，即必须结合客观事物的质量来研究其数量特征，并且通过量反映质。统计研究的过程是定性研究与定量研究相结合的过程。一方面，定量研究必须建立在定性研究的基础上，只有对客观现象的性质、特点和运动过程有一定的认识，才可能进行定量分析。例如，在统计评价工程质量之前，必须首先认识专业学科对其相关指标的规定性，然后才能正确界定其计算范围，规定其计算方法，再收集整理有关资料，得出工程质量的等级结论。另一方面，事物数量的变化会引起质量的变化，认识事物的数量表现，是深入把握事物质量的前提。只有做好定量分析，才能达到定性认识的目的。例如，统计出不同时期、不同地区的房产交易信息，进行纵向和横向的对比，可以判断某个时期某个地区的房产交易水平和变化的方向等。

（2）总体性。“统”就是总起来、综合起来。统计研究就是总的、综合的数量研究。一般理解的总体是指统计总体，是由同类个体组成的集合体，如人口总体、企业总体、商品总体等，这时统计研究的目的不是计量个体的特征表现，而是对个体的特征表现进行统计整理和统计分析，得到总体的综合的数量特征。在这里，总体性也有综合性的含义。对客观事物的同一特征在不同时期的表现进行的分析研究就是综合性统计研究，例如，工程机械效率随其寿命变化的分析，某地某年的房产交易价格变化的分析等。统计研究也不排除对个别事物进行深入具体的分析研究，进行个别事物的综合性统计研究。例如，工程项目质量测评，是把工程外观尺寸、平整度、混凝土强度、砂浆强度、钢筋型号等加以综合得到工程质量综合评价。对于综合性研究的意义，列宁曾做出精辟论述："现在我们看到了一个可叹的事实：地方自治局的统计汇编花费了无穷无尽的劳动，收集了极丰富的、有价值的、新的，然而没有加以分析、总结分组和复合的资料，这个汇编只有几乎等于零的、一点微不足道的科学价值。"

（3）具体性。具体性即客观性。统计对象是具体的，是客观存在的事物或现象。统计数据包括原始数据和计算结果，都是客观现象在一定时间、地点、条件下的数量表现，是具体的数据。这是统计学和数学的一个重要区别，数学所研究的对象可以是脱离了具体对象的抽象的数量。工程统计的统计对象是具体的工程问题，包括工程质量、成本、进度等，工程统计研究得到工程问题的数量以及数量的规律性认识。

1.3.2 统计工作的基本职能

统计职能指统计工作或统计活动本身所具有的功能或基本作用。从统计发挥作用的层次性来看，可概括为信息职能、咨询职能和监督职能，三大职能的有机结合，构成了统计的整体功能。

（1）信息职能。统计的信息职能表现为人们对社会现象或自然现象的总体数量特征的认识作用。统计的信息职能是通过统计工作采集数据、核算数据、处理数据、传递数据、存储数据和提供数据等具体活动反映出来的。

（2）咨询职能。统计的咨询职能是指统计部门和统计工作者根据掌握的有关统计信息资源，通过调查研究、统计分析、统计预测、可行性研究、实证分析、对策研究、方案提供、企业诊断、综合评估等形式为有关部门和管理者提供导向性和建设性的咨询服务。

（3）监督职能。统计的监督职能是指统计部门和统计工作者，根据掌握的统计信息，能够及时、准确地反映经济、社会、科技的运行状态，并通过定量检查、监测实施、预报预警、信息反馈、评判方案、纠正偏差等形式发挥监测、督促和调控的作用。

上述三大职能是相互作用、相辅相成的。其中，统计的信息职能是最基本的职能，是统计咨询和统计监督职能得以有效发挥的前提条件。统计的咨询职能是统计信息职能的延续和深化，统计监督职能是在信息和咨询职能基础上的进一步拓展。

1.3.3 统计工作在工程管理中的意义和作用

统计工作贯穿于工程项目管理的方方面面，是监督整个项目实施的重要手段，是项目管理者制定决策和计划的主要依据。对于工程项目管理，其精髓在于控制，即重点对施工项目的进度、质量、成本、安全、现场的管理控制。而控制的基础就在于对于工程项目所做的科学的、切实可靠的统计工作。利用科学的统计方法，对相关信息进行收集、整理、筛选、分析。根据其动态变化，分析其产生偏差的原因，由此得到对工程项目具有实际指导意义的决策和结论，并及时地采取有效的综合管理手段。影响项目的因素是多种多样的，如果不去做大量的统计工作，就会导致事到临头还毫无警觉，连风险隐患在哪里都不清楚。因此，统计工作在项目管理中具有重要意义。如果建立并完善了统计工作制度，形成一套合理有效的统计管理模式，提高统计人员的素质，强化统计管理，对工程项目管理而言，将具有重要作用。如：可以反映工程项目在某一时点（例如月末、季度末或年底）上的现状，也可以反映工程项目在一个特定时期内的动态（本月的生产、质量、安全等方面的情况），还可根据现状或动态指标制定工程计划及保证措施；可以反映工程项目的效益与效率；也可以通过结合对各分部分项工程投入的人、材、机等诸方面的统计、汇总与合同清单进行盈亏分析，还可通过计算人均产值来反映项目的生产效率等。

1.4 应用统计学中的基本概念

1.4.1 总体及总体单位

所谓总体，是指客观存在的、在某种同质性的基础上结合而成的、由许多个别事物构成的整体。总体既可以由人、物、组织单位等实物构成，也可由现象、活动过程等非实体构成。例如，对市场价格变动的研究中除了商品价格，还包括各种劳务价格，“劳务”是活动的过程。

构成总体的个别事物，称为总体单位。要了解总体的数量特征，就必须要从总体单位一个个的登记开始。例如，三峡混凝土大坝浇筑的研究对象为各坝段实体时，总体是混凝土大坝，总体单位可以为坝段；研究对象为浇筑时间时，总体为总工期，总体单位可以为计划分期。

总体有无限总体与有限总体之分。无限总体就是总体含有无限多的总体单位，多得不可计数。水质化验、土质分析、建材试验等都要用到无限总体。有限总体就是总体所包含的总体单位是有限的，可以计数的。例如，施工企业、设备台数、材料数量等都是有限总体。

总体和总体单位不是固定的，总体的范围、包含的总体单位也不是固定不变的，它们都会随着统计研究目的的变化而改变。例如，大坝混凝土浇筑研究，总体是每一坝段时，总体单位可以为浇筑层，总体为月浇筑量时，总体单位可以为日浇筑量。

尽管总体和总体单位是相对而言的，但是作为总体，必须具备客观性、同质性、大量性、变异性四个特征。

1.4.2 样本

样本是受审查客体的反映形象或其自身的一部分。样本是从总体中抽出的一部分个体。样本中所包含的个体数目称样本容量，用符号 n 表示。样本有大小之分，大样本的容量一般在 30 以上或 50、100 以上，小样本的容量在 30 以下。因为样本越大从总体中提取的信息就越多，对总体的代表性就越好，因此一般情况都抽取大样本进行研究。

1.4.3 指标

统计指标（简称指标）是综合反映统计总体数量特征的概念和数值，表明某一客观事物在具体时间、地点条件下的规模、水平。例如某企业在某一特定时间的职工人数、某一机械台数，混凝土浇筑时水泥水化热指标，路基填筑时的压实度。统计指标具有三个特点：

（1）数量性，即指标都是用数值来表现的。

（2）综合性，统计指标是对总体单位某一特征进行调查、登记并加以汇总整理，而得到的数据构成总体单位的综合结果，不是说明个别总体的数量特征。

（3）具体性，统计指标是说明总体某一特征或属性的质与量的统一，是在一定时间、地点、条件下的具体数量的表现。

统计指标有指标名称和指标数值组成，两者既有联系又有区别，指标名称是统计所研究现象某一特征的科学概念，是对现象的质的规定，反映其内容所属的范畴；指标数值是统计所研究对象某一特征具体数值的综合结果，对现象特征从数量上加以说明，是对统计指标的量的规定。统计指标名称和指标数值有机结合，辩证统一地反映客观现象的质与量。

统计指标按其反应的数量特征不同，可以分为数量指标和质量指标。数量指标是反应现象总体规模大小、数量多少的总量指标，一般用绝对数表示，如职工人数、项目投资额、机械台数等。质量指标是表明现象总体质量的指标，反映现象的相对水平或工作质量，一般用相对数或平均数表示，如劳动生产率、资金利润率等。

统计指标按其数值形式不同，可分为总量指标、相对指标、平均指标。总量指标（或称绝对指标）是说明现象规模、水平或工作总量的指标，如工资总额、产品产量等。相对指标是两个有联系的总量指标相比的结果，是说明现象总体的结构、发展程度的指标，如产品的合格率、发展速度等。平均指标是按总体某些数量标志值计算的说明总体一般水平的统计指标，如平均工资、劳动生产率等。

统计指标按其计量单位不同，可分为实物指标和价值指标。实物指标用实物计量单位直接反映产品使用价值的数量。价值指标是用货币计量的计算指标。

统计指标按其作用不同，可以分为描述指标、评价指标和预警指标。描述指标是用来反映现象基本情况的指标，如社会劳动力资源总数、外汇储备数、在校学生人数等。评价指标是用来对客观现象活动的结果进行评估和考核的指标，比如工业企业经营活动效益评价的产品销售率、流动资金周转速度、劳动生产率等指标。预警指标是对现象宏观运行进行监测，并据此对可能出现的总体失衡、结构性矛盾、突发异常情况做出预报的指标，如通货膨胀率、固定资产投资增长率、失业率、人口增长率等，这类指标涉及面广，敏感性强，对国民经济的发展和社会稳定具有重要作用。

客观现象是错综复杂的，各种现象之间存在着相互联系、相互制约的关系。单个统计指标只能反映总体某一方面的特征。为了全面地说明现象的发展过程和它的各个方面，就需要一整套统计指标。这种具有内在联系、相互制约的一系列统计指标的整体，称为统计指标体系。

1.4.4 变量

可变的数量标志，称为变量。其在总体各单位所表现的标志值，就是变量值。

变量按其数值形式的不同，可以分为离散型变量和连续型变量，离散型变量一般取整数值，如职工人数、企业个数、设备台数等。连续性变量可以对变量值作无限分割，取任意小数，如项目投资额、混凝土浇筑量、回填土方等。

变量按其影响因素的不同，可分为确定性变量和随机性变量。受确定性因素影响的变量称为确定性变量。这种影响变量值变化的因素是明显的，是可以解释的，是人为的或者受人控制的，其影响变量的大小、方向都可以确定。如产品总成本的变化，无非是受产品产量和单位成本两个因素的影响，而这两者都是人为可以控制的变量，并且对生产总成本的影响的大小和方向也是确定的。受随机性因素影响的变量称为随机变量，所谓随机因素，是指各种不确定的、偶然性的因素，这种因素对变量影响的大小和方向都是不确定的，通常是微小的。如混凝土浇筑强度，即使在完全相同的情况下进行浇筑，也总会存在差异，究其原因，可能与原材料的质量，温度、湿度的变化，工人的情绪，甚至太阳黑子的爆炸等多种不确定的、偶然因素变化的影响有关。在客观现象中，既有确定性变量，也有随机性变量；影响其变量变化的因素有确定性因素，也有随机性因素。统计研究要按其目的和要求，作不同处理。

1.4.5 统计资料

统计资料也称统计信息，是统计部门或单位进行工作所搜集、整理、编制的各种统计数据资料的总称。工程统计资料通常来源于实验室或工程场地观测、记录资料。

统计资料按计量方法不同可分为计点资料（数个数）、计量资料（经测量，如长度、重量）；按获取方式不同分为原始资料、间接资料；按时间属性不同分为静态资料、动态资料；按涵盖范围不同分为全面资料、抽样资料。

统计资料具有以下特性：（1）客观性，是观察、调查、实验或登记而得到具体存在的事实；（2）总体性，是对社会现象或自然现象的总体的数量表现的描述；（3）数量性，是数量化的信息，包括数量多少、数量关系、数量界限；（4）扩展性，是指统计资料可以从时间、空间、总体内部的结构和现象间的相互关联等方面进行扩展，使统计信息不断充实、系统和完整。

用以清楚地表现所搜集整理的资料绘制的表格称为资料表。在做资料表时，应注意：总体单位放在表左列，指标置于表顶行，变量放在表芯。如为某一公路路基质量检查见表 1–1。

表 1–1　公路路基质量检查表

桩号	高程 H（m）	压实度 γ（%）	弯承值 L（mm）	路基宽 B（m）	横坡 I	平整度 D	质量 C
K0+200	14.400	95	40.0	24.5	2.2%	2.0	合格
K0+400	15.700	96.2	39.9	24.6	1.9%	2.20	不合格
…	…	…	…	…	…	…	…
K1+400	16.700	95.9	47.9	24.5	2.0%	1.6	不合格
K1+600	17.100	95.8	49.8	24.0	1.99%	3.0	不合格

资料表中比较直观反映出统计样本容量、指标种类及每个样本下各指标的取值。通过对其整理和分析可以找出各指标间的相互关系和相互影响规律，从而做出评价意见和整改方案。

思考与练习题

（1）统计学研究的特点有哪些？

（2）统计工作的基本职能有哪些？

（3）试举例说明什么是总体、总体单位、变量、变量值。

（4）统计工作在工程管理中的作用有哪些？

2 统计调查与整理

现代社会是一个复杂多变的信息社会。随着工业化和现代化的迅速发展，人们迫切地感到，只有对各种社会现象和人类行为有更深入的认识，才能有效地制定政策、预测发展规律和解决问题。在这一要求的推动下，统计调查与整理作为人们认识社会、改造社会的一种手段，逐渐得到广泛应用。它已成为研究各种社会现象和人类行为的主要方法之一。

统计数据的搜集与整理是统计研究的初级阶段，这个阶段的基本任务是搜集所需要的统计资料并进行加工整理，为下一步的定量分析提供必要的前提和条件。本章主要介绍如何根据调查目的和客观实际情况，设计统计调查方案，组织搜集准确、及时的统计资料，整理、表现及描述相关的统计资料等。

2.1 统 计 调 查

2.1.1 统计调查的意义和要求

统计调查是按照统计任务的要求，运用科学的调查方法，有组织地向社会实际搜集各项原始资料的过程。统计调查是统计工作的第一个阶段，统计调查担负着提供基础资料的任务，是决定整个统计工作质量的重要环节，又是统计整理和统计分析的前提。

为保证统计工作的质量，在进行统计调查时，必须坚持实事求是的原则，同时要深入实际，全面了解情况，以取得准确、及时、完整的统计调查资料。具体来说，有这样几个要求：

（1）准确性。搜集的资料要符合客观实际情况、准确可靠。统计是实践的反映，是决策的依据，统计资料必须真实地反映客观实际。统计资料不实，信息不准，必然会导致宏观决策的失误。

（2）及时性。是指在规定的时间内尽快提供资料，包括及时提供统计资料以满足领导需要和及时完成各项调查资料的上报任务。

（3）完整性和全面性。即在规定时间内对调查资料毫无遗漏地搜集起来。调查单位不重复、不遗漏，所列调查项目的资料搜集齐全。

（4）经济性。以尽量少的投入获得所要求的统计资料，也就是说统计调查也要讲究经济效益。

以上要求中，准确性是基础，要在准确中求及时、求完整、求效益。

2.1.2 统计调查的组织形式

客观现象是错综复杂、千变万化的，在组织统计调查时，应根据不同的调查对象和调查目的，灵活地选择不同的调查方式和方法，以取得良好的效果。统计调查的方法可以从不同的角度分类：

（1）按统计调查组织形式的不同，可以分为统计报表制度和专门调查。统计报表制度是一种以全面调查为主的调查方式。它是按照统计法规，以统计表格形式和行政手段自上而下布置，再由企、事业单位自下而上层层汇总上报的统计报告制度。专门调查是为了一定的目的，研究某些专门问题所组织的一种调查方式，它包括普查、重点调查、典型调查、抽样调查等方法。这些方法，在后面将要做详细介绍。

（2）按统计调查对象的范围不同，可以分为全面调查和非全面调查。全面调查是指对构成研究对象总体的所有单位无一例外地进行调查，如人口普查、工业普查等。非全面调查是指对构成研究对象总体的部分单位进行调查，如抽样调查、重点调查、典型调查等。

（3）按调查登记时间是否连续，可以分为经常性调查和一次性调查。经常性调查一般是指对时期现象进行调查，即随着调查对象在时间上的变化进行连续不断地调查登记，以取得其在一定时期内全部发展过程的资料，如商品销售量和销售统计等。一次性调查一般是指对时点现象进行调查，即对被研究对象每间隔一段时间才进行一次调查登记，如人口普查、农业普查等；它又可按研究的要求不同分定期调查和不定期调查。

（4）按统计资料搜集方法不同，可以分为直接观察法、报告法、采访法和通讯法。直接观察法是调查人员亲临现场对被调查对象进行直接观察、计数、测量以取得统计资料的一种方法，如库存商品的盘点、牲畜存栏情况计数等。报告法是指以各种原始资料和核算资料为依据，由填表单位按有关法规向上级或有关单位报送资料的一种方法，如报送统计报表等。采访法是指调查人员按照调查目的提问，根据被采访者的答复来搜集资料的方法。它又可分为：个别询问法、开调查会、自填问卷法。通讯法是指通过邮寄或其他电讯方法来搜集资料。网上查询则是更现代化的资料搜集方法。

在确定调查方案后就进入资料搜集阶段。调查的资料有两大类：一手资料和二手资料。为了节省资源和尽快掌握调查对象特点，通常先调查二手资料，后调查一手资料。调查资料的搜集过程是整个市场调研的实质性操作阶段，也是调研经费的主要使用阶段。下面重点介绍几种典型的调查方法：普查、抽样调查、重点调查、统计报表制度、实验研究。

（1）普查。普查，是指一个国家或者一个地区为详细调查某项重要的国情、国力，专门组织的一次性大规模的全面调查，其主要用来调查不能够或不适宜用定期的全面的调查报表来搜集的资料，来摸清重要的国情、国力。

它是统计调查的组织形式之一。它的工作是对统计总体的全部单位进行调查以搜集统计资料。普查资料常被用来说明现象在一定时点上的全面情况。如人口普查就是对全国人口一一进行调查登记，规定某个特定时点（某年某月某日某时）作为全国统一的统计时点，以反映有关人口的自然和社会的各类特征。

普查的优点：

1）由于是调查某一群体的所有成员，所以在确定调查对象上比较简单；

2）所获得的资料全面，可以知道全部调查对象的相关情况，全面性高；

3）普查所获得的数据为抽样调查或其他调查提供基本依据。

普查的缺点：

1）工作量大，花费大，组织工作复杂；

2）易产生重复和遗漏现象；

3）由于工作量大而可能导致调查的精确度下降，调查质量不易控制。

普查的组织方式一般有两种：

1）建立专门的普查机构，配备大量的普查人员，对调查单位进行直接的登记，如 2010

年第六次全国人口普查，2013 年全国水利普查等；

2）利用调查单位的原始记录和核算资料，颁发调查表，由登记单位填报，如 2013 年全国经济普查，2007 年全国污染源普查等。

（2）抽样调查。抽样调查是一种非全面调查，它是从全部调查研究对象中抽选一部分单位进行调查，并据此对全部调查研究对象做出估计和推断的一种调查方法。显然，抽样调查虽然是非全面调查，但它的目的却在于取得反映总体情况的信息资料，因而，也可起到全面调查的作用。根据抽选样本的方法，抽样调查可以分为概率抽样和非概率抽样两类。概率抽样是按照概率论和数理统计的原理从调查研究的总体中，根据随机原则来抽选样本，并从数量上对总体的某些特征做出估计推断，对推断结果可能出现的误差可以从概率意义上加以控制。习惯上将概率抽样称为抽样调查。

抽样调查的特点：抽样调查从研究对象的总体中抽取一部分个体作为样本进行调查，据此推断有关总体的数字特征。与其他调查一样，抽样调查也会遇到调查的误差和偏误问题。通常抽样调查的误差有两种：一种是工作误差（也称登记误差或调查误差），一种是代表性误差（也称抽样误差）。但是，抽样调查可以通过抽样设计、计算，并采用一系列科学的方法，把代表性误差控制在允许的范围之内。另外，由于调查单位少，代表性强，所需调查人员少，工作误差比全面调查要小。特别是在总体包括的调查单位较多的情况下，抽样调查结果的准确性一般高于全面调查。因此，抽样调查被公认为是非全面调查方法中用来推算和代表总体的最完善、最有科学根据的调查方法。

抽样调查分类包括简单随机抽样、系统抽样、分层抽样、整群抽样、任意抽样、重点抽样等。以下重点分析其中几种抽样。

1）简单随机抽样：这是一种最简单的一步抽样法，它是从总体中选择出抽样单位，从总体中抽取的每个可能样本均有同等被抽中的概率。抽样时，处于抽样总体中的抽样单位被编排成 1～n 编码，然后利用随机数码表或专用的计算机程序确定处于 1～n 间的随机数码，那些在总体中与随机数码吻合的单位便成为随机抽样的样本。这种抽样方法简单，误差分析较容易，但是需要的样本容量较多，适用于各个体之间差异较小的情况。

2）系统抽样法：这种方法又称顺序抽样法，是从随机点开始在总体中按照一定的间隔（即“每隔第几”的方式）抽取样本。此法的优点是抽样样本分布比较好，总体估计值容易计算。

3）分层抽样法：它是根据某些特定的特征，将总体分为同质、不相互重叠的若干层，再从各层中独立抽取样本，是一种不等概率抽样。分层抽样利用辅助信息分层，各层内应该同质，各层间差异尽可能大。这样的分层抽样能够提高样本的代表性、总体估计值的精度和抽样方案的效率，抽样的操作、管理比较方便。但是抽样程序复杂，费用较高，误差分析也较为复杂。此法适用于总体复杂、个体之间差异较大、数量较多的情况。

4）整群抽样法：整群抽样是先将总体单元分群（可以按照自然分群或按照需要分群，在交通调查中可以按照地理特征进行分群），然后随机选择群体作为抽样样本，调查样本群中的所有单元。整群抽样样本比较集中，可以降低调查费用。例如，在进行居民出行调查中就可以采用这种方法，根据住宅区的不同将住户分群，然后随机选择群体为抽取的样本。此法优点是组织简单，缺点是样本代表性差。

（3）重点调查。重点调查是一种非全面调查，它是在全部单位中选择一部分重点单位进行调查，以取得统计数据的一种非全面调查方法。其目的是为了了解总体的基本情况。这些重点单位在全部单位中虽然只是一部分，但它们在所研究现象的总量中却占有绝大比重，因而对它们进行调查就能够反映全部现象的基本情况。例如，要了解我国钢铁生产的增长情况，只要对全国为数不多的大型钢铁企业的生产情况进行调查，就可以掌握我国钢铁生产的基本情况了。重点调查的单位可以是一些企业、行业，也可以是一些地区、城市。此种方法的优点是，所投入的人力、物力少，而又能较快地搜集到统计信息资料。一般来讲，在调查任务只要求掌握基本情况，而部分单位又能比较集中反映研究项目和指标时，就可以采用重点调查。和抽样调查不同的是，重点调查取得的数据只能反映总体的基本发展趋势，不能用以推断总体，因而也只是一种补充性的调查方法。

重点调查的主要特点是：投入少、调查速度快、所反映的主要情况或基本趋势比较准确。重点调查的主要作用在于反映调查总体的主要情况或基本趋势。因此，重点调查通常用于不定期的一次性调查中，但有时也用于经常性的连续调查中。

（4）统计报表制度。根据有关国家统计法的规定，依据自上而下统一规定的表格格式、项目及其表格形式、报送时间与程序布置调查要求和任务，自下而上逐级汇总上报的统计报表制度。

例如：财务报表——会计报表应按期报送所有者、债权人、有关各方及当地财税机关、开户银行、主管机构；建筑业统计报表制度——主要内容包括建筑业企业基本情况，建筑业企业所属产业活动单位基本情况，建筑业企业生产情况，建筑业企业财务状况，建筑业企业房屋建筑完成情况及劳务分包建筑业企业生产经营情况等指标，其报送单位为各省、自治区、直辖市统计局以及国务院各有关部门。

（5）试验研究。科学试验是进行科学研究的重要手段，试验设计是科学试验研究中的组成部分之一。统计试验首先是设计产生数据的计划，然后用统计方法对这些数据进行分析。试验研究法就是将自然科学中的实验应用到调查研究中的一种方法。具体来讲就是要求在一个受控制的环境下，使其他因素保持不变，研究所控制的变量（自变量）对某一变量或某些变量（因变量）的影响。试验研究法是采用归纳法的逻辑，通过科学设计的实验搜集数据，然后进行统计分析和假设检验，以达到试验样本对总体的推断。

试验研究法的优势有：可以探索不明确的因果关系；结论比较有说服力。主要缺点有：费时间；费用高；管理、控制困难；保密性差。

针对工程管理专业特点，调查研究可以如图 2–1 所示的程序进行。工程中的统计调查工作通常要依据规范、规程、定额和标准操作，如 GB 50300—2013《建筑工程施工质量验收统一标准》第 3.0.9 条规定“检验批抽样样本应随机抽取，满足分布均匀、具有代表性的要求，抽样数量应符合有关专业验收规范的规定。”

工程项目管理中建筑工程质量检测见证取样工作是确保工程质量检测真实性和准确性、以科学的数据正确反映工程质量的重要环节，是执行国家有关工程建设的法律和工程建设强制标准的关键环节。例如，混凝土强度检测试件应在混凝土浇筑地点随机取样，并遵循以下留置原则：第一，每拌制 100 盘且不超过 $100m^3$ 的同一配合比的混凝土，取样不得少于一次；第二，每工作班拌制的同一配合比的混凝土不足 $100m^3$ 时，取样不得少于一次；第三，当一次连续浇筑的同一配合比混凝土超过 $1000m^3$ 时，每 $200m^3$ 取样不得少于一次；第四，每次取样应至少留置一组（一组为 3 个立方体试件）标准养护试件；第五，每 3 个试件应于同一盘或同一车的混凝土中取样。

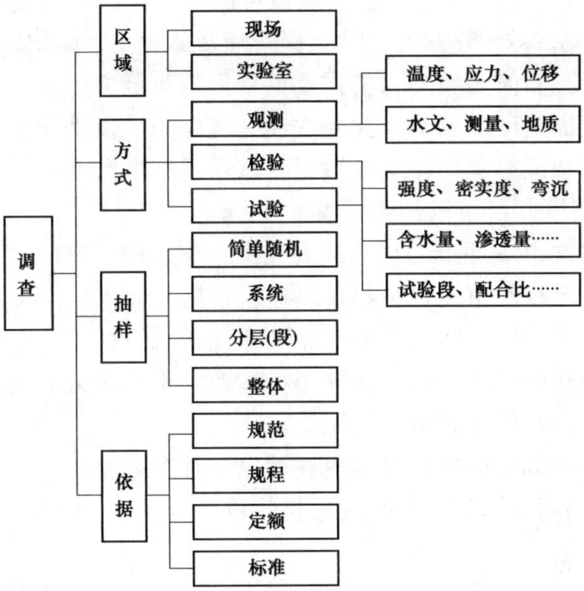

图 2–1 工程管理专业调查研究程序

2.1.3 统计调查的方案设计

统计调查是一项复杂的系统工程，涉及面广，需要很多人员协同参与才能完成任务。因此，在进行调查之前要制定一个科学、周密而又完整的指导性文件，即调查方案，以保证顺利完成任务，达到预定目的。统计调查方案一般包括以下内容：

（1）确定调查目的和任务。就是明确为什么要进行调查，调查要解决什么样的问题，搜集哪些资料。有了明确的目的和任务，才能有的放矢，确定向谁调查，调查什么，采用哪些方式方法进行调查。即调查目的决定着调查对象、调查内容和方法。

（2）确定调查对象和调查单位。调查对象：是我们需要进行研究的总体范围，是根据调查目的所确定的研究事物的全体，统计总体这一概念在统计调查阶段称为调查对象。例如：三峡混凝土大坝的浇筑质量的研究对象为各坝段实体。调查对象明确规定调查中被研究的总体范围。

调查单位：构成调查对象的每一个单位，即总体单位，确定收集资料的载体。

（3）确定调查内容。调查的内容，也就是被调查单位的特征，即标志。如混凝土浇筑质量问题的调查内容可以为水泥水化热指标、配合比、坍落度等；路基填筑质量问题的调查内容可以为压实度、弯沉值、平整度等。

（4）确定调查方式和方法。根据不同的调查对象和调查目的，灵活地选择不同的调查方式和方法，以取得良好的效果。

（5）确定调查时间和调查期限。调查时间，即调查资料所属的时间（时期或时点）。如是时期现象，就要明确规定资料所反映的调查对象从何年何月何日至何年何月何日的资料。如调查的是时点现象，就要规定统一的标准时间。

调查期限，即进行调查工作的时间，包括搜集资料和报送资料的整个工作所需要的时间。

（6）调查费用预算。在进行经费预算时，一般需要考虑如下几个方面：a. 总体方案策划费或设计费；b. 抽样方案设计费；c. 调查问卷设计费；d. 调查问卷印刷费；e. 调查实施费；f. 数据录入费；g. 数据统计分析费；h. 调研报告撰写费；i. 资料费、复印费、通讯联络等办公费用；j. 专家咨询费；k. 劳务费；l. 上交管理费或税金；m. 鉴定费、新闻发布会及出版印刷费用等。在进行预算时，要将可能需要的费用尽可能考虑全面，以免将来出现一些不必要的麻烦而影响调查的进度。例如，预算中没有鉴定费，但是调查结束后需要对成果做出科学鉴定，否则无法发布或报奖。在这种情况下，课题组将面临十分被动的局面。

【例 2–1】西安市某度假村市场调查方案如下：

（1）研究目的。本次市场调查的目的是为某房地产公司某度假村开发项目提供市场分析基本资料以帮助其在该项目的市场定位和市场经营策略方面作出正确决策。

（2）调查对象和调查单位。本次研究包括两方面的调查：第一是度假村调查；第二是西安市消费者调查。度假村的调查范围为西安市区和西安市长安区各层次度假村，消费者调查范围是西安市区内的企事业单位和城市居民户。

（3）调查内容。需要调查研究的具体内容有以下几个方面：

1）西安市度假村的基本情况，包括度假村的数量、规模、分布、高中低档次结构、客房出租率、经济效益率，调查表（略）。

2）西安市消费者的收入状况和消费结构、度假消费状况、消费者对目前西安市度假村的评价及要求，调查表（略）。

（4）调查方式和方法。在度假村调查和消费者调查中分别要用到的调查方式和方法如下：

1）度假村调查：取得度假村的现状资料，其次还要通过有关管理机构获取一些现成资料。调查方法采用面谈和案头调查法；并按照典型调查方法，在不同规模、不同层次的度假村中分别选择 2 个调查对象（按照大、中、小规模分，共选 6 个）对其经营状况进行深入调查。

2）消费者调查：由于去度假村休假的消费者主要是城市居民，故调查总体包括西安市六个县区的非农居民，具体范围是新城区、碑林区、莲湖区、雁塔区的小寨路街道办、灞桥区的纺织城街道办等地区居民。合计调查总体数为 46.3 万户。针对总体庞大的特点，决定采用随机抽样方法选择调查对象。根据有限总体所需样本经验数据表（附录 A）查得，可靠性水平为 95%，且总体数量小于 50 万，故样本数确定为 380 个。根据本次调查内容要求,采用分群分层相结合的抽样设计方法。首先在以上调查总体中按随机方法抽取居委会，然后以家庭收入高低分层并根据各层居民户占总体比例分配样本，再用等距抽样法在选中的居委会中抽取入户调查对象。

（5）调查时间和调查期限。

本次调查从 4 月 30 日开始到 5 月 30 日结束，共计一个月，具体时间安排（略）。

（6）调查费用预算（略）。

2.2 统 计 整 理

统计整理是根据统计研究的任务，对统计调查阶段所搜集到的大量原始资料进行加工汇总，使其系统化、条理化、科学化，以得出反映事物总体综合特征的资料的工作过程。统计整理是统计工作的第二阶段。

2.2.1 统计整理的意义

统计调查搜集到大量凌乱而分散的原始资料。从这些原始资料中，只能看到一些总体单位的特征或属性，并不能看到总体的特征和一些规律性的信息。统计整理就是要把这些原始资料，通过科学的加工、整理，使之系统化、条理化，成为便于保管，又能反映总体特征的资料，为进一步的统计分析做准备。

统计整理的组织形式基本有两种：一种是逐级整理，它是按照一定的领导系统自上而下的逐级整理，我国定期的统计报表一般是采用这个组织形式；另一种是集中整理，它是将全部资料集中到中央或者某一级别的统计机关，直接进行整理。前一种组织形式，有利于为各级领导机关提供统计资料，也便于就地审查，核对调查资料；后一种组织形式，可以大大缩短资料整理的时间，如快速物资普查、重点企业快速电讯报告等便可采用这种整理的组织形式。此外，还有将这两种组织形式结合起来运用的一种综合整理组织形式，它一方面对最基本的最重要的指标实行逐级整理，以满足各级领导机关的需要，另一方面又把全部原始资料集中到统计领导机关进行集中整理。

2.2.2 统计整理的内容

统计资料整理的内容主要包括两个方面：一方面是根据研究任务的要求、分析的需要和研究对象的具体属性或特征，将搜集到的原始资料进行科学分组，并计算出各组的合计及总体的总计；另一方面是把同类的调查单位的个别资料，整理成说明这些调查单位的总体的综合性资料，反映出总体的特征。统计资料整理的中心内容是汇总工作，而要使汇总工作获得有科学价值的综合指标，前提就是对统计资料进行正确分组。

统计整理的一般步骤如下：

（1）录入数据，建立数据表。数据表是指包含相关数据的一系列工作表的数据行。数据表可以作为数据库使用，其中行表示记录，列表示字段。

（2）数据排序与分组。一般来说，录入的数据是无序的，不能反映现象的本质与规律性。为了使用方便，要将其进行排序、分组，以便数据按要求排列，同时使性质相同的数据归为一组，从而让它们之间的差异性显示出来。

（3）编制频数分布表与累计频数分布表。频数分布表可以表明各组间的单位数在总体中所出现的频数或所占比重，从而描述总体的内部结构，揭示总体中的关键因素与本质特征。累计频数分布则能够表明各标志值以上或以下所出现的频数或比重。

（4）绘制统计图。Excel 及其他统计分析软件（SPSS、SAS 等）可以绘制许多图表，其中大部分是统计图，可用于数据的整理与分析。各种各样的统计图可以形象、直观地表明数据的分布形态与发展变化的趋势。

（5）计算综合指标。任何统计指标都是综合指标。这里所讲的综合指标是基本综合指标，包括总量指标、相对指标和平均指标，详见 2.3 节。

2.2.3 统计表与统计图

（1）统计表。统计表是展示统计资料常用的一种方式。把统计调查中收集到的原始资料，经统计整理汇总，按一定的顺序填在一定的表格内，这种表称为统计表，它是展示统计资料的有力工具。

统计表的制作程序如下：

1）确定组数 k、组距 h。组数：指某个变量数列共分多少组。组距：各组所包含的变量值的变动范围，实际上组距就是每组上限、下限之间的距离，即组距 h=每组上限–每组下限。在组距数列中，各组组距可以是相等的，也可以是不相等的。若各组组距相等，则组距 $d=(X_{max}-X_{min})/n$。

2）计算频数 f_i：统计数据落入各区间的数目。

3）计算各数据在各区间的频率 F_i，n 为样本容量。

4）计算累计频数，累计频率。

【例 2–2】某工地，材料进场前，监理工程师对一批钢材的冷拉强度进行质量检验，经强度测试所得测试数据，见表 2–1，试做出这批钢材强度的频数分布表、频率分布表。

表 2–1　　钢材强度测试数据　　（单位：MPa）

877.1	891.8	891.8	906.5	906.5	926.1	926.1	926.1	935.9	940.8
941	940.8	945.7	945.7	940.8	950.6	955.5	955.5	960.4	960.4
970	970.2	975.1	975.1	984.9	989.8	989.8	999.6	1004.5	1019.2

要做出该钢材强度的频数、频率分布表应按如下步骤进行：

1）由表 2–1 可看出钢材强度最大值为 1019.2，最小值为 877.1，极差 R=1019.2–877.1=142.1，若取组数 k 为 10，组距 h=极差 R/组数 k=14.21。

2）计算频数 f_i：统计数据落入各区间的数目。落入 877.1 到 891.3 间的数据有 1 个，因此该区间的频数为 1；落入 891.3 到 905.5 间的数据有 2 个，因此该区间的频数为 2，以此类推，计算其他区间的频数。

3）计算频率 F_i：F_1=1/30=0.03，F_2=2/30=0.07，按照此方法计算其他区间的频率。

4）计算累计频数，累计频率。

得到钢材强度频数、频率分布表，见表 2–2。

表 2–2　　钢材测试强度的频数及频率分布表

组数	测试值区间 下限～上限		频数	频率	累计频数	累计频率
1	877.1	891.3	1	0.03	1	0.03
2	891.3	905.5	2	0.07	3	0.10
3	905.5	919.7	2	0.07	5	0.17
4	919.7	933.9	3	0.10	8	0.27
5	933.9	948.2	7	0.23	15	0.50
6	948.2	962.4	5	0.17	20	0.67
7	962.4	976.6	4	0.13	24	0.80
8	976.6	990.8	3	0.10	27	0.90
9	990.8	1005.0	2	0.07	29	0.97
10	1005.0	1019.2	1	0.03	30	1.00
合计			30	1.00		

（2）统计图。展示统计资料，除了用统计表，还可用统计图。统计图虽不能比统计表所列的数据提供更多信息，但一般地说，它能更清楚、更有力地突显重要内容。

1）直方图。排列在工作表的列或行中的数据可以绘制到直方图中。直方图用于显示一段时间内的数据变化或显示各项之间的比较情况。在直方图中，通常沿水平轴组织类别而沿垂直轴组织指标数值。

以上述例 2–2 中的表 2–2 为例绘制直方图。水平轴表示各组数，以纵轴表示各组频数，它能够直观地说明总体的频数分布特征，尤其清晰地反映出了频数最大值所在的位置，是统计中普遍使用的一种图形，如图 2–2 所示。

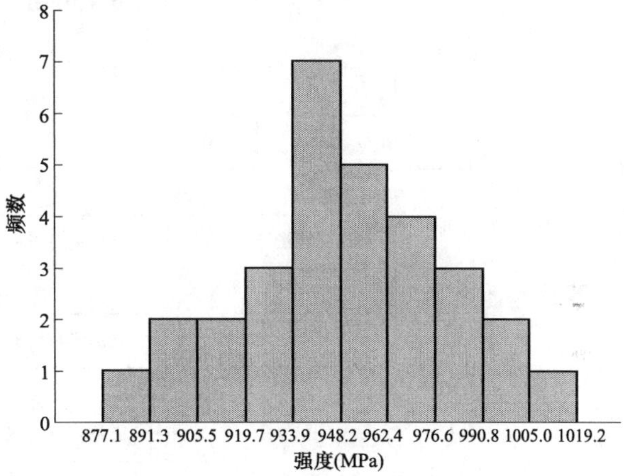

图 2–2 频数分布直方图

2）折线图。折线图一般为坐标图，水平坐标通常为时间或分类组别，垂直坐标为指标数值。总体频数分布也可用折线图表示。折线图就是在直方图基础上，将每个长方形的顶端中点用折线连接而成，也可用组中值与频数求坐标点连接而成，如图 2–3 所示。折线图能清晰地反映出频数随横坐标的发展趋势。

3）饼图。饼图英文学名为 Sector Graph，又名 Pie Graph。仅排列在工作表的一列或一行中的数据可以绘制到饼图中。饼图只显示一个数据系列中各项的大小或各项总和比例。饼图中的数据点显示为整个饼图的百分比，直观地分析各项目的组成结构与比重，如图 2–4 所示。饼图能清晰反映出频数集中分布区域。

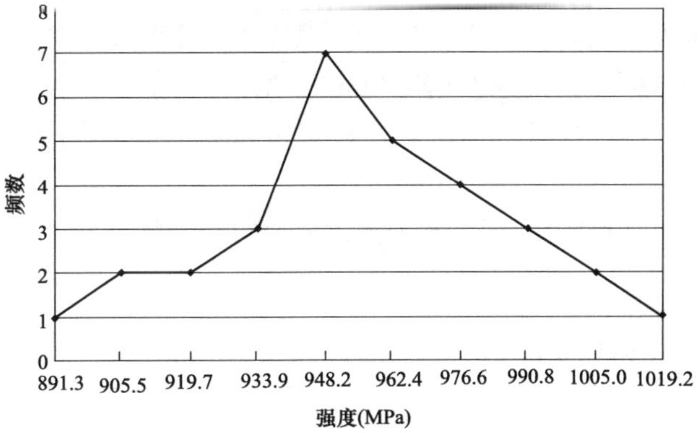

图 2–3 频数分布折线图

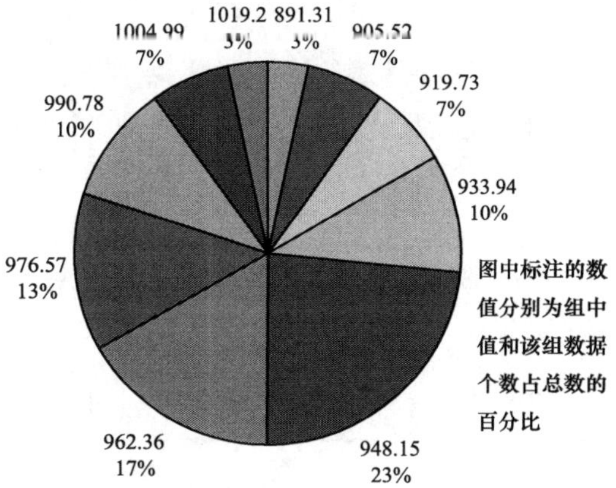

图 2–4 频数分布饼图

2.3 综 合 指 标

任何统计指标都是综合指标。这里所讲的综合指标是基本的综合指标，包括总量指标、相对指标和平均指标等，综合指标分类如图 2–5 所示。

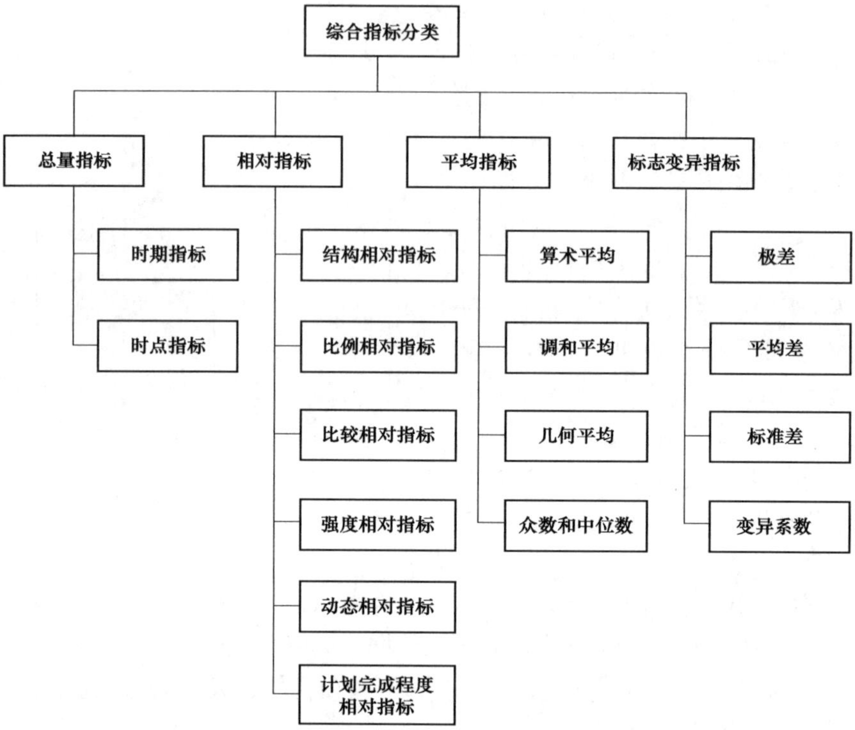

图 2–5 综合指标分类

2.3.1 总量指标

总量指标是对统计资料汇总整理后得到的，它是反映自然、社会现象在一定时间、空间条件下的总规模或总水平的绝对数值。总量指标之间的绝对差额也属于总量指标。它是统计认识的总体数量方面的起点，是计算其他一切统计指标的基础。所以总量指标是最基本的综合指标。

按反映的时间状态不同，分为时期指标和时点指标，可根据表 2–3 中的两个指标特点加以判断。

表 2–3 时期指标与时点指标的区别

指标名称	指 标 特 点	举 例
时期指标	① 可加性； ② 数值的大小与时期长短有直接关系； ③ 时期指标数值是连续登记、累计的结果	某施工企业项目总额、某地区出生人口数
时点指标	① 不可加性； ② 数值的大小与时点间隔长短无直接关系； ③ 时点指标数值是间断计数的	某项目资金占用额、某一地区人口总数

2.3.2 相对指标

相对指标是指有联系的指标间的对比，用以反映现象之间在数量方面的联系程度和对比关系，也称相对数。由于研究的目的和对比的基础不同，常用的相对指标有结构相对指标、比例相对指标、比较相对指标、强度相对指标、动态相对招标、计划完成程度相对指标。

（1）结构相对指标。结构相对指标是将总体划分为几组，求出各组总量占总体总量的比重，用来反映总体内部的组成情况。结构相对指标的计算公式为

$$结构相对指标=\frac{各组总量指标数值}{总体总量指标数值}\times 100\%$$

【例 2–3】第六次人口普查中，我国大陆人口总数 133 972 万，其中男性人口数为 68 685 万，女性人口总数为 65 287 万，则男性人口数占全国人口数的 51.27%，即为结构相对数。

（2）比例相对指标。比例相对指标是同一总体内不同组成部分的指标数值之比，可以表明总体内部的比例关系。其计算公式为

$$比例相对指标=\frac{总体中某部分指标数值}{总体中另一部分指标数值}$$

比例相对指标的计算结果常用倍数或百分数表示。以上题为例，男女性别比为 1.05:1，则可以说是男性人口是女性人口的 1.05 倍，1.05 倍即是比例相对指标。

（3）比较相对指标。比较相对指标是同类指标在同一时间不同空间上对比的结果。不同空间可以是不同的国家、不同的单位等。比较相对指标主要用于说明现象发展的不均衡程度和差异程度。其计算公式为

$$比较相对指标=\frac{甲空间上某项指标数值}{乙空间上同类指标数值}$$

比较相对指标的计算结果常用百分数表示。如甲施工企业总项目工程款与乙施工企业总项目工程款的比较。

（4）强度相对指标。强度相对指标是两个性质不同但有联系的总量指标对比的结果，用来反映现象的强度、密度和普及程度。其计算公式为

$$强度相对指标=\frac{某一总体的总量指标}{另一性质不同而有联系的总体的总量指标}$$

强度相对指标的特点在于它是两个不同总体的总量之比，是一种特殊形式的相对指标，一般用复合单位表示。

强度相对指标有正指标和逆指标之分。正指标是指比值的大小与其反映的强度、密度和普及程度成正比；反之，为逆指标。

【例 2–4】我国国土面积为 960 万（km^2），2010 年人口 137 054 万，则

$$我国人口密度=\frac{9\,600\,000}{137\,054}km^2/万人=70.0km^2/万人$$

人口密度指标也可用逆指标表示

$$我国人口密度=\frac{130\,754}{960万}万人/km^2=136.2万人/km^2$$

正指标说明平均每一万人拥有 $70.0km^2$ 的土地面积，逆指标说明每平方千米的土地面积

上有 136.2 人，其意义是相同的。

（5）动态相对指标。动态相对指标又称发展速度，它是同一指标在不同时间上对比的结果，说明同类现象在不同时间上的发展程度。一般用百分数表示，其计算公式为

$$\text{动态相对指标}=\frac{\text{报告期指标数值}}{\text{基期指标数值}}\times 100\%$$

动态相对指标将在“时间序列分析”一章中详细介绍。

（6）计划完成程度相对指标。计划完成程度相对指标是某一时期的实际完成数与计划任务数对比的结果，用来检查计划的完成情况。一般用百分数表示，其计算公式为

$$\text{计划完成程度相对指标}=\frac{\text{实际完成数}}{\text{计划任务数}}\times 100\%$$

计划完成程度相对指标是用于衡量计划完成情况的标准，所以公式中的分子和分母不得互换。计算时，要求计划数与完成数在内容、范围、计算方法、计量单位和时间长度等方面完全一致，还要求它们都是绝对数。如果相对数列则要先转化为绝对数列再使用计算公式。

【例 2–5】某施工企业 2015 年计划项目额为 3000 万，实际完成 3300 万元，其计划完成程度为

$$\text{项目额计划完成程度}=\frac{3300}{3000}\times 100\%=110\%$$

该企业 2015 年项目额超额 10%完成计划。

【例 2–6】某施工企业计划 2015 年劳动生产率比 2014 年提高 5%，实际 2015 年比 2014 年提高 10%，则

$$\text{劳动生产率计划完成程度}=\frac{100+10}{100+5}\times 100\%=104.8\%$$

该企业劳动生产率超额 4.8%完成计划。

2.3.3 平均指标

（1）平均指标的概念。平均指标又称平均数，是同类社会经济现象在一定时间、地点条件下，总体内各单位数量差异抽象化的代表性指标，是反映总体单位数量特征的一般水平的综合指标。平均指标能够反映总体内部的一般分布特征。这种特征表现为：一般距离其平均值远的标志值比较少，而距离其平均值近的或接近其平均值的标志值比较多。所以，平均指标反映了总体分布的集中趋势或一般水平。

（2）平均指标的作用。由于平均指标能够综合反映某种社会经济现象总体在一定条件下的一般水平，所以应用很广，其作用主要表现在以下几个方面：

1）利用平均指标，可以概括说明总体的一般水平。平均指标是把一个总体内各单位的数量差异抽象化，用一个指标数值说明总体的一般水平。例如，用某市职工月平均工资 3000 元来反映该市职工的收入水平，就具有高度的综合性和概括性，给人以鲜明、深刻的印象。

2）利用平均指标，可以对同一现象在不同空间进行对比分析。对于不同国家、不同地区、不同单位的同类现象的水平，由于总体范围的大小可能不同，通常不能直接进行对比，只有通过计算平均指标才能将不可比的现象变为可比的，从而反映出现象之间在空间

上的差异。

3）利用平均指标，可以对同一现象进行不同时间的对比。事物总是在不断发展变化的，利用平均指标，可以研究某一总体在时间上的变化，反映总体发展的过程及其发展变化的趋势。

4）利用平均指标，可以分析现象之间的依存关系。在对现象总体进行分组的基础上，运用平均指标可以分析现象之间的依存关系。如在对企业按车间或班组进行分组的基础上，可以通过计算各组的平均工资水平和各组的平均劳动生产率，来反映平均劳动生产率与平均工资水平之间的依存关系。

5）利用平均指标，可以进行数量上的估算。对社会经济现象的总量指标进行数量估算时，可采用科学的方法，利用由某一标志值计算出的平均指标来估算未知总体的平均指标或者估算总体的标志总量。

（3）平均指标的分类。

1）静态平均数与动态平均数。根据平均指标反映内容的不同，可以把平均数分为静态平均数和动态平均数。凡反映在同一时间范围内总体各单位某一数量标志一般水平的平均数称为静态平均数。凡反映不同时间而同一空间范围内总体某一指标一般水平的平均数称为动态平均数。

2）数值平均数与位置平均数。

根据平均指标计算方法的不同，可以把平均数分为数值平均数和位置平均数。凡根据总体各单位标志值计算的平均数，称为数值平均数，主要有算术平均数、调和平均数和几何平均数等；凡根据总体各单位标志值在变量数列中的位置计算的平均数，称为位置平均数，主要有众数和中位数等。

2.3.4　标志变异指标

（1）标志变异指标的概念。标志变异指标是指反映总体中各单位标志值差异程度的综合指标，又称标志变动度。标志变异指标与平均指标之间具有相互联系、相互对应的关系。平均指标表现为总体各单位标志值的一般水平，反映各单位标志值的集中趋势；而标志变异指标则表现为总体各单位标志值的变异程度，反映各单位标志值的差异大小或变异程度。只有将两者结合起来，才能更加全面、深入地认识所研究现象的总体。

（2）标志变异指标的作用。

1）标志变异指标可以说明平均指标的代表性。平均指标作为总体各单位标志值一般水平的代表性指标，其代表性大小与标志变异指标的大小成反比关系。即标志变异指标越大，平均指标的代表性越小；标志变异指标越小，平均指标的代表性越大。

2）标志变异指标可以说明现象变动的稳定性、均衡性。计算同类总体的标志变异指标，并进行比较，可以观察标志值变动的稳定程度或均衡状态。如观察施工企业的经营情况，在研究生产计划完成程度的基础上，利用标志变异指标可以测定经营过程的稳定性。

（3）标志变异指标的大小有助于确定必要的样本单位数。进行抽样调查时，为了合理地利用人力、财力、物力和时间，应正确地确定必要的样本单位数，抽取的样本单位数过少会影响样本平均指标的代表性。而标志变异指标的大小可以帮助我们正确地确定必要的样本单位数。

思考与练习题

（1）统计调查的方法有哪些？各方法的适用条件是什么？

（2）统计分组的关键是什么？统计分组有什么作用？

（3）某大坝沥青混凝土心墙用核子密度计测得沥青混凝土容重数据共 125 个，如下表所示。表中已将数据分成 25 个样组。试完成以下要求：① 计算平均数和极差 R；② 按等组距，取组数为 10 编制频数分布表；③ 编制频数分布直方图和频率分布直方图；④ 编制频数分布折线图；⑤ 编制频率分布饼图。

顺序编号	容重 X 值（t/m^3）				
	X1	X2	X3	X4	X5
1	2.20	2.70	2.66	2.34	2.66
2	2.24	2.64	2.49	2.13	2.54
3	2.28	2.09	2.72	2.69	1.79
4	2.17	1.91	1.79	1.55	1.76
5	2.09	2.19	2.16	1.50	2.67
6	2.55	2.94	2.86	2.05	2.03
7	2.26	2.00	1.96	1.85	2.17
8	1.75	1.87	2.47	2.67	2.71
9	2.63	2.87	2.37	2.99	2.96
10	2.63	1.84	2.15	2.11	2.23
11	2.76	1.53	1.99	2.17	3.15
12	1.95	2.12	2.13	2.21	3.3
13	2.64	3.17	3.37	2.15	2.72
14	2.53	3.21	2.76	2.54	2.88
15	3.06	2.54	2.78	3.13	3.05
16	2.58	2.82	2.66	2.33	3.08
17	2.47	2.63	2.29	2.08	2.68
18	2.55	2.56	3.10	1.54	1.95
19	1.50	2.48	2.39	2.25	2.24
20	3.11	1.89	2.09	2.78	2.66
21	2.24	2.29	2.3	2.77	2.82
22	2.48	2.69	2.74	2.53	2.24
23	2.91	2.57	2.74	2.53	1.94
24	2.11	2.03	2.24	1.93	1.94
25	1.84	2.56	2.30	2.06	2.09

（4）某班 45 名学生“应用统计学”课程的考试成绩顺序排列如下：

50，51，54，58，59，61，62，63，64，65，66，67，68，69，70，71，72，72，72，73，74，74，74，75，75，75，76，77，78，79，80，81，83，84，84，85，86，86，87，

88，90，91，95，97，99，试将上述资料编成等距数列，计算全距，组中值。绘制统计图表，说明它们的分布特征。

（5）某车间 40 名工人定额完成率（%）统计如下：97，88，123，115，119，158，112，146，117，108，105，110，107，137，120，136，125，127，142，118，103，87，115，114，117，124，129，138，100，103，92，95，113，126，107，108，105，119，127，104，根据资料编制变量分配数列，绘制统计图表，并说明数据的分布特征。

（6）自选研究主题，设计一个统计调查方案，包括确定调查目的、调查对象、调查单位、调查内容、调查方法、调查时间和期限。制定调查的组织实施计划及设计统计过程的总方案。进行资料调查、搜集汇总。

3 统计量与抽样分布

在日常生活和科学研究中，人们对一个事物的认识和看法，常常是通过观察样本形成的。统计学以概率论为理论基础，根据试验或观测得到的数据来研究自然界中的随机现象，对研究对象的客观规律性进行合理的估计和判断。在统计学中研究的随机变量，一般来说其分布是未知的或不完全清楚，因而人们通过对该随机变量进行重复独立的观测，得到许多观测值，然后通过对观测值的分析来推断该随机变量的分布。

统计分析的目的是研究现象总体的数量特征。通过统计调查获取的数据资料经过统计整理，可以进一步计算某些数字特征，用于描述总体的特征。如果采用全面调查的方式，这一步工作可以直接进行，但是在多数场合下，只能从总体中抽取部分总体单位，即采用随机抽样的方式来进行调查。

随机抽样是一种从局部推断整体的方法。因为局部是整体的一部分，所以局部的特征在某种程度上能反映整体的特征，然而，它又不能完全精确无误地反映整体的特征。随机抽样法作为研究整体与局部关系的方法，包含两方面的内容：一是研究如何抽样，抽多少，怎样抽，这是抽样方法的问题；另一是研究如何对抽样的结果进行合理的分析，做出科学的推断，这是统计推断的问题。

本章主要介绍统计量、样本随机性及抽样分布。统计量分为三大类：描述样本分布集中趋势的统计量，描述样本离散趋势的统计量，描述样本分布偏斜程度的统计量。抽样分布包括正态分布、标准正态分布、χ^2分布、t分布、F分布。

在统计学中，我们将所研究的对象的全体称为“总体”，用 X 表示。把总体中的每一个单位称为个体，用 X_i（i=1, 2,⋯, n）表示第 i 个个体。将从总体 X 中抽取的 n 个总体单位，X_1，X_2,⋯, X_n 称为总体 X 的一个容量为 n 的样本。

3.1 统 计 量

3.1.1 描述分布集中趋势的统计量

常用来描述一组样本数据集中趋势的样本统计量有：样本均值、调和平均数、几何平均数、中位数和众数，以及 P 百分位数。这些统计量可以用来反映标志值的典型水平和标志值分布的中心位置或集中趋势。

（1）算术平均数。样本 $X_1,X_2,\cdots,X_n$ 的算术平均数，记为 $\bar{X}$ 。它是描述样本数据的集中趋势的最主要的统计量。根据数据表示形式的不同，算术平均数有不同的计算公式。

对于未经分组整理的样本数据 $X_1,X_2,\cdots,X_n$ ，算术平均数的计算公式为

$$\bar{X}=\frac{1}{n}\sum_{i=1}^{n}X_i \tag{3-1}$$

【**例 3–1**】某建筑工地 100 名建筑工人完成某项工序所需时间（min）如下：

22	22	22	25	25	25	25	25	25	32	32	32	32	32	38	38	45	45	45	61
38	38	38	38	38	38	38	38	38	38	42	42	42	22	25	25	45	45	45	61
42	42	42	42	42	42	42	42	42	42	42	42	42	42	42	42	42	42	42	61
38	42	45	45	45	45	45	38	45	45	45	45	38	45	45	45	45	45	38	65
38	45	45	45	45	38	45	45	45	45	52	52	52	52	52	52	52	52	56	65

计算 100 名建筑工人完成此项工序所需时间的算术平均数为

$$\bar{X}=(22+22+\cdots+65+65)/100=4143/100=41.43\text{（min）}$$

对于分组整理的样本数据 $X_1,X_2,\cdots,X_n$，设数据被分成 k 组，各组的变量值为 $X_1,X_2,\cdots,X_k$，各组变量值出现的频数分别为 $f_1,f_2,\cdots,f_k$，且 $f_1+f_2+\cdots+f_k=n$，则算术平均值的计算公式为

$$\bar{X}=\frac{\sum_{i=1}^{k}f_iX_i}{\sum_{i=1}^{k}f_i} \tag{3–2}$$

【例 3–2】根据上例的数据，分组计算 100 名建筑工人完成此项工序所需时间的算术平均数。

解：计算过程见表 3–1。

表 3–1　某建筑工地 100 名施工工人完成某项工序工时的算术平均数计算表

按加工时间分组（min）	组中值 X_i	频数 f_i	X_if_i
20～30	25	12	300
30～40	35	23	805
40～50	45	50	2250
50～60	55	10	550
60～70	65	5	325
合计	—	100	4230

根据式（3–2）得 4230/100=42.3（min）。

应该注意的是，利用式（3–1）与式（3–2）所计算的结果存在一定的差异。造成这一差异的原因是式（3–1）所采用的是样本数据的全部信息，其计算结果相对是准确的。而式（3–2）是利用分组后的各组的组中值代表各组的实际数据，这实际上意味着我们认为各组数据在组内是均匀分布的，如果实际数据与这一假定相吻合，计算的结果还是准确的，否则就会产生误差，但这种方法的优点是计算上比较方便。

式（3–1）称为样本的算术平均数，式（3–2）称为样本的加权算术平均数。式（3–2）与式（3–1）的不同在于，其均值的大小不仅受各组变量值 X_i 大小的影响，而且受各组变量值出现的频数即权数 f_i 大小的影响。如果某一组的权数较大，则该组数据的大小对均值的影响就较大；反之，则较小。

（2）调和平均数。调和平均数是样本 $X_1,X_2,\cdots,X_n$ 的各变量值倒数的算术平均数的倒数，记为 $\bar{X}_H$。对于未经分组整理的样本数据 $X_1,X_2,\cdots,X_n$，调和平均数的计算公式为

$$\bar{X}_H=\frac{n}{\sum_{i=1}^{n}\frac{1}{X_i}} \tag{3-3}$$

对于分组整理的样本数据 $X_1, X_2, \cdots, X_n$，调和平均数的计算公式为

$$\bar{X}_H=\frac{\sum_{i=1}^{k}f_i}{\sum_{i=1}^{k}\frac{1}{X_i}f_i} \tag{3-4}$$

式（3–4）称为加权调和平均数。

【例 3–3】土坝运料公路 60km，上坝（重车）车速 20km/h，下坝（空车）30km/h，求运料平均速度？

答：设上坝距离 S_1，下坝距离 S_2，且 S_1=S_2=60km；上坝速度：R_1=20km/h，下坝速度：R_2=30km/h。

平均速度，错误算法：$\bar{R}=\frac{R_1+R_2}{2}=\frac{20+30}{2}=25$（km/h）

正确算法：$\bar{R}=\frac{\text{总距离}}{\text{时间}t_1+\text{时间}t_2}=\frac{S_1+S_2}{\frac{S_1}{R_1}+\frac{S_2}{R_2}}=\frac{120}{\frac{60}{20}+\frac{60}{30}}=24$（km/h）

推广到 n 段距离平均速度算法

$$\bar{R}=\frac{S_1+S_2+\cdots+S_n}{\frac{S_1}{R_1}+\frac{S_2}{R_2}+\cdots+\frac{S_n}{R_n}}=\frac{\sum_{i=1}^{n}S_i}{\sum_{i=1}^{n}\frac{S_i}{R_i}} \tag{3-5}$$

若设：$S_1=S_1=\cdots=S_n=S$

则式（3–5）为

$$\bar{R}=\frac{nS}{S\sum_{i=1}^{n}\frac{1}{R_i}}=\frac{n}{\sum_{i=1}^{n}\frac{1}{R_i}} \tag{3-6}$$

将式（3–6）等式两边取倒数，得

$$\frac{1}{\bar{R}}=\frac{1}{n}\sum_{i=1}^{n}\frac{1}{R_i}=\frac{1}{n}\left[\frac{1}{R_1}+\frac{1}{R_1}+\cdots+\frac{1}{R_n}\right] \tag{3-7}$$

即调和平均数的倒数等于所有参数倒数的均值。代入【例 3–3】中的数值

$$\frac{1}{\bar{R}}=\frac{1}{2}\left[\frac{1}{20}+\frac{1}{30}\right]=\frac{1}{2}\left[\frac{3+2}{60}\right]=\frac{5}{120}=\frac{1}{24}$$

得 $\bar{R}=24$（km/h）。

由此得出，调和平均数是加权算术平均数的一种形式；调和平均数适合用来求相对变化率（如速度）的平均值；调和平均数有限用条件，当数据中出现零时，不能使用。

（3）几何平均数。

几何平均数是样本 $X_1,X_2,\cdots,X_n$ 的 n 个变量值乘积的 n 次方根，记为 $\bar{X}_G$。对于未经分组整理的样本数据 $X_1,X_2,\cdots,X_n$，几何平均数的计算公式为

$$\bar{X}_G=\sqrt[n]{X_1\cdot X_2\cdot\cdots\cdot X_n} \tag{3-8}$$

对于分组整理的样本数据 $X_1,X_2,\cdots,X_n$，几何平均数的计算公式为

$$\bar{X}_G=\sqrt[\sum_{i=1}^{k}f_i]{X_1^{f_1}\cdot X_2^{f_2}\cdot\cdots\cdot X_k^{f_k}} \tag{3-9}$$

式（3–9）称为加权几何平均数。

几何平均数适用于计算比率或速度的平均数，在实际应用中，可用于计算社会经济现象的年平均发展速度。当 n 大于 2 时，可采用对数方法来计算几何平均数。

【例 3–4】某水泥厂的产量及其逐年发展速度的资料见表 3–2，求各年的平均增长率。

表 3–2　某水泥厂的产量及其逐年发展速度

年份	产量（万 t）	逐年发展速度 X_i	逐年发展速度的对数 $\log X_i$
1995	100	—	—
1996	109	1.09	0.0374
1997	126.4	1.16	0.0645
1998	151.7	1.20	0.0792
合计	—	—	0.1811

解：由表 3–2 中给出的数据可知年平均发展速度为

$$\bar{X}_G=\sqrt[n]{X_1\cdot X_2\cdot\cdots\cdot X_n}=\sqrt[3]{109\%\times116\%\times120\%}=114.91\%$$

年平均增长率为 114.91%–100%＝14.91%。若用对数平均公式计算，同样可算得年平均发展速度为 114.92%。

（4）中位数。

中位数是样本 $X_1,X_2,\cdots,X_n$ 的各变量值按大小顺序排列，处于中间位置上的值，记为 M_e。对于未经分组整理的样本数据 $X_1,X_2,\cdots,X_n$，计算中位数时要先对数据进行排序，设经过排序后的数据为 $X_{(1)},X_{(2)},\cdots,X_{(n)}$，然后再确定中位数的位置，其计算公式为

$$M_e=\begin{cases}X_{(k)} & n=2k+1\\ \dfrac{X_{(k)}+X_{(k+1)}}{2} & n=2k\end{cases} \tag{3-10}$$

对于分组整理的样本数据 $X_1,X_2,\cdots,X_n$，计算中位数时，要先根据公式 $\dfrac{\sum f_i}{2}$ 确定中位数的位置，并确定中位数所在的组，再按以下公式计算中位数的近似值。

$$\text{下限公式：}M_e=X_{\mathrm{L}}+\left(\frac{\sum f_i}{2}-F_{m-1}\right)/f_m\times d \tag{3-11}$$

$$\text{上限公式：}M_e=X_{\mathrm{U}}-\left(\frac{\sum f_i}{2}-F_m\right)/f_m\times d \tag{3-12}$$

式中：X_L和X_U分别表示中位数所在组的下限和上限；f_m表示所在组的频数；F_{m-1}表示中位数所在组下限以上各组累积频数；F_m表示中位数所在组上限以下各组累积频数；d表示中位数所在组的组距。

【例 3–5】根据【例 3–1】的数据，计算 100 名建筑工人完成此项工序所需时间的中位数。

解：未分组算法：将 100 名建筑工人完成此项工作所需时间进行排序，因 n 为偶数，则中位数

$$M_e=(X_{50}+X_{51})/2=42。$$

分组算法：若用式（3–11）计算中位数，则

$$X_L=40, f_m=50, F_{m-1}=35, d=10$$

$$M_e=40+(50-35)/50\times10=43\text{（min）}$$

若用式（3–12）进行计算，结果是相同的。中位数最大的优点是：其数值的大小不受极大值和极小值的影响。

（5）众数。

众数是样本数据 $X_1,X_2,\cdots,X_n$ 中出现频率最高的变量值，记为 M_0。

对于未经分组整理的样本数据 $X_1,X_2,\cdots,X_n$，只需找出出现次数最多的变量值即为众数。

对于分组整理的样本数据 $X_1,X_2,\cdots,X_n$，众数与其相邻两组的频数分布有一定的关系，其计算公式为

$$\text{下限公式：}M_0=X_L+\Delta f_1/(\Delta f_1+\Delta f_2)\times d \quad （3–13）$$

$$\text{上限公式：}M_0=X_U-\Delta f_2/(\Delta f_1+\Delta f_2)\times d \quad （3–14）$$

式中：X_L和X_U分别表示众数所在组的下限和上限；Δf_1=众数组的频数–众数组前一组的频数；Δf_2=众数组的频数–众数组后一组的频数；d表示众数所在组的组距。

【例 3–6】根据【例 3–1】的数据，计算 100 名建筑工人完成此项工序所需时间的众数。

解：从【例 3–5】中的数据可以看出,出现频数最大的是 50,即众数组为 40～50 这一组。若用式（3–13）计算众数，则 $X_L=40$，$\Delta f_1=27$，$\Delta f_2=40$，$d=10$，$M_0\approx40+27/(27+40)\times10=44.03$（min）。若用式（3–14）计算，其结果也是相同的。

应该指出的是，从分布的角度看，众数是具有明显集中趋势点的数值，如果数据的分布没有明显的集中趋势或最高峰点，众数也可以不存在；如果有多个高峰点，实际上也可以认为有多个众数。

（6）P 百分位数。

观测值按大小排列 $X_1,X_2,\cdots,X_n$，并计算相应的累计百分位。处于 P%位置的值称为 P 百分位数，中位数是 50 百分位数。P 百分位数就是一般顺序中第 nP%位的数，若 n=100，第 50 百分位数，100×50%=50，即位于第 50 位的数；n=40，50 百分位数，40×50%=20，即位于第 20 位的数。

当 $X_1,X_2,\cdots,X_n$ 按大到小排列，P 百分位数表示大于该数的值占 P%；$X_1,X_2,\cdots,X_n$ 按小到大排列，P 百分位数表示小于该数的值占 P%。

3.1.2 描述分布离散趋势的统计量

（1）平均差。

绝对偏差平均值（AVEDEV），称为平均差，记为 A.D.。关于平均差的计算，对于未经

分组整理的样本数据 $X_1, X_2, \cdots, X_n$，离差（$X_i - \bar{X}$）取绝对值后的平均值，即

$$\text{A.D.} = \frac{1}{n}\sum_{i=1}^{n}\left|X_i - \bar{X}\right| \tag{3–15}$$

对于分组整理的样本数据 $X_1, X_2, \cdots X_n$，则

$$\text{A.D.} = \frac{1}{\sum_{i=1}^{k} f_i}\sum_{i=1}^{k} f_i\left|X_i - \bar{X}\right| \tag{3–16}$$

（2）样本方差和样本标准差。

1）样本方差。

样本方差是由样本数据 $X_1, X_2, \cdots, X_n$ 的离差平方和除以样本容量 n 求得的，记为 S^2。根据未分组数据和分组数据计算样本方差的公式。

未分组计算公式

$$S^2 = \frac{1}{n}\sum_{i=1}^{n}(X_i - \bar{X})^2 \tag{3–17}$$

分组计算公式

$$S^2 = \frac{1}{\sum_{i=1}^{k} f_i}\sum_{i=1}^{k} f_i(X_i - \bar{X})^2 \tag{3–18}$$

2）样本标准差。

将样本方差开平方，即得到样本标准差 S。

未分组计算公式

$$S = \sqrt{\frac{1}{n}\sum_{i=1}^{n}(X_i - \bar{X})^2} \tag{3–19}$$

分组计算公式

$$S = \sqrt{\frac{1}{\sum_{i=1}^{k} f_i}\sum_{i=1}^{k} f_i(X_i - \bar{X})^2} \tag{3–20}$$

样本方差和样本标准差反映了每个样本数据与样本均值 $\bar{X}$ 之间平均差值的数值。因此，它们能准确地反映出数据的离散程度。此外，在数学处理上它们是通过平方消去离差的正负号，这更便于数学上的处理。因而它们是实际中应用最广泛的离散程度的统计量。

【例 3–7】根据【例 3–1】的数据，计算 100 名建筑工人完成此项工序所需时间的方差和标准差。

解：计算过程见表 3–3。

根据式（3–17）和式（3–19）分别得到

$$S^2 = \frac{1}{\sum_{i=1}^{k} f_i}\sum_{i=1}^{k} f_i(X_i - \bar{X})^2 = 9371/100 = 93.71$$

$$S = 9.68(\text{min})$$

表 3–3　　某建筑工地 100 名建筑工人完成某项工序所需时间的标准差计算表

按加工时间分组	X_i组中值	频数 f_i	$(X_i-X)^2$	$(X_i-X)^2 f_i$
20～30	25	12	299.29	3591.48
30～40	35	23	53.29	1225.67
40～50	45	50	7.29	364.50
50～60	55	10	161.29	1612.90
60～70	65	5	515.29	2576.45
合计	—	100	—	9371.00

（3）极差 R。

极差是样本数据 $X_1, X_2, \cdots, X_n$ 中的最大值与最小值之差，记为 R。即

$$R = X_{\max} - X_{\min} \tag{3–21}$$

对于分组数据，极差也可近似表示为

$$R=\text{最高组上限}-\text{最低组下限} \tag{3–22}$$

【例 3–8】根据【例 3–1】的数据，极差为：R=65–22=43（min）。根据该例的频数分布表分组后的数据，所计算的极差为：R=70–20=50（min）。

极差是描述样本数据离散程度的重要的统计量，它计算简单，容易理解，但它易受极端值的影响，有时不能准确地描述数据的分散程度。

（4）离散系数。以上所介绍的反映样本数据离散程度的统计量，都是反映数据分散程度的绝对值，其数值的大小既受样本数据本身水平高低的影响，且其计量单位又必须与原变量值的计量单位相同。因此，对于平均水平不同或计量单位不同的样本数据，是不能直接用以上表示离散程度的统计量进行比较的。为了消除变量值水平高低和计量单位不同对离散程度测度值的影响，需要计算离散系数。

离散系数是样本数据 $X_1, X_2, \cdots, X_n$ 的样本标准差对算术平均数的百分比，记为 V_s。其计算公式为

$$V_S = S / \bar{X} \tag{3–23}$$

【例 3–9】某行业协会抽查了本行业 8 家企业的钢材销售数据，表 3–4，试比较产品销售额与销售利润的离散程度。

表 3–4　　8 家企业的钢材销售数据　　单位：万元

企业序号	1	2	3	4	5	6	7	8
产品销售额 X_{1i}	170	220	390	430	480	650	950	1000
销售利润 X_{2i}	8.1	12.5	18	22	26.5	40	64	69

解：由于销售额与销售利润的数据水平不同，采用离散系数进行比较。由表 3–4 中的数据计算得

$\bar{X}_1$=536.25（万元），S_1=289.22（万元），V_1=0.5393，$\bar{X}_2$=32.51（万元），S_2=21.60（万

元），V_2=0.664 43。计算结果表明，$V_1 < V_2$，说明产品销售额的离散程度小于销售利润的离散程度。

3.1.3　描述分布偏斜程度的统计量

（1）偏度。变量数列的单峰钟形分布分为对称分布和非对称分布，非对称分布包括不同程度的左偏态分布和右偏态分布。为了准确地测定分布的偏斜程度并进行比较分析，最常见的方法是计算偏度。偏度是用于衡量分布的不对称程度或偏斜程度的指标。偏度指标的计算方法很多，其中最常见的方法是定性法和定量法。

1）定性判定。

中位数、众数和算术平均数都反映被研究现象数量分布的集中趋势。运用中位数、众数和算术平均数的数量关系可以大体判断总体的分布特征。当总体分布呈对称状态时，三者合而为一，即 $\bar{X}=M_e=M_0$ 如图 3–1（a）所示。当总体分布呈右偏时，则 $\bar{X}>M_e>M_0$，见图 3–1（b）。当总体分布呈左偏时，则 $\bar{X}<M_e<M_0$，见图 3–1（c）。

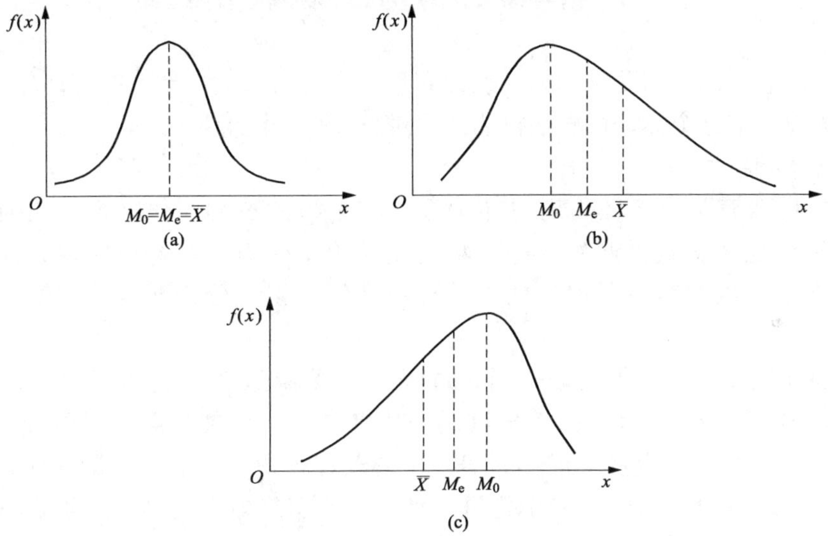

图 3–1　总体分布特征

（a）对称分布；（b）右偏分布；（c）左偏分布

2）定量判定。

在变量分布为钟形分布但呈略微偏态的情况下，不论左偏还是右偏，中位数、众数和算术平均数大致存在一定比例关系，中位数居中间，众数与中位数的距离约为算术平均数与中位数的距离的 2 倍，即 $(\bar{X}-M_0)$，代表了偏态的绝对量。同时为了便于计算，消除由于数量级别不同等因素带来的影响，需要将 $(\bar{X}-M_0)$ 与其对应的标准差（σ）进行对比，其比值称为偏态系数

$$S_k=\frac{(\bar{X}-M_0)}{\sigma} \qquad (3\text{–}24)$$

式中，S_k 为偏态系数；通常 $|S_k| \leqslant 3$，当 S_k=–3 为极度左偏，S_k=+3 为极度右偏。

（2）峰度。

峰度是变量分布的另一特征，它是指变量分布曲线与正态曲线相比较，其峰尖的陡峭程

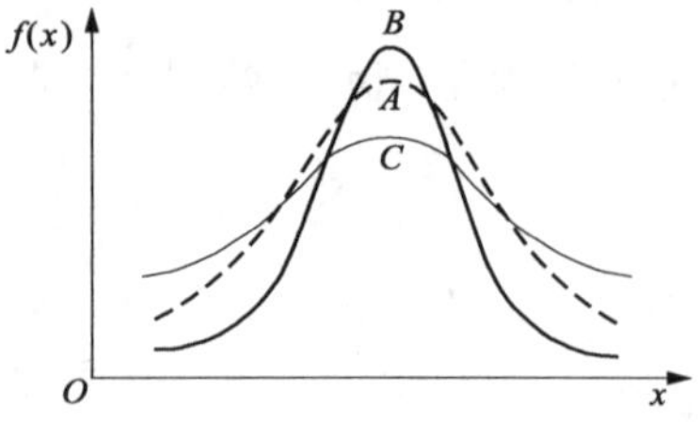

图 3–2 峰度

度。峰度大致可以分为三类如图 3–2 所示，图中，A 为正态峰，B 为尖顶峰，C 为平顶峰或阔峰。尖顶峰表明变量分布过于集中，平顶峰说明变量分布较为分散。

峰度高低用峰度系数来表示，它是以四次中心差动与其对应的标准差的四次方之比来计算，常用 β 表示，其计算公式为

$$\beta=\frac{M_4}{\sigma^4}=\frac{\sum_{i=1}^{n}(X_i-\bar{X})^4 f_i}{\sum_{i=1}^{n}f_i/\sigma^4} \tag{3–25}$$

根据经验数据：当 $\beta=3$ 时，为正态峰；当 $\beta<3$ 时，为平顶峰；当 $\beta>3$ 时，为尖顶峰。

3.2 样本随机性与总体特征参数

一般来说，总体的分布是未知的，或分布形式中含有未知参数。在统计分析中，人们总是从总体中抽取一部分个体，根据获得的数据对总体分布进行推断。

3.2.1 样本随机性

从总体中抽取有限个个体，对总体进行观测分析的过程叫作抽样。在抽样过程中，有许多的因素使得观测数据产生误差，从而使结论产生偏差，甚至错误。因此应该分析产生误差的原因，以便减少错误。抽样过程中产生的误差分为两类：非抽样误差和抽样误差。

（1）非抽样误差。非抽样误差是调查过程中由于调查者或被调查者的人为因素所造成的误差，产生的主要原因有：计量错误、计算错误、抄录错误、在逐级上报过程中的汇总错误、所报不实或调查者弄虚作假等。在调查过程中，由于违反了抽样调查的随机性原则，有意识地选择较好或较坏的单位进行调查也会导致非抽样误差。被调查者不配合调查或不回应调查也是导致非抽样调查的一个常见原因。非抽样误差理论上是可以设法消除的，我们要尽量避免它，或把误差减少到最低限度，以免它干扰以后的统计分析，得出错误的结论。

（2）抽样误差。抽样误差是指具体的样本指标和总体指标之间的差异，是在调查时用总体中的部分单位的标志值去推算总体数量特征时产生的误差。这种误差是因为部分单位某种标志值的分布构成不能代表总体的分布，或者部分单位的结构和总体结构不完全一致所产生的误差。因为样本的组合是随机的，所以样本的指标也是随机的，随机的样本指标和确定的总体指标的差异是不可避免的，也是随机的。也就是说，对于一个特定的样本我们无法确切知道抽样误差的大小，但可以对抽样误差的大小做出概率的描述。

设样本 $X_1,X_2,\cdots,X_n$，样本容量 n，样本特征参数 $\bar{X}$、S。一次抽样，实现一个样本，见表 3–5。它的出现是随机性的，是一个 n 维随机向量。随机样本应满足两个条件：① n 个随机变量和总体 X 有相同的概率分布；② n 个随机变量相对独立，每个抽样概率相等。

表 3–5 样本实现与样本统计量

样本 X_i	$X_1,X_2,\cdots,X_n$	$\bar{X}$（均值）	S（标准差）	备注
第一次抽样 $X_i^{(1)}$	$X_1^{(1)},X_2^{(1)},\cdots,X_n^{(1)}$	$\bar{X}_1$（均值）	S_1（标准差）	一个样本实现
第二次抽样 $X_i^{(2)}$	$X_1^{(2)},X_2^{(2)},\cdots,X_n^{(2)}$	$\bar{X}_2$（均值）	S_2（标准差）	另一个样本实现

3.2.2 总体特征参数

总体参数是指总体中对某变量的概括性描述。总体的均值 μ、方差 σ_2 是最重要的总体参数。

（1）总体均值和方差的定义。总体均值 μ，又称数学期望，其定义为：设连续性随机变量 X 的概率分布为 $f(X)$，若积分 $\int_{-\infty}^{\infty} Xf(X)\mathrm{d}x$ 绝对收敛，则称该积分为 X 的数学期望，记为 $\mu=E(X)=\int_{-\infty}^{\infty} Xf(X)\mathrm{d}X$，简称为期望或均值。

总体方差 σ^2，其定义为：设 X 是连续性随机变量，若 $E\{(X-E(X))^2\}$ 存在，则称其为 X 的方差，记为 $D(X)$，即：$\sigma^2=D(X)=E\{[X-E(X)]^2\}$。将 $D(X)$ 开方，$\sigma(X)=\sqrt{D(X)}$ 称为均方差。

（2）总体均值和方差的运算性质。

总体均值 μ 有如下运算性质：

1）设 C 是常数，则 $E(C)=C$；

2）设 X 是一个随机变量，C 是常数，则 $E(CX)=CE(X)$；

3）设 X、Y 是任意两个随机变量，则 $E(X+Y)=E(X)+E(Y)$；

4）设 X、Y 是两个相互独立的随机变量，则 $E(XY)=E(X)E(Y)$。

总体方差 σ^2 有如下运算性质：

1）设 C 是常数，则 $D(C)=0$；

2）设 X 是一个随机变量，C 是常数，则 $D(CX)=C^2D(X)$；

3）设 X、Y 是两个独立随机变量，则 $D(X+Y)=D(X)+D(Y)$。

因总体特征参数 μ、σ 通常未知，需要通过样本参数估计和推断。

3.3 抽 样 分 布

与随机变量取值相联系的一系列概率值，称为随机变量的概率分布。概率分布是理论上的分布，频数分布是经验分布，逻辑观念上不同，形式上类似。统计量的概率分布称为抽样分布。在统计推断中，许多统计量是服从正态分布或正态分布渐近分布，所以正态分布是最有用的，此外 χ^2 分布、F 分布、t 分布也起着重要的作用。

3.3.1 正态分布

（1）定义。

如果随机变量 X 的概率密度函数为

$$f(x)=\frac{1}{\sqrt{2\pi}\sigma}\mathrm{e}^{-\frac{(x-\mu)^2}{2\sigma^2}},\quad -\infty<x<\infty \tag{3–26}$$

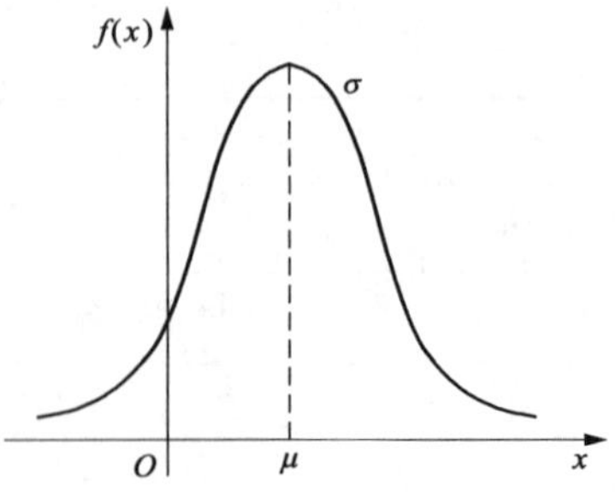

图 3–3 正态分布曲线

称 X 服从正态分布，记 $X \sim N(\mu,\sigma^2)$，μ、σ^2 是随机变量 X 的均值和方差。

正态分布是概率密度函数族，其曲线特征见图 3–3：

1）形如钟形，是对称曲线；

2）以 $X=\mu$ 为对称轴，μ 决定了其在坐标内的位置；

3）在 $X=\mu$ 时曲线在最高点，X 向左向右延伸时，曲线高度不断降低，但永远不与横轴相交；

4）σ 决定曲线的“高、矮、陡、缓”，σ 越大，曲线越缓，σ 越小，曲线越陡；

5）概率 $F(x)=P\{X \leqslant x\}=\int_{-\infty}^{x} f(x)\mathrm{d}x$ 是随机变量取值小于等于 x 的概率。

（2）性质。

1）曲线关于 $x=\mu$ 对称，表明对于任意 $h>0$ 有：$P\{\mu-h<x\leqslant\mu\}=P\{\mu<x\leqslant\mu+h\}$，当 $x=\mu$ 时 $f(x)$ 取到最大值 $f(\mu)=\dfrac{1}{\sqrt{2\pi}\sigma}$；$x$ 离 μ 越远，$f(x)$ 值越小。这表明对同样长度的区间，当区间离 μ 越远，X 落在这个区间上的概率就越小，如图 3–4 所示。

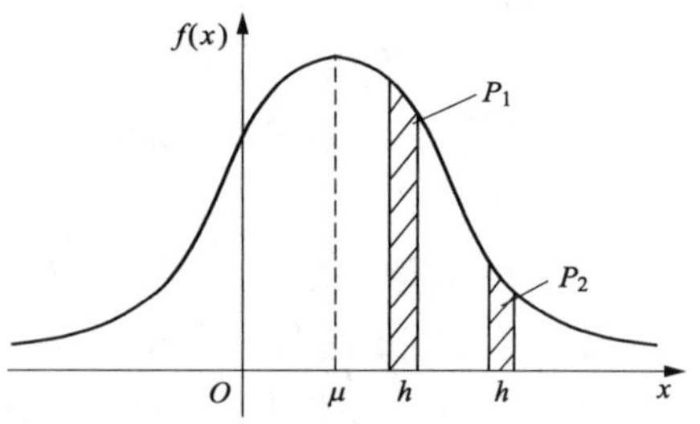

图 3–4 正态分布概率运算特征

2）在 $x=\mu\pm\sigma$ 处曲线有拐点（$f(x)$ 在该点的二阶倒数等于零），曲线以 Ox 轴为渐近线。

3）参数 μ、σ 对图形 $f(x)$ 分布图形的影响：① 若固定 σ，变 μ 的值，则 $f(x)$ 的图形沿着 Ox 轴平行移动，不改变形状，如图 3–5 所示。可见正态分布的概率密度 $y=f(x)$ 的位置完全由参数 μ 确定；② 若固定 μ，变 σ，由于最大值为 $f(x)=\dfrac{1}{\sqrt{2\pi}\sigma}$，可知当 σ 越小时图形变得越尖，如图 3–5 所示。

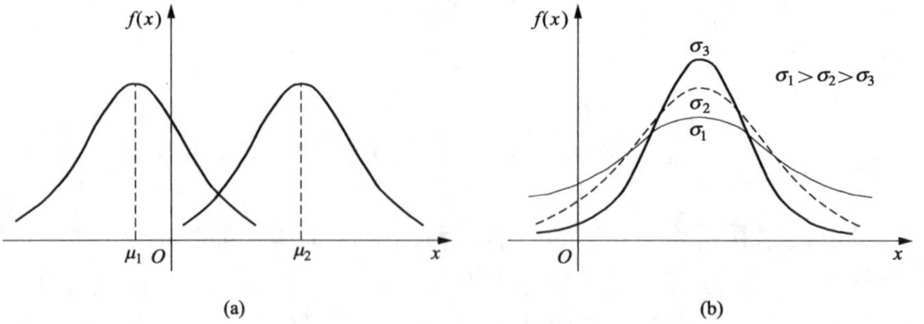

图 3–5 正态分布特性

（a）σ 为定值，μ 为变值；（b）μ 为定值，σ 为变值

4）正态分布的线性性质：若 $X_i(i=1,2\cdots n)$ 各自服从正态分布 $N(\mu_i,\sigma_i^2)$，且概率独立，a_i 为常数，那么 $\sum x_i$ 和 $a_i x_i$ 也服从正态分布：

$$\sum_{i=1}^{n} x_i \sim N\left(\sum_{i=1}^{n}\mu_i,\sum_{i=1}^{n}\sigma_i^2\right) \tag{3–27}$$

$$a_i x_i \sim N(a_i \mu_i, a_i^2 \sigma_i^2) \tag{3-28}$$

3.3.2　标准正态分布

（1）定义。

随机变量X满足正态分布，且$\mu=0,\sigma=1$，即随机变量$X\sim N(0,1)$，分布密度函数为$\phi(x)=\frac{1}{\sqrt{2\pi}}\mathrm{e}^{-\frac{x^2}{2}}$，则称随机变量$X$满足标准正态分布。

标准正态分布概率$\Phi(u)=P(x\leqslant u)=\frac{1}{2\pi}\int_{-\infty}^{u}\mathrm{e}^{-\frac{x^2}{2}}\mathrm{d}u$。标准正态分布的概率密度累计函数值以及百分数可通过查附表B和附表C得到。密度函数曲线特点如图3–6所示。

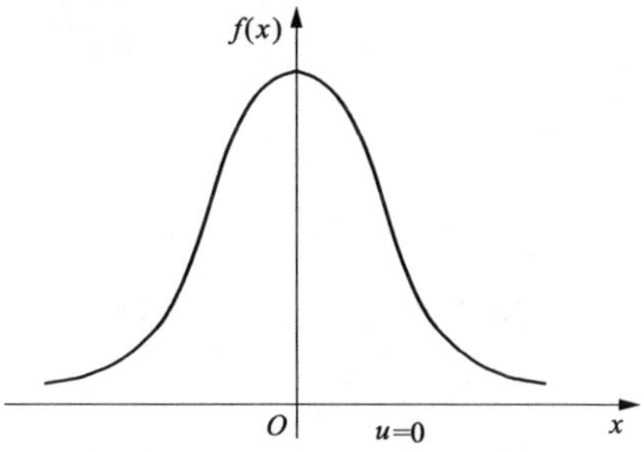

图3–6　标准正态分布曲线

标准正态分布函数曲线有如下特征：

$$P\{-4\sigma\leqslant x\leqslant 4\sigma\}=99.99\%$$
$$P\{-3\sigma\leqslant x\leqslant 3\sigma\}=99.73\%$$
$$P\{-2\sigma\leqslant x\leqslant 2\sigma\}=94.45\%$$
$$P\{-\sigma\leqslant x\leqslant \sigma\}=68.27\%$$

表明标准正态分布函数曲线下68.27%的面积在平均数左右的一个标准差范围内，95.45%的面积在平均数左右两个标准差的范围内，99.73%的面积在平均数左右三个标准差的范围内，99.99%的面积在平均数左右四个标准差的范围内。

（2）标准正态分布的百分位点。

标准正态分布的上侧百分位点定义如下：设$X\sim N(0,1)$，若u_α满足$P\{x>u_\alpha\}=\alpha,0<\alpha<1$则称点$u_\alpha$为标准正态分布的上侧百分位点，如图3–7（a）所示。

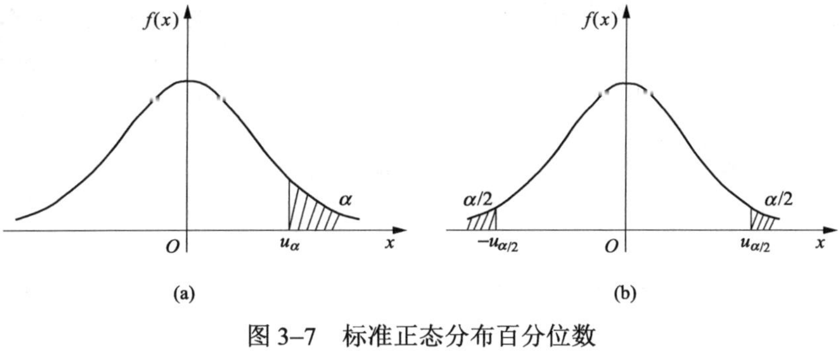

图3–7　标准正态分布百分位数

（a）上侧百分位数；（b）双侧百分位数

【例3–10】当$\alpha=0.05,\alpha=0.005,\alpha=0.001$时，分别求出满足$P\{x>u_\alpha\}=\alpha$的上侧百分位点$u_\alpha$。解：

$P\{x\leqslant u_\alpha\}=1-0.05=0.95$

$P\{x\leqslant u_\alpha\}=1-0.005=0.995$

$P\{x\leqslant u_\alpha\}=1-0.001=0.999$

查附录C得：

$$u_{0.05}=1.645$$
$$u_{0.005}=2.576$$
$$u_{0.001}=3.090$$

标准正态分布的双侧百分位点定义如下：满足 $P\{|x|>u_{\alpha/2}\}=\alpha, 0<\alpha<1$ 的数 $u_{\alpha/2}$ 称为标准正态分布的双侧百分位点，见图 3–7（b）。

因为 $|x|>u_{\alpha/2}\Rightarrow\begin{cases}x<-u_{\alpha/2}\\x>u_{\alpha/2}\end{cases}$，意味着 α 是由两部分组成，满足 $\begin{cases}P\{x<-u_{\alpha/2}\}=\alpha/2\\P\{x>+u_{\alpha/2}\}=\alpha/2\end{cases}$，由于图形对称，求出 $u_{\alpha/2}$ 或 $-u_{\alpha/2}$ 即可。

【例 3–11】 当 $\alpha=0.05$，求满足 $P\{|x|>u_{\alpha/2}\}=\alpha$ 的双侧百分位点。

第一种解法：

$$P\{x>u_{0.025}\}=\alpha/2\Rightarrow P\{x>u_{0.025}\}=1-P\{x\leqslant u_{0.025}\}$$

$1-P\{x\leqslant u_{0.025}\}=0.025\Rightarrow P\{x\leqslant u_{0.025}\}=1-0.025=0.975$，查附录 C 得 $u_{\alpha/2}=1.96$。

第二种解法：

$P\{x<-u_{0.025}\}=1-P\{x\leqslant u_{\alpha/2}\}=0.025\Rightarrow P\{x\leqslant u_{0.025}\}=1-0.025=0.975$，查附录 C 得 $u_{\alpha/2}=1.96$。

（3）正态分布的标准化。

以上讨论了标准正态分布函数 $X\sim N(0,1)$，可以查表求得 $\Phi(u)=P$，当为正态分布 $X\sim N(\mu,\sigma^2)$ 时，可以标准化后查附表，见式（3–29）和式（3–30）。

$$P\{X\leqslant x\}=\Phi\left(\frac{x-\mu}{\sigma}\right)=\Phi(u) \quad (3–29)$$

$$P\{x_1<X<x_2\}=\Phi(u_2)-\Phi(u_1)=\Phi\left(\frac{x_2-\mu}{\sigma}\right)-\Phi\left(\frac{x_1-\mu}{\sigma}\right) \quad (3–30)$$

【例 3–12】 某种水泥的月销售额 X（万元）服从 $N(10,1)$ 分布，求某月销售额 X：

a. 小于 9.5 万元的概率；b. 大于 10 万元的概率；c. 介于 9.5 万～10 万元的概率。

解：

a：$P\{X\leqslant 9.5\}=\Phi\left(\frac{9.5-10}{1}\right)=\Phi(-0.5)=1-\Phi(0.5)=0.308\,5$，即小于 9.5 万元的概率是 30.85%；

b：$P\{X>10\}=1-P\{X\leqslant 10\}=1-\Phi\left(\frac{10-10}{1}\right)=0.5$，即大于 10 万元的概率是 50%；

c：$P\{9.5<X\leqslant 10\}=\Phi\left(\frac{10-10}{1}\right)-\Phi\left(\frac{9.5-10}{1}\right)=0.5-0.308\,5=0.191\,5$，即 9.5 万～10 万元的概率是 19.15%。

3.3.3 χ^2 分布

（1）定义与性质。

若 $X_1,X_2,\cdots,X_n$ 是相互独立的随机变量，且服从标准正态分布 $X_i\sim N(0,1)$，则称随机变量 $\chi^2=\sum_{i=1}^{n}X_i^2$ 服从自由度为 n 的 χ^2 分布，记为 $\chi^2\sim\chi^2(n)$。其分布密度函数为

$$f(x,n)=\begin{cases}A_n \mathrm{e}^{-\frac{x}{2}}\chi^{\frac{n}{2}-1} & x>0\\ 0 & x\leqslant 0\end{cases} \tag{3-31}$$

式中：A_n是与 n 有关的常数；$A_n=\dfrac{1}{2^{\frac{n}{2}}\Gamma\left(\dfrac{n}{2}\right)}$；$\chi^2$分布密度曲线随自由度不同而差异，如图 3–8 所示。

χ^2分布具有以下性质：

① 若$Y\sim\chi^2(n)$，则$E(Y)=n$，$D(Y)=2n$；

② χ^2分布具有可加性，若 Y_1、Y_2 相互独立，且$Y_1\sim\chi^2(n_1)$，$Y_2\sim\chi^2(n_2)$，则$Y_1+Y_2\sim\chi^2(n_1+n_2)$；

③ 当$n\to\infty$，χ^2分布趋近于正态分布；

④ χ^2为一曲线族，形状和位置由唯一的参数 n 确定；

⑤ χ^2为非负变量，只出现在坐标系第一象限；

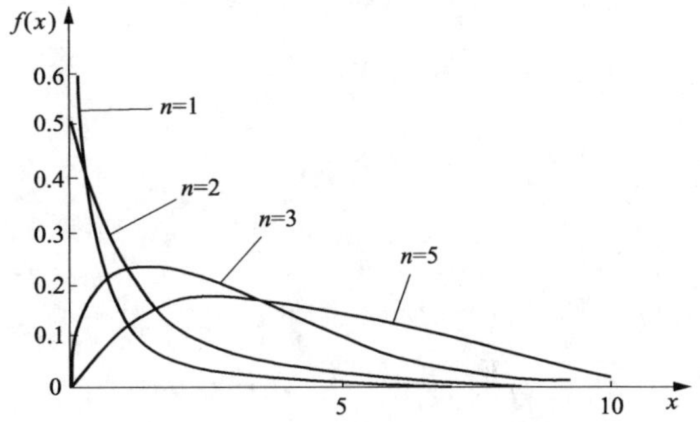

图 3–8　χ^2分布密度曲线

⑥ 当 n=1 时，曲线无极大值，n=2 时，曲线与纵坐标相交且相交处为最大值，n 越小曲线在上升段越陡，n 越大曲线上升段越缓。

（2）自由度。

如果对于变量$Y_1,Y_2\cdots,Y_n$存在一组不全为零的常数$C_1,C_2,\cdots,C_n$，使得$C_1Y_1+C_2Y_2+\cdots+C_nY_n=0$，则称变量$Y_1,Y_2,\cdots,Y_n$之间存在一个线性的约束条件，则$Y_1,Y_2,\cdots,Y_n$中有 n–1 个独立变量，称自由度 n–1。如果有 k 个约束条件，独立变量的个数减少 k 个，自由度为 n–k。例如，三个数字之和为 15，这时只有两个数字可以自由选择，第三个不能自由选择，否则不能保证和为 15。

因$\chi^2={X_1}^2+{X_2}^2+\cdots+{X_n}^2$是 n 个独立的随机变量 X_i 的平方和，X_i 之间没有线性约束条件，即$k=0$，所以χ^2的自由度为 n。

（3）百分位点。

若给定$\alpha(0<\alpha<1)$，则称满足条件$P\{\chi^2(n)>{\chi_\alpha}^2(n)\}=\alpha$的${\chi_\alpha}^2$为$\chi^2$分布的上侧百分位点。

给定自由度 n 和概率$\alpha(0<\alpha<1)$值，${\chi_\alpha}^2$的值可查附录 E。

例如，χ^2分布中，已知$\alpha=0.1$，$n=10$，则$\chi^2_{0.1}(10)=15.987$；已知$\alpha=0.05$，$n=30$，则$\chi^2_{0.05}(30)=43.773$。

3.3.4　*F* 分布

（1）定义与性质。

设随机变量 V 和 W 相互独立，且分别服从自由度为 n_1 和 n_2 的χ^2分布，即$V\sim\chi^2(n_1)$，$W\sim\chi^2(n_2)$，则随机变量$F=\dfrac{V/n_1}{W/n_2}$服从第一自由度为 n_1，第二自由度为 n_2 的 F 分布，记作$F\sim F(n_1,n_2)$。其分布密度函数为

$$f(x,n_1,n_2)=\begin{cases}B(n_1,n_2)\chi^{\frac{n_1}{2}-1}\left(1+\dfrac{n_1}{n_2}x\right)^{\frac{n_1+n_2}{2}}, x>0\\0, x\leqslant 0\end{cases} \tag{3-32}$$

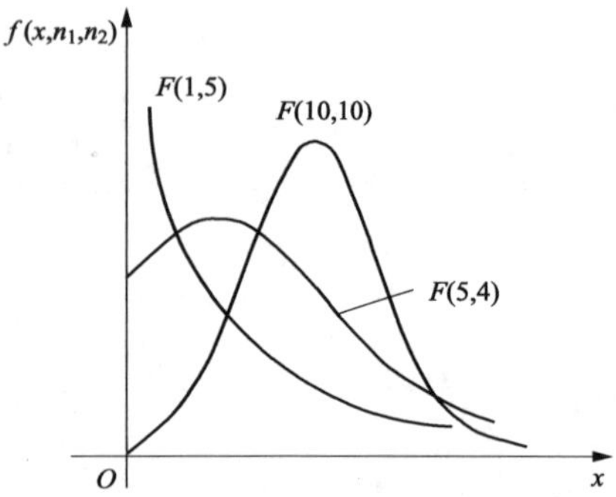

图 3–9　F 分布密度曲线

式中：$B=\dfrac{\Gamma\left(\dfrac{n_1+n_2}{2}\right)}{\Gamma\left(\dfrac{n_1}{2}\right)\Gamma\left(\dfrac{n_2}{2}\right)}\left(\dfrac{n_1}{n_2}\right)^{\frac{n_1}{n_2}}$；$F$ 分布密度曲线如图 3–9 所示；F 分布的密度曲线随自由度 n_1、n_2 取值的不同而不同。

F 分布对于两个正态总体的方差比的推断问题十分重要，是方差分析等统计推断方法的基础。

（2）百分位点。

给定 $\alpha(0<\alpha<1)$、第一自由度 n_1 和第二自由度 n_2，可以查附录 F，得到 F 分布的上侧百分位数用 $F_\alpha(n_1,n_2)$，它是指满足 $P\{F>F_\alpha\}=\int_{F_\alpha}^{\infty}f(x,n_1,n_2)\,\mathrm{d}x=\alpha$ 的数 $F_\alpha(n_1,n_2)$。例如，F 分布，已知 $n_1=4,n_2=6,\alpha=0.05$，求 $F_\alpha(n_1,n_2)$，查 F 分布附录 F 得 $F_{0.05}(4,6)=4.53$。

F 分布附录 F 中列出了 $\alpha=0.1,\alpha=0.05$ 时的临界值 $F_\alpha(n_1,n_2)$，表中没有列出的某些值，还可以用下式得出 $F_{1-\alpha}(n_1,n_2)=\dfrac{1}{F_\alpha(n_2,n_1)}$。

例如，F 分布中，已知 $n_1=15,n_2=12,\alpha=0.95$，求 $F_\alpha(n_1,n_2)$。

则 $F_{0.95}(15,12)=F_{1-0.05}(15,12)=\dfrac{1}{F_{0.05}(12,15)}=\dfrac{1}{2.48}=0.403$。

3.3.5　*t* 分布

（1）定义与性质。

设随机变量 U 服从标准正态分布，随机变量 W 服从 n 自由度的 χ^2 分布，即 $U\sim N(0,1)$，$W\sim\chi^2(n)$，且 U 与 W 相互独立，则随机变量 $T=\dfrac{U}{\sqrt{W/n}}$ 服从自由度为 n 的 t 分布，记作 $T\sim t(n)$。其分布密度函数为

$$f(t)=C_n\left(1+\frac{t^2}{n}\right)^{-\frac{n+1}{2}}，其中 C_n=\frac{\Gamma\left(\frac{n+1}{2}\right)}{\sqrt{n\pi}\Gamma\left(\frac{n}{2}\right)}，-\infty<t<\infty \tag{3-33}$$

t 分布的密度曲线如图 3–10。

t 分布的性质如下：

1）t 分布的均值 u=0，方差 $E(t)=0$，$D(t)=\dfrac{n}{n-2}$，$n>2$；

2）自由度为 n 的 t 分布密度曲线关于 Y 轴对称；

3）形状随自由度不同而有差异，自由度越大，与标准正态分布密度曲线越逼近，当$n \to \infty$时与标准正态分布密度曲线一致。

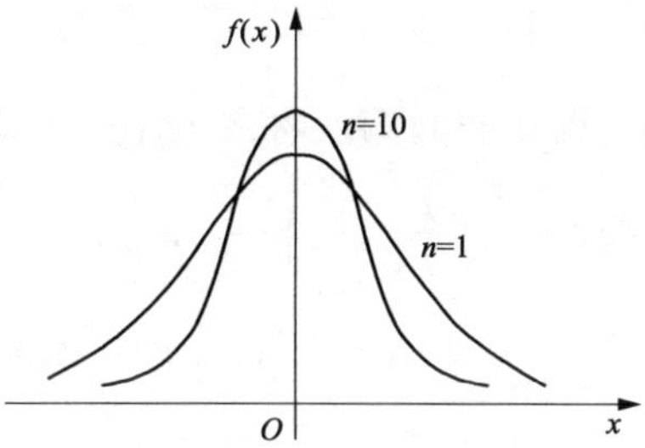

图 3-10　t 分布密度曲线

t 分布在检验两正态总体均值是否相等，以及在参数估计中有重要作用。

（2）百分位点。

给定 $\alpha(0<\alpha<1)$ 和自由度 n，则称满足 $P\{|t(n)|>t_{\alpha/2}(n)\}=\alpha$ 的数 $t_{\alpha/2}(n)$ 为 t 分布的双侧百分位数。例如，在 t 分布中，已知 $\alpha=0.05, n=21$，查附录 D 得双侧百分位数 $t_{0.05/2}(21)=2.080$。

当 $n>30$ 时也可用标准正态分布 $N(0,1)$ 近似表示 t 分布，即 $t_{\alpha/2}(n)\approx u_{\alpha/2}$。

例如，在 t 分布中，已知 $n=40, \alpha=0.05$，查 t 分布表得 $t_{0.05/2}(40)=2.021$，而查标准正态分布附录 C 得 $u_{\alpha/2}=u_{0.05/2}=1.96$，即 $t_{0.05/2}(40)\approx u_{0.05/2}$。从 t 分布表中可以看出 $n\to\infty$ 时，$t_{0.05/2}=1.96$。

3.3.6　样本统计量抽样分布

总体 X 中抽取的样本 $X_1, X_2, \cdots, X_n$ 的统计量（样本均值 $\bar{X}$，样本方差 S^2），由于样本随机性，其统计量 $\bar{X}$，S^2 也是随机变量，其概率分布称为抽样分布。

（1）样本均值 $\bar{X}$ 分布。

设 $X_1, X_2, \cdots, X_n$ 是 X 的随机样本，且服从正态分布，均值 $\bar{X}=\sum_1^n X_i/n$。从无限总体中进行 n 次抽样，得到 n 个样本均值。已知 X 的期望值为 μ，方差 σ^2，则 $\bar{X}$ 的均值为

$$E(\bar{X})=E\left(\sum_{i=1}^n X_i/n\right)=\frac{1}{n}E\left(\sum_{i=1}^n X_i\right)=\frac{1}{n}\sum_{i=1}^n E(X_i)=\frac{1}{n}n\mu=\mu$$

即 $E(\bar{X})=\mu$。

$\bar{X}$ 的方差为

$$D(\bar{X})=E[\bar{X}-E(\bar{X})]^2=E[\bar{X}-\mu]^2=E\left[\frac{\sum_{i=1}^n X_i}{n}-\mu\right]^2=E\left[\frac{\sum_{i=1}^n X_i-n\mu}{n}\right]^2$$

$$=\frac{1}{n^2}E\left[\sum_{i=1}^n (X_i-\mu)\right]^2=\frac{1}{n^2}\sum_{i=1}^n E(X_i-\mu)^2=\frac{1}{n^2}n\sigma^2=\frac{1}{n}\sigma^2$$

即 $D(\bar{X})=\frac{1}{n}\sigma^2$。

将样本均值的方差开方为样本均值的均方差（又称标准差），记为，$\sigma(\bar{X})=\frac{\sigma}{\sqrt{n}}$。则 $\bar{X}$ 的均方差 $\sigma(\bar{X})$ 具有以下特征：

1）因 $\sigma(\bar{X})=\frac{\sigma(X)}{\sqrt{n}}$，即 $\sigma(\bar{X})<\sigma(X)$；

2）当 $n\to\infty$，$\sigma(\bar{X})\to 0$，即样本 n 越大，样本间均值变动越小。

若当 X 不服从正态分布时，仍有：$E(\bar{X})=\mu, D(\bar{X})=\dfrac{\sigma^2}{n}$，即 $\bar{X}$ 抽样分布，随 n 的增加逼近正态分布，称之为中心极限定理。中心指均值，均值向正态极限趋近。即当 n 足够大，则 $P\left\{\dfrac{\bar{x}-\mu}{\sigma/\sqrt{n}}\leqslant u\right\}\rightarrow\dfrac{1}{\sqrt{2\pi}}\int_{-\infty}^{u}\mathrm{e}^{-\frac{x^2}{2}}\mathrm{d}x$。针对有限总体 X：

1）$n\ll N$，X 当无限总体看待，仍有 $E(\bar{X})=\mu$，$D(\bar{X})=\dfrac{1}{n}\sigma^2$；

2）$n\ll N$ 不成立，样本均值方差乘有限总体修正系数，$E(\bar{X})=\mu$，$D(\bar{X})=\dfrac{N-n}{N-1}\sigma^2/n$。

【例 3–13】某总体正态分布，已知 $\mu=1500,\sigma=200$，样本 $n=100$，求样本均值大于 1575 的概率。

解： $n=100$，可认为是大样本，样本均值服从正态分布 $\bar{X}\sim N(1500, 200^2/100)$

$$P\{\bar{X}>1575\}=1-P\{\bar{X}\leqslant 1575\}=1-\Phi\left(\frac{1575-1500}{200/10}\right)=1-\Phi(3.75)=0.01\%$$

即样本均值大于 1475 的概率为 0.01%。

（2）样本方差 S^2 分布。

设总体随机样本 $X_1,X_2,\cdots,X_n$，服从正态分布，即 $X_i\sim N(\mu,\sigma^2)$，且 $\dfrac{\sum_{i=1}^{n}(X_i-\mu)^2}{\sigma^2}\sim\chi^2(n)$

通过样本研究总体，故用 $\bar{X}$ 代替 μ，χ^2 分布自由度减少 1 个，上式变为

$$\frac{\sum_{i=1}^{n}(X_i-\bar{X})^2}{\sigma^2}\sim\chi^2(n-1)$$

又因 $S^2=\dfrac{\sum_{i=1}^{n}(X_i-\bar{X})^2}{n}$，代入上式得

$$\frac{nS^2}{\sigma^2}\sim\chi^2(n-1)$$

即随机样本方差 S^2 服从自由度为 n–1 的 χ^2 分布。可以得到样本方差 S^2 的均值和方差为 $E(S^2)=\dfrac{n-1}{n}\sigma^2$，$D(S^2)=\dfrac{2(n-1)}{n^2}\sigma^4$。

【例 3–14】设 $\bar{X},S^2$ 分别是 $X\sim N(\mu,\sigma^2)$ 样本均值和方差，试证统计量：$\dfrac{\bar{X}-\mu}{S/\sqrt{n-1}}\sim t(n-1)$

证：因 $\dfrac{\bar{X}-\mu}{\sigma/\sqrt{n}}\sim N(0,1)$，$\dfrac{nS^2}{\sigma^2}\sim\chi^2(n-1)$

由 t 分布的定义得

$$\frac{\dfrac{\bar{X}-\mu}{\sigma/\sqrt{n}}}{\sqrt{\dfrac{nS^2}{\sigma^2}\Big/(n-1)}}\sim t(n-1)$$

整理后得 $\dfrac{\bar{X}-\mu}{S/\sqrt{n-1}} \sim t(n-1)$，得证。

【例 3–15】 设 $X_1, X_2, \cdots, X_n$ 和 $Y_1, Y_2, \cdots, Y_{n_2}$ 分别是两正态分布 $N(\mu_1, \sigma_1^2)$ 和 $N(\mu_2, \sigma_2^2)$ 总体的独立样本，试证统计量 $\dfrac{S_1^2}{S_2^2} \bullet \dfrac{\sigma_2^2}{\sigma_1^2} \bullet \dfrac{n_1(n_2-1)}{n_2(n_1-1)} \sim F(n_1-1, n_2-1)$。

证：F 分布定义：$V \sim \chi^2(n_1), W \sim \chi^2(n_2)$

则：随机变量 $F = \dfrac{V/n_1}{W/n_2} \sim F(n_1, n_2)$

同理 $V \sim \chi^2(n_1-1), W \sim \chi^2(n_2-1)$

则 $F = \dfrac{V/(n_1-1)}{W/(n_2-1)} \sim F(n_1-1, n_2-1)$

设统计量 $V = \dfrac{\sum (X_i - \bar{X})^2}{\sigma_1^2} = \dfrac{n_1 S_1^2}{\sigma_1^2} \sim \chi^2(n_1-1)$

$$W = \frac{\sum (Y_i - \bar{Y})^2}{\sigma_2^2} = \frac{n_2 S_2^2}{\sigma_2^2} \sim \chi^2(n_2-1)$$

由 F 分布的定义 $\dfrac{\dfrac{n_1 S_1^2}{\sigma_1^2}/(n_1-1)}{\dfrac{n_2 S_2^2}{\sigma_2^2}/(n_2-1)} \sim F(n_1-1, n_2-1)$

整理后得 $\dfrac{S_1^2}{S_2^2} \bullet \dfrac{\sigma_2^2}{\sigma_1^2} \bullet \dfrac{n_1(n_2-1)}{n_2(n_1-1)} \sim F(n_1-1, n_2-1)$，得证。

思考与练习题

（1）某工程施工局各年的利润见下表，求该局利润的年平均增长率。

年份（年）	2010	2011	2012	2013	2014	2015
利润（万元）	250	275	286	303	327	377

（2）某上坝材料运输公路 60km，上坝时（重车）车速为 20km/h，下坝时（空车）车速为 30km/h，求平均速度。

（3）计算第 2 章思考与练习题(3)中用核子密度计测得的沥青混凝土容重数据的平均数，众数，中位数，平均差，方差，标准差。

（4）在测站 D 上，用经纬仪分别观测了三个方向 A、B、C，得 10 个测回的方向观测度数 a、b、c（如图所示），其观测值列于下表中。试估算各个方向观测值的方差和标准差。

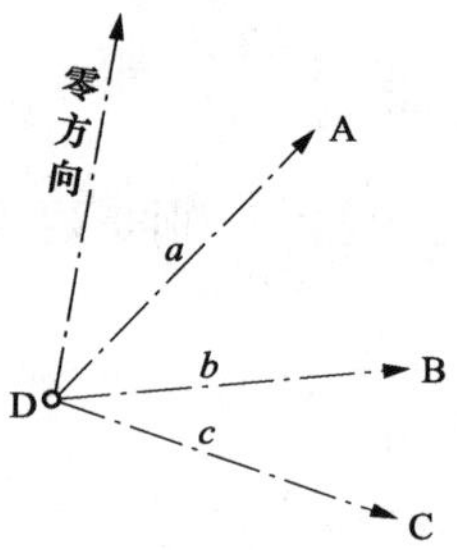

a	b	c
28°47′	47°18′	69°50′
29″	19″	34″
34″	20″	35″
28″	18″	35″
33″	17″	35″
35″	24″	31″
35″	18″	30″
31″	16″	29″
29″	25″	32″
27″	19″	32″
32″	18″	37″

4 参数估计

4.1 参数估计概述

来自总体的样本反映了总体的信息，如何利用样本资料对总体的未知情况进行推断，无论是在理论上还是在实际上都有重要的价值，也是统计学研究的基本内容。统计推断的基本问题可以分为两大类：一类是估计问题，另一类是假设检验问题。所谓估计问题就是利用样本对总体分布中的未知参数进行估计。

参数估计是指从所要研究对象的全部单位中，按随机原则抽取一部分单位进行调整，然后根据这一部分单位的指标数值去估计总体的参数。按随机原则取样，能使抽取出来的样本分布近似于总体分布，使样本指标的代表性增强，保证参数估计的结论有一定的可靠性。

参数估计作为一种科学的统计调查方法，其在工程管理中的作用是十分广泛的。例如，某建设工程招标，招标文件规定采用合理低价中标法，即用平均报价作为基准价，运用“置信区间法”进行报价分析，区间内报价最低者中标；某建设项目岩土工程勘察，对资料统计时，用参数估计法确定岩土参数标准值作为设计依据。

一般的参数估计问题是：已知总体的分布，通过所取得的样本，对其中若干个未知参数进行估计。总体参数主要有总体均值 μ 和总体方差 σ^2 等，未知参数用 θ 表示。

参数估计分为点估计和区间估计。

4.2 点估计

参数点估计问题的一般提法是：设总体 X 的分布函数 $f(x,\theta)$ 的形式已知，θ 是未知参数，$X_1,X_2,\cdots,X_n$ 是 X 的一个样本，$x_1,x_2,\cdots,x_n$ 是其观测值，参数点估计就是构造一个统计量 $\hat{\theta}=g(x_1,x_2\cdots,x_n)$ 作为未知参数 θ 的一个近似值，则称 $\hat{\theta}=g(x_1,x_2\cdots,x_n)$ 为未知参数 θ 的估计量。由于估计量是样本的函数，因此对于样本的不同观测值，θ 的估计值一般不同。

常用的点估计方法有三种：矩估计法、顺序统计量法、最大似然法。

4.2.1 矩估计法

矩估计法是由皮尔逊（K.Pearson）提出的一种参数估计法。其基本思想是：样本 $X_1,X_2,\cdots,X_n$ 作为总体 X 的一个代表，由其构成的样本矩在一定程度上反映了总体矩，且由大数定律知，样本矩依据概率收敛于总体矩。因此，只要总体 X 的 K 阶原点矩存在，就可以用样本矩作为相应总体矩的估计量。

按矩估计法，样本均值 $\bar{X}$（样本一阶原点矩）是总体均值 μ 的估计量，即

$$\hat{\mu}=g(X_1,X_2,\cdots,X_n)=\frac{1}{n}\sum_{i=1}^{n}X_i=\bar{X} \tag{4-1}$$

样本方差S^2（样本二阶中心矩）是总体方差σ^2的估计量，即

$$\hat{\sigma}^2 = g(X_1, X_2, \cdots, X_n) = \frac{1}{n-1}\sum_{i=1}^{n}(X_i - \bar{X})^2 = S^2 \tag{4–2}$$

【例 4–1】某种施工机械寿命$X \sim N(\mu, \sigma^2)$，其中μ、σ^2都是未知的，随机取得 4 台机械，测得寿命（以台班计）为：1502、1453、1367、1650，求μ和σ^2的估计值。

解：设$\bar{X}$为该施工机械样本平均寿命，S^2为该施工机械样本使用寿命方差。用$\bar{X}$估计μ

$$\bar{X} = \frac{1}{4}(1502 + 1453 + 1367 + 1650) = 1493.5$$

用S^2估计σ^2

$$S^2 = \frac{1}{4-1}[(1502-1493)^2 + (1453-1493)^2 + (1367-1493)^2 + (1650-1493)^2] = 13\,901.6$$

得$\hat{\mu} = 1493.5$，$\hat{\sigma}^2 = 13\,901.6$

矩估计法不仅可用于对总体矩进行估计，当总体分布类型已知但含有未知参数时，也可以用矩估计法求出该参数的估计量。

【例 4–2】某产品的质量指标X的分布密度函数为

$$f(x) = \begin{cases} (\alpha+1)x^{\alpha}, & 0 < x < 1, \alpha > -1 \\ 0 \quad , & x \leqslant 0 \text{或} x \geqslant 1 \end{cases}$$

其中，α未知，$X_1, X_2, \cdots, X_n$为X的样本，用矩估计法估计参数α。

解：首先找出α与总体分布的矩的关系，为此，先计算总体分布的期望值

$$E(X) = \int_{-\infty}^{\infty} x f(x)\mathrm{d}x = \int_0^1 x(\alpha+1)x^{\alpha}\mathrm{d}x = \frac{\alpha+1}{\alpha+2}$$

从而$\alpha = \dfrac{1-2E(X)}{E(X)-1}$，按矩估计法，得到$\hat{\alpha} = \dfrac{1-2\bar{X}}{\bar{X}-1}$作为$\alpha$的估计量。

矩估计法简单、直观，而且不必知道总体分布类型，所以得到广泛应用。但它也有局限性：首先，它要求总体的K阶原点矩阵存在，否则无法估计；其次，它不考虑总体分布的类型，不利于充分利用总体分布函数所提供的信息。

4.2.2 顺序统计量法

将正态分布总体的样本观测值按由小到大排列得到样本中位数和极差等。中位数反映了总体X取值的平均数的信息，因此用中位数估计总体X的数学期望是合适的。用样本中位数估计总体X的数学期望的方法称数学期望的顺序统计量估计法。由于样本极差反映了总体取值离散程度的信息，因此可以用R作为对总体X的标准差σ的估计（R与σ量纲相同）。用样本极差估计总体X的标准差的方法称为极差估计法。即

$$\hat{\mu} = M_{\mathrm{e}} = \begin{cases} \dfrac{X_k + X_{k+1}}{2}, & n = 2k \\ X_{k+1}, & n = 2k+1 \end{cases} \tag{4–3}$$

$$\hat{\sigma} = \frac{R}{d_n}, \quad R = X_{\max} - X_{\min} \tag{4–4}$$

式中，d_n 是与 n 有关极差系数，当 $2 \leqslant n \leqslant 10$ 时可查表得到，见表 4–1。

表 4–1　　极差系数 d_n 与 n 的关系

n	d_n	$1/d_n$	n	d_n	$1/d_n$
2	1.128	0.886	7	2.704	0.369
3	1.693	0.591	8	2.847	0.351
4	2.059	0.486	9	2.970	0.337
5	2.326	0.429	10	3.078	0.325
6	2.534	0.395			

注：来自参考文献［3］第 332 页。

【例 4–3】 将观测值按大小排列如下：1367、1453、1502、1650，则

$$\hat{\mu} = M_{\mathrm{e}} = \frac{1}{2}(1453 + 1502) = 1477.5$$

$$\hat{\sigma} = \frac{R}{d_n} = 0.485\,7 \times (1650 - 1367) = 137.4\text{，（其中}\frac{1}{d_n}\text{由表 4–1 查得 0.486）}$$

顺序统计量估计法的优点是计算简便，不易受个别异常数据的影响。如果一组样本值某一数据异常（如过于小或过于大），则这个异常数据可能是总体 X 的随机性造成的，也可能是受外来干扰造成的（如工作人员粗心，记录错误），当原因属于后者，用样本均值估计总体 μ 时显然受到影响，但用样本中位数估计总体 μ 时，由于一个（甚至几个）异常的数据不易改变中位数的取值，所以估计值不易受到影响。

极差估计法的优点是计算简便，但用极差 R 估计 σ 不如用 S 可靠，因为用 R 估计 σ 时，当 n 越大可靠程度越差。

顺序统计量法主要适用于正态总体。当总体不是正态分布，但是总体分布呈连续型且分布密度对称时，也常用样本中位数来估计总体的期望。

4.2.3　最大似然法

最大似然估计法是由罗纳德·费雷（Ronald Fisher）提出的一种参数估计方法。其基本思想是：设总体 X 分布函数形式已知，θ 为未知参数，$x_1, x_2, \cdots, x_n$ 为总体的一组容量为 n 的样本观测值，选取 θ 的估计量 $\hat{\theta}$，使样本观测值出现的概率为最大，并将 $\hat{\theta}$ 称为 θ 的最大似然估计量。

设总体 X 的分布密度为 $f(x, \theta)$，其中 θ 为未知参数。对于从总体取得的样本观测值 $x_1, x_2, \cdots, x_n$，其联合分布密度函数可表示为

$$L(\theta) = \prod_{i=1}^{n} f(x_i, \theta) \tag{4–5}$$

式（4–5）中 $L(\theta)$ 称为 θ 的似然函数，它是参数 θ 的函数。最大似然估计法就是寻找使得似然函数 $L(\theta)$ 达到最大的 θ 值为该参数的估计值，记作 $\hat{\theta}$，并称 $\hat{\theta}$ 为 θ 的最大似然估计量。当 $L(\theta)$ 可微时，$\hat{\theta}$ 可由方程 $\frac{\mathrm{d}L(\theta)}{\mathrm{d}\theta} = 0$ 或 $\frac{\mathrm{d}\ln L(\theta)}{\mathrm{d}\theta} = 0$ 得出。

【例 4–4】求 $X \sim n(\mu,\sigma^2)$ 中参数 μ、σ^2 的最大似然估计量。

解： 设 $x_1,x_2,\cdots,x_n$ 为 X 的一组样本观测值，X 的分布密度函数为

$$f(x;\mu,\sigma^2)=\frac{1}{\sqrt{2\pi}\sigma}\mathrm{e}^{-\frac{(x-\mu)^2}{2\sigma^2}}$$

似然函数为

$$L(\mu,\sigma^2)=\left(\frac{1}{\sqrt{2\pi}\sigma}\right)^n \mathrm{e}^{-\frac{1}{2\sigma^2}\sum\limits_{i=1}^{n}(x_i-\mu)^2}$$

上式两边取对数

$$\ln L(\mu,\sigma^2)=-\frac{n}{2}\ln(2\pi\sigma^2)-\frac{1}{2\sigma^2}\sum_{i=1}^{n}(x_i-\mu)^2$$

令

$$\frac{\partial}{\partial\mu}\ln L(\mu,\sigma^2)=\frac{1}{\sigma^2}\sum_{i=1}^{n}(x_i-\mu)^2=0$$

$$\frac{\partial}{\partial\sigma^2}\ln L(\mu,\sigma^2)=-\frac{n}{2\sigma^2}+\frac{1}{2\sigma^4}\sum_{i=1}^{n}(x_i-\mu)^2=0$$

得到 μ、σ^2 的最大似然估计量为

$$\hat{\mu}=\overline{X}=\frac{1}{n}\sum_{i=1}^{n}X_i$$

$$\hat{\sigma}^2=S^2=\frac{1}{n}\sum_{i=1}^{n}(X_i-\overline{X})^2$$

可以验证 $\hat{\mu}$、$\hat{\sigma}^2$ 使 $L(\mu,\sigma^2)$ 为最大。

【例 4–5】已知某产品的质量指标 X 的分布密度同【例 4–2】，用最大似然估计法估计参数 α。

解： 似然函数为

$$L(\alpha)=\prod_{i=1}^{n}f(x_i;\alpha)$$

显然，$L(\alpha)$ 的最大值必定在 $L(\alpha)$ 不为零的部分取得，所以仅需考虑 $L(\alpha)$ 不为零的部分，即

$$L(\alpha)=(\alpha+1)^n(x_1\cdot x_2\cdot\cdots\cdot x_n)^{\alpha}\qquad(\alpha>-1)$$

等式两边取对数

$$\ln L(\alpha)=n\ln(\alpha+1)+\alpha\sum_{i=1}^{n}\ln x_i$$

求偏导且偏导数等于 0

$$\frac{\mathrm{d}\ln L(\alpha)}{\mathrm{d}\alpha}=\frac{n}{\alpha+1}+\sum_{i=1}^{n}\ln x_i=0$$

得α最大似然估计量为

$$\hat{\alpha}=-\frac{n}{\sum_{i=1}^{n}\ln x_i}-1$$

与【例 4–2】的结果相比较，可以看出，对于这个估计问题，最大似然估计量与矩估计量不一致。

4.2.4 衡量估计量优劣标准

对于总体的未知参数，人们可以采用不同的估计方法，得到不同的估计量，这就必然涉及估计量优劣的比较和选择问题。

因估计量$\hat{\theta}$不是唯一的，而是随机变量，要取得较好估计量，一般采用以下三个标准评价估计量。

（1）无偏性。

用估计量$\hat{\theta}=g(x_1,x_2,\cdots,x_n)$去估计总体的未知参数$\theta$，由于样本$X_1,X_2,\cdots,X_n$的不完全性和不确定性，有时可能偏高，有时可能偏低，但从所有可能的样本来看，估计量的均值应等于总体参数的均值，即平均来说，估计是无偏的，用公式表示

$$E(\hat{\theta})=\theta \tag{4–6}$$

则将满足上式关系的估计量$\hat{\theta}$称为总体未知参数θ的无偏估计量，称$\hat{\theta}$具有无偏性。即随样本不同，$\hat{\theta}$值在θ附近以偏差$\hat{\theta}-\theta$徘徊，平均偏差为零，即$E(\hat{\theta}-\theta)=0$。

前面第 3 章讨论，总体$X\sim N(\mu,\sigma^2)$分布时样本均值期望值$E(\bar{X})=\mu$，方差期望值$E(S^2)=\dfrac{n-1}{n}\sigma^2$。即样本均值期望值等于总体均值$\mu$，满足$E(\hat{\theta})=\theta$，故$\bar{X}$是总体均值$\mu$的无偏估计量；而样本方差$S^2$期望值不等于总体方差$\sigma^2$，即$E(S^2)\neq\sigma^2$，不满足$E(\hat{\theta})=\theta$。故$S^2$不是总体方差$\sigma^2$的无偏估计量。

为了得到总体方差σ^2的无偏估计量，可以用$\dfrac{n}{n-1}$乘以S^2，即得到修正后的样本方差

$$S_{n-1}^2=\frac{1}{n-1}\sum_{i=1}^{n}(X_i-\bar{X})^2 \tag{4–7}$$

则有

$$E(S_{n-1}^2)=E\left(\frac{n}{n-1}S^2\right)=\frac{n}{n-1}E(S^2)=\sigma^2 \tag{4–8}$$

即得到了σ^2的无偏估计量S_{n-1}^2。

中位数并非是无偏估计量，但对称总体样本的平均数、中位数都是总体均值期望值的无偏估计量。

（2）有效性。

如何比较参数θ的两个无偏估计量$\hat{\theta}_1$和$\hat{\theta}_2$的优劣呢？如果样本容量相同，而$\hat{\theta}_1$的观测值较$\hat{\theta}_2$更集中在均值的真值θ的附近，就认为$\hat{\theta}_1$较$\hat{\theta}_2$更理想。由于方差是对随机变量的取值与

该随机变量的数学期望的偏差程度的一种度量，所以无偏估计以方差小者为好。

设 $\hat{\theta}_1 = g_1(x_1, x_2, \cdots, x_n)$ 与 $\hat{\theta}_2 = g_2(x_1, x_2, \cdots, x_n)$ 都是总体参数 θ 的无偏估计量，若满足 $D(\hat{\theta}_1) < D(\hat{\theta}_2)$，则称 $\hat{\theta}_1$ 较 $\hat{\theta}_2$ 为更有效的估计量。

前面提到针对对称总体样本平均数 $\bar{X}$ 和样本中位数 M_e 都是总体平均值的无偏估计量。

若总体分布为 $X \sim N(\mu, \sigma^2)$，则样本均值分布为 $\bar{X} \sim N(\mu, \sigma^2 / n)$，样本中位数分布为 $M_e \sim N\left(\mu, \dfrac{\pi\sigma^2}{2n}\right)$。因 $D(\bar{X}) = \sigma^2 / n$，$D(M_e) = \pi\sigma^2 / 2n$，即 $D(\bar{X}) < D(M_e)$，故：$\bar{X}$ 较 M_e 为更有效的估计量。其比值 $D(\bar{X}) / D(M_e) = \sigma^2 / n \cdot \dfrac{2n}{\pi\sigma^2} = \dfrac{2}{\pi} = 63.7\%$ 为有效度，它表明，用中位数估计总体均值时需抽取 1000 个元素，用平均数则只需抽取 637 个元素就可以达到同样的精确度。

无偏估计量有两个以上时，称其中具有最小方差的估计量为最佳无偏估计量。

（3）一致性。

无偏性与有效性都是基于样本容量 n 固定的前提下提出的。对总体参数进行估计时，除了要求其估计量满足无偏性、有效性之外，直观上总希望估计量 $\hat{\theta}$ 与 θ 的真值偏差尽可能小。由于 $\hat{\theta}$ 是一个随机变量，所以上述偏差也是随机的。因此，要求 θ 的估计量 $\hat{\theta}$ 随着样本容量 n 的增大，在概率意义下越来越接近参数 θ 的真值。

设 $\hat{\theta}$ 是总体参数 θ 的估计量，对于任意给定的 $\varepsilon > 0$，有

$$\lim_{n \to \infty} P\{|\hat{\theta} - \theta| < \varepsilon\} = 1 \tag{4–9}$$

称 $\hat{\theta}$ 为 θ 的一致估计量。即如果估计量随着样本容量增大越接近参数的真值，则称之为该参数的一致估计量，即

$$\lim_{n \to \infty} (\hat{\theta} - \theta) = 0 \tag{4–10}$$

可以证明样本均值 $\bar{X}$ 和修正后样本方差 $S_{n-1}^2 = \dfrac{1}{n-1}\sum_{i=1}^{n}(X_i - \bar{X})^2$ 分别是总体 μ、σ^2 的一致估计量。

4.3 区 间 估 计

用点估计去估计一个未知参数，由于估计量是一个随机变量，它不会总是与被估计的参数相等，即点估计值仅仅是未知参数的一个近似值，它没有反映这个近似值的误差，而实际中又必须要解决这样的问题，因而区间估计法得以提出。

4.3.1 区间估计基本问题

估计总体 X 的参数 θ，需要构造一个与样本 $X_1, X_2, \cdots, X_n$ 有关的区间 $[\hat{\theta}_1, \hat{\theta}_2]$，并指出区间 $[\hat{\theta}_1, \hat{\theta}_2]$ 以多大的概率包含未知参数 θ，这就是区间估计的问题。

（1）随机区间 $[\hat{\theta}_1, \hat{\theta}_2]$ 的确定方法。

已知 $X \sim N(\mu, \sigma^2)$，$X_1, X_2, \cdots, X_n$ 是 X 的样本，确定包含总体未知参数 μ 的区间估计。

由前文已知 $\bar{X} \sim N(\mu, \sigma^2 / n)$，将 $\bar{X}$ 分布转化为标准正态分布

$$u=\frac{\overline{X}-\mu}{\sigma/\sqrt{n}}\sim N(0,1) \tag{4–11}$$

根据标准正态分布双侧百分位数表达式

$$P\{|u|>u_{\alpha/2}\}=\alpha \tag{4–12}$$

式中：$u_{\alpha/2}$为标准正态分布的双侧百分位点；α为概率值。同理可以得出

$$P\{u|\leqslant u_{\alpha/2}\}=1-\alpha \tag{4–13}$$

即

$$P\{-u_{\alpha/2}\leqslant u\leqslant u_{\alpha/2}\}=1-\alpha \tag{4–14}$$

将式（4–11）代入式（4–14），得到

$$P\left\{-u_{\alpha/2}\leqslant\frac{\overline{X}-\mu}{\sigma/\sqrt{n}}\leqslant u_{\alpha/2}\right\}=1-\alpha \tag{4–15}$$

将式（4–15）重新整理得到

$$P\left\{\overline{X}-u_{\alpha/2}\frac{\sigma}{\sqrt{n}}\leqslant\mu\leqslant\overline{X}+u_{\alpha/2}\frac{\sigma}{\sqrt{n}}\right\}=1-\alpha \tag{4–16}$$

将式(4–16)解读成：总体参数μ位于随机区间$\left[\overline{X}-u_{\alpha/2}\frac{\sigma}{\sqrt{n}},\overline{X}+u_{\alpha/2}\frac{\sigma}{\sqrt{n}}\right]$的概率为$1-\alpha$。

（2）区间估计基本概念。

概率$P\{\hat{\theta}_1\leqslant\mu\leqslant\hat{\theta}_2\}$决定$\mu$的估计值精度，称为置信度，记为$1-\alpha$，$\alpha$为置信水平。对应的$\hat{\theta}_1$、$\hat{\theta}_2$称为置信下上限，由置信下上限构成的区间$[\hat{\theta}_1,\hat{\theta}_2]$称为置信区间。

置信区间$[\hat{\theta}_1,\hat{\theta}_2]$范围的大小（即置信上限$\hat{\theta}_2$与置信下限$\hat{\theta}_1$的差$\hat{\theta}_2-\hat{\theta}_1$）表示区间估计的精确度，置信度$1-\alpha$表示区间估计的可靠性。置信区间可以这样来理解：若对总体X进行多次抽样，可以得到多个置信区间，其中有些区间包含了参数θ，有些区间未包含参数θ，但是，平均有100（1–α）%的区间包含了参数θ。

4.3.2 正态总体均值μ区间估计

设$X\sim N(\mu,\sigma^2)$，$X_1,X_2,\cdots,X_n$是总体X的随机样本，求置信度为$1-\alpha$时μ的置信区间。

（1）σ^2已知，求μ的置信区间。

由式（4–16）可得，总体$X\sim N(\mu,\sigma^2)$的期望值μ在置信度$1-\alpha$的置信区间为

$$\left[\overline{X}-u_{\alpha/2}\frac{\sigma}{\sqrt{n}},\overline{X}+u_{\alpha/2}\frac{\sigma}{\sqrt{n}}\right] \tag{4–17}$$

【例 4–6】置信度$1-\alpha$分别取95%和99%，估计μ的置信区间。

解：置信度$1-\alpha=95\%$，置信水平$\alpha=0.05$，则$u_{\alpha/2}=u_{0.05/2}=1.96$

置信水平$1-\alpha=99\%$，置信水平$\alpha=0.01$，则$u_{\alpha/2}=u_{0.01/2}=2.58$

分别得到置信区间：$[\overline{X}-1.96\sigma/\sqrt{n},\overline{X}+1.96\sigma/\sqrt{n}]$和$[\overline{X}-2.58\sigma/\sqrt{n},\overline{X}+2.58\sigma/\sqrt{n}]$。

从【例 4–6】可以看出可靠性和精确度是两个相互矛盾的要求，要同时提高对两者的要求，只有增加样本容量n。

（2）σ^2未知，求μ的置信区间。

当σ^2未知时，可以用修正后的样本方差S_{n-1}^2作为σ^2的估计量。用样本S代替总体σ，可以证明

$$\frac{\bar{X}-\mu}{S/\sqrt{n}} \sim t(n-1) \tag{4–18}$$

于是有

$$P\left\{\frac{|\bar{X}-\mu|}{S/\sqrt{n}} \leqslant t_{\alpha/2}\right\}=1-\alpha \tag{4–19}$$

整理得

$$P\{\bar{X}-t_{\alpha/2}S/\sqrt{n} \leqslant \mu \leqslant \bar{X}+t_{\alpha/2}S/\sqrt{n}\}=1-\alpha \tag{4–20}$$

求得置信度$1-\alpha$下μ的信区：$\left[\bar{X}-t_{\alpha/2}S/\sqrt{n}, \bar{X}+t_{\alpha/2}S/\sqrt{n}\right]$

对于大样本情况，t分布近似标准正态分布，即$t_{\alpha/2} \approx u_{\alpha/2}$，$\sigma^2$未知，置信度$1-\alpha$下$\mu$的置信区间可以近似写成：$[\bar{X}-u_{\alpha/2}S/\sqrt{n}, \bar{X}+u_{\alpha/2}S/\sqrt{n}]$。

【例 4–7】已知$X \sim N(\mu,\sigma^2)$，σ未知，$\bar{X}=110$，$n=16$，$S=5$，$1-\alpha=95\%$，求μ的置信区间。

解：置信度$1-\alpha=95\%$，置信水平$\alpha=0.05$，则$t_{\alpha/2}(n-1)=t_{0.025}(15)=2.131$，得置信区间：$[110 \pm 2.131 \times 5/\sqrt{16}]$，即置信度 95%下，$\mu$的置信区间$[107.34, 112.66]$。

4.3.3 正态总体方差σ^2区间估计

设$X \sim N(\mu,\sigma^2)$，$X_1, X_2, \cdots, X_n$是总体X的随机样本，求置信度为$1-\alpha$时σ^2的置信区间。

同均值μ的区间估计一样，需要构造一个与样本有关而又不依赖于参数μ和σ^2的区间，使σ^2处于该区间的置信度为$1-\alpha$。

利用样本方差S^2，可以证明$\dfrac{(n-1)S^2}{\sigma^2} \sim \chi^2(n-1)$，则有

$$P\left\{\chi_{1-\alpha/2}^2(n-1) \leqslant \frac{(n-1)S^2}{\sigma^2} \leqslant \chi_{\alpha/2}^2(n-1)\right\}=1-\alpha \tag{4–21}$$

得到方差σ^2在$1-\alpha$下的置信区间

$$\left[\frac{(n-1)S^2}{\chi_{\alpha/2}^2(n-1)}, \frac{(n-1)S^2}{\chi_{1-\alpha/2}^2(n-1)}\right] \tag{4–22}$$

因：$S_{n-1}^2=\dfrac{1}{n-1}\sum_{i=1}^{n}(X_i-\bar{X})^2$，则上式变为$\left[\dfrac{\sum_{i=1}^{n}(X_i-\bar{X})^2}{\chi_{\alpha/2}^2(n-1)}, \dfrac{\sum_{i=1}^{n}(X_i-\bar{X})^2}{\chi_{1-\alpha/2}^2(n-1)}\right]$

【例 4–8】已知$X \sim N(\mu,\sigma^2)$，μ,σ未知，$\bar{X}=110$，$n=16$，$S=5$，当$1-\alpha=90\%$，即$\alpha=0.1$时，求σ^2的置信区间。

解：$\chi_{\alpha/2}^2(n-1)=\chi_{0.05}^2(15)=24.996$，$\chi_{1-\alpha/2}^2(n-1)=\chi_{0.95}^2(15)=7.261$

得σ^2的置信区间$\left[\dfrac{(16-1)\times 5^2}{24.966}, \dfrac{(16-1)\times 5^2}{7.261}\right]$，即$[14.98, 51.70]$。

4.3.4 两正态总体参数的比较

设两总体 $X \sim N(\mu_1, \sigma_1^2)$，$Y \sim N(\mu_2, \sigma_2^2)$，求 $\mu_1 - \mu_2$ 和 σ_1^2 / σ_2^2 的置信区间。

由两总体分别独立抽取容量为 n_1 和 n_2 样本，样本均值分别为 $\bar{X}, \bar{Y}$，样本方差分别为 S_1^2, S_2^2。存在三种情况：

（1）已知 σ_1^2, σ_2^2，求 $\mu_1 - \mu_2$ 置信区间；

（2）σ_1^2, σ_2^2 未知，但已知 $\sigma_1^2 = \sigma_2^2 = \sigma^2$ 时，求 $\mu_1 - \mu_2$ 置信区间；

（3）$\dfrac{\sigma_1^2}{\sigma_2^2}$ 的置信区间。

以上三种情况详细讨论过程略去，结论见附录 G。

4.4 样本容量 *n* 的确定

针对置信度 $1-\alpha$ 的情况下，正态总体均值 μ 的置信区间 $[\bar{X} - u_{\alpha/2}\sigma/\sqrt{n}, \bar{X} + u_{\alpha/2}\sigma/\sqrt{n}]$ 讨论如下：

（1）样本 $\bar{X}$ 和总体 σ^2 确定时，系数 $u_{\alpha/2}$ 随 $1-\alpha$ 变化，当 $1-\alpha$ 增大，$u_{\alpha/2}$ 增大，则 $u_{\alpha/2}\sigma/\sqrt{n}$ 增大，置信区间 $[\bar{X} - u_{\alpha/2}\sigma/\sqrt{n}, \bar{X} + u_{\alpha/2}\sigma/\sqrt{n}]$ 增大，即估计范围增大，则估计精度降低。

（2）若给定置信度 $1-\alpha$，$u_{\alpha/2}$ 固定，样本容量 n 增大，置信区间范围减小，则估计精度提高。

从以上讨论得知：

（1）提高置信度，扩大置信范围，影响估计精度。

（2）置信度 $1-\alpha$ 一定的情况下，要取得较高的估计精度，可以通过扩大样本容量 n 实现。

即，当样本容量 n 固定时，置信度 $1-\alpha$ 越大，精确度越小；当置信度 $1-\alpha$ 固定时，样本容量 n 越大，精确度越高；当精确度固定时，样本容量 n 越大，置信度 $1-\alpha$ 越大。

但样本容量过大会造成浪费，失去抽样的意义。所以根据允许估计精度来确定合适的样本容量非常有必要。

参照正态分布总体均值区间估计确定样本容量的方法，因 $\dfrac{\bar{X}-\mu}{\sigma/\sqrt{n}} \sim N(0,1)$，故

$$P\left\{|\bar{X} - \mu| \leqslant u_{\alpha/2}\frac{\sigma}{\sqrt{n}}\right\} = 1-\alpha \tag{4–23}$$

上式括号中表示 $u_{\alpha/2}\dfrac{\sigma}{\sqrt{n}}$ 是 $|\bar{X} - \mu|$ 的取值界限，称允许误差限，记为 $\Delta\bar{X}$，即

$$\Delta\bar{X} = u_{\alpha/2}\sigma/\sqrt{n} \tag{4–24}$$

整理得

$$n_{\bar{x}} = \frac{u_{\alpha/2}^2\sigma^2}{(\Delta\bar{X})^2} \tag{4–25}$$

式中，$n_{\bar{x}}$ 为估计总体均值时样本容量下限，σ 为总体均方差。

【例 4–9】从企业 50 000 名职工中抽取 100 名，职工的月平均收入 1087.5，已知 $\sigma = 80.5$。试求：（1）$1-\alpha = 99\%$ 情况下，总体均值 μ 的置信区间；（2）误差及误差减少一半时的样本

容量；（3）置信度$1-\alpha=95\%$时，n_x等于多少？

解：（1）已知$\bar{X}=1087.5,\sigma=80.5,1-\alpha=0.99$，即$\alpha=0.01$，$u_{\alpha/2}=u_{0.005}=2.58$，得$\mu$的置信区间

$$[\bar{X}-u_{\alpha/2}\sigma/\sqrt{n},\bar{X}+u_{\alpha/2}\sigma/\sqrt{n}]=\left[1087.5\pm 2.58\sqrt{\frac{80.5^2}{100}}\right]=[1066.6,1108.4]。$$

（2）最大可能误差$\Delta\bar{X}=u_{\alpha/2}\sigma/\sqrt{n}=2.58\times 80.5/10=\pm 20.9$

误差减少一半$\Delta\bar{X}/2$，样本容量下限

$$n_{\bar{x}}=\frac{u_{\alpha/2}^2\sigma^2}{(\Delta\bar{x}/2)^2}=4\times\frac{80.5^2\times 2.58^2}{20.9^2}=395$$

即误差减少一半，$n_{\bar{x}}$扩大约 4 倍。

（3）置信度$1-\alpha=0.95$时，$u_{\alpha/2}=1.96$

$$n_{\bar{x}}=\frac{80.5^2\times 1.96^2}{20.9^2}=57$$

可见置信度减少，样本数目下限也减小。

思考与练习题

（1）什么叫参数估计？估计的结果可以分为哪两种？

（2）点估计常用的方法有几种？它们的基本思想是什么？

（3）评价估计量优劣有哪些标准？

（4）设$X_1,X_2,\cdots,X_n$是正态总体$X\sim N$（μ, 1）的一个样本，求μ的最大似然估计量。

（5）设$X_1,X_2,\cdots,X_n$是正态总体$X\sim N$（0, σ^2）的一样本，求σ^2的最大似然估计量。

（6）置信系数、精确度与样本容量n有怎样的关系？

（7）工程师对一批钢材直径进场检查，随机抽取 16 件，测得它们的直径（mm）为

12.15	12.12	12.01	12.28	12.09	12.16	12.03	12.01
12.06	12.13	12.07	12.11	12.08	12.01	12.03	12.06

试在 0.95 置信度下估计该批钢材直径方差的置信区间。

（8）有两位化验员甲和乙，独立地对混凝土用砂中的含泥量用相同的方法各做了 10 次测定，测定值的样本方差分别是 0.542 和 0.606，令σ_1^2，σ_2^2分别为甲和乙测量的数据总体（正态）的方差，试求σ_1^2/σ_2^2的 0.95 置信度的置信区间。

（9）假设自总体$N(\mu_1, 5^2)$中抽取一个容量为 10 的样本，其均值$x=19.8$，从总体$N(\mu_2, 6^2)$抽取一个容量为 12 的样本，样本均值$y=24.0$，两样本相互独立，试求$\mu_x-\mu_y$在 0.90 置信度下的置信区间。

（10）某脚手架扣件 2000 只，外观粗糙度检查，标准差为 0.1mm，最近几次抽样调查所得的产品不合格率分别为 0.046，0.035，0.050，现为了调查产品的不合格率，至少应抽查多少产品，才能以 95.45%的概率保证抽样误差不超过 2%。

5 统 计 假 设 检 验

参数估计和假设检验是统计推断的基本方法，它们都是利用样本对总体进行推断，但推断角度不同。参数估计是在总体参数未知的情况下，讨论样本统计量估计总体参数的方法，而假设检验则是对总体参数做出一个假设，然后用样本信息去检验这个假设是否成立。

5.1 假设检验的基本问题

在统计学中，任何一个有关总体的假设称为统计假设。根据样本信息判断总体是否具有指定特征，则称之为假设检验。

在总体 X 的分布函数 $F(x,\theta)$ 已知，但参数 θ 未知，如对未知参数提出假设"$\theta=\theta_0$"，并利用样本 $X_1,X_2,\cdots,X_n$ 提供的信息来检验这个假设，即接受此假设还是拒绝此假设，这类统计问题称之为参数的假设检验。例如路基填土，压实度 $X\sim N(1.8,0.2^2)$，采用新的碾压方案（如振 4、静 1，改为静 1、振 3、静 1，或碾压机械由振动碾改为羊足碾），从压实层中抽取样本 $n=30$，得样本均值 $\bar{X}=1.85$，检验新方案下填土压实度有无显著变化。

若总体 X 分布未知，假设 X 为某种指定分布，则称之为分布的假设检验或非参数假设检验。例如已知某种建筑材料的抗拉强度呈正态分布，改变了配料方法，即采用新配方，检验新配方生产的材料抗拉强度是否仍服从正态分布。

5.1.1 假设检验的基本思路

若总体 $X\sim N(\mu,\sigma^2)$，σ^2 已知，样本 $X_1,X_2,\cdots,X_n$，容量为 n，构造统计量 $U=\dfrac{\bar{X}-\mu}{\sigma/\sqrt{n}}$，由第三章可知 $U=\dfrac{\bar{X}-\mu}{\sigma/\sqrt{n}}\sim N(0,1)$。问式中总体均值 μ 是否等于某一数值 μ_0。

先假设 $\mu=\mu_0$，用 μ_0 代替 μ。在第四章中讨论过在 $1-\alpha$ 置信度下该统计量应满足式（5–1）

$$P\left\{-u_{\alpha/2}\leqslant\frac{\bar{X}-\mu}{\sigma/\sqrt{n}}\leqslant u_{\alpha/2}\right\}=1-\alpha \tag{5–1}$$

求 $\dfrac{\bar{X}-\mu_0}{\sigma/\sqrt{n}}$ 的值。若满足

$$P\left\{-u_{\alpha/2}\leqslant\frac{\bar{X}-\mu_0}{\sigma/\sqrt{n}}\leqslant u_{\alpha/2}\right\}=1-\alpha \tag{5–2}$$

表示 $\dfrac{\bar{X}-\mu_0}{\sigma/\sqrt{n}}$ 是落在以 $-u_{\alpha/2}$ 和 $u_{\alpha/2}$ 为界限的范围内。因 $[-u_{\alpha/2},u_{\alpha/2}]$ 是置信区间，则无理由否定原假设 $\mu=\mu_0$，应接受原假设。称区间 $[-u_{\alpha/2},u_{\alpha/2}]$ 为接受域，它以外的范围为拒绝域。

如果 $\dfrac{\bar{X}-\mu_0}{\sigma/\sqrt{n}}>u_{\alpha/2}$ 或 $<-u_{\alpha/2}$ 则表示小概率事件发生了（落入了小概率区）。根据小概率

事件在一次实验中实际不可能出现的原理，判定原假设 $\mu=\mu_0$ 不成立，应该拒绝原假设。

综上，用样本信息判断总体是否具有指定特征，可以通过如下步骤实现：

（1）先列出假设：$H_0:\theta=\theta_0$，$H_1:\theta\neq\theta_0$。其中 $H_0:\theta=\theta_0$ 称为原假设，$H_1:\theta\neq\theta_0$ 称为备择假设；

（2）构造分布已知统计量，确定统计量区间。先确定显著水平 α，以及相应的置信区间，即接受域。若统计量以 $1-\alpha$ 概率落入接受域，则接受 H_0，若统计量落入拒绝域，则拒绝 H_0，接受 H_1。

假设检验是在原假设 H_0 与备择假设 H_1 之间做选择。

5.1.2 拒绝域的布置方法

将拒绝域布置在概率密度曲线两侧的尾巴上，这种检验法称为双尾检验法，如图 5–1 所示。其假设检验形式为 $H_0:\mu=\mu_0$，$H_1:\mu\neq\mu_0$。

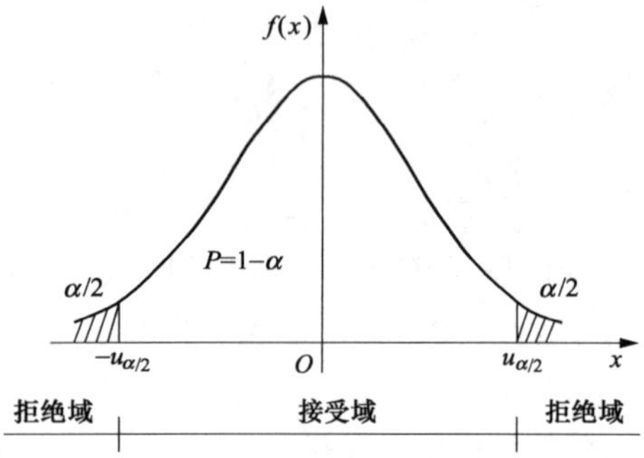

图 5–1　双尾检验法拒绝域布置

有时需要判断新的总体均值 μ 是大于还是小于原来的总体均值。例如，新施工方案下的施工质量是不是比原来的施工质量高，如果能判断在新方案下施工质量确实比原来的高，则考虑采用新方案。解决此类问题需要作如下右尾检验法：$H_0:\mu=\mu_0$，$H_1:\mu>\mu_0$。

对于这种假设检验，只要把拒绝 H_0 的概率 α 布置在右尾上，如图 5–2 所示。

由图 5–1 可知

$$P\left\{\frac{\bar{X}-\mu_0}{\sigma/\sqrt{n}}\leqslant u_\alpha\right\}=1-\alpha \tag{5–3}$$

如果 $\dfrac{\bar{X}-\mu_0}{\sigma/\sqrt{n}}>u_\alpha$，则拒绝原假设 H_0，接受备择假设 H_1。表明新方案下施工质量比原方案下施工质量有了显著的改善，因而考虑采用新方案。否则接受原假设，即表明新方案下施工质量与原方案下施工质量没有显著改善，不考虑采用新方案。同样，如果需要进行 $H_0:\mu=\mu_0$，$H_1:\mu<\mu_0$ 的左尾检验法，则将拒绝 H_0 的概率 α 布置在左尾上，如图 5–3 所示。例如，新方案下施工成本与原方案下施工成本相比是否有显著降低。

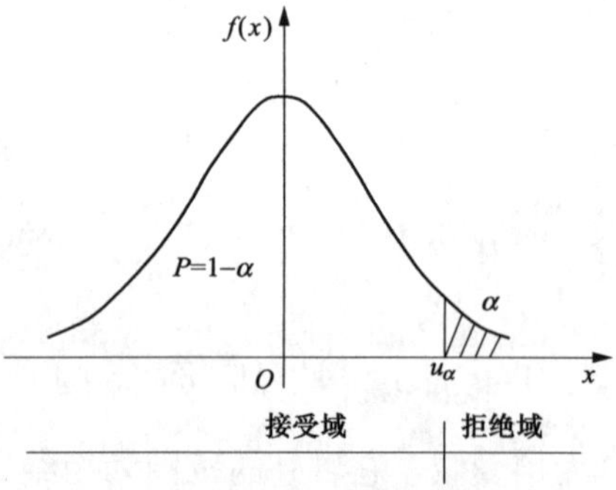

图 5–2　右尾检验法拒绝域布置

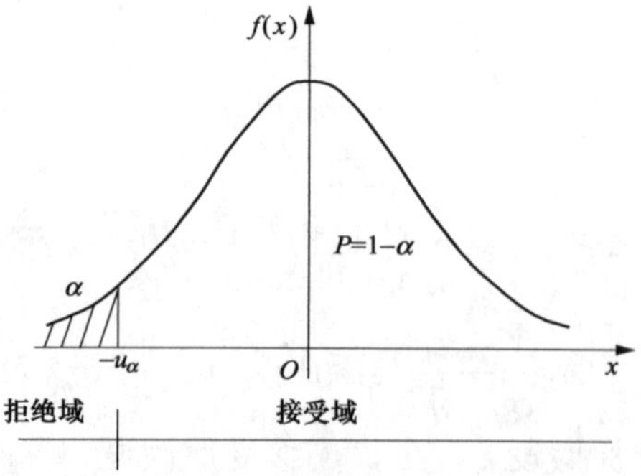

图 5–3　左尾检验法拒绝域布置

右尾检验法和左尾检验法均称为单尾检验法。

5.1.3 假设检验的两类错误

由上述的假设检验的基本思想可知，假设检验是以小概率事件在一次实验中实际上不可能发生这一前提为依据的。但是，小概率事件虽然出现概率很小，但这并不是说这种事件就完全不可能发生。若检验的显著性水平定为$\alpha=0.05$，那么，即使原假设H_0是正确的，其中仍有5%的数值将会落入拒绝域中。由此可见进行任何假设检验总是有做出不正确判断的可能性，换言之，不可能绝对不犯错误，只不过犯错误的可能性很小而已。

所犯的错误有两种类型。一类是原假设H_0为真，却被拒绝了。犯这类错误的概率就是显著性水平α，所以这类错误也称作α错误，或弃真错误。另一类错误是原假设H_0为伪，却被接受了，一般犯这样的错误的概率用β表示，所以这类错误也称作β错误，或纳伪错误。

在假设检验中，选取一个“检验”，希望犯两种错误的概率α、β都尽量小。但在一定的样本容量n下，这两者是相互矛盾的。α越小，则犯第一种错误的概率越小，而犯第二种错误的概率越大；α越大，则犯第一种错误的概率越大，而犯第二种错误的概率越小，如图5–4所示。因而在一定样本容量n下，平衡犯这两种错误的概率的问题归结为检验显著性水平α的选择问题。

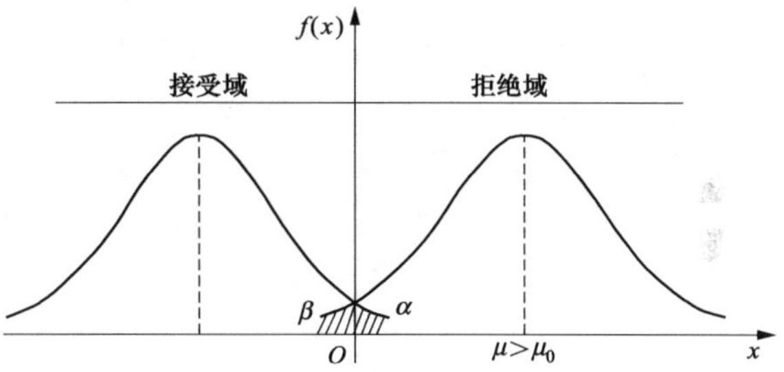

图5–4 两类错误的关系

检验显著性水平α的选择问题不是一个单纯的数学问题，而是必须结合实际情况来考虑的问题。但在习惯上，检验显著性水平α常取为0.10、0.05、0.01。当α=0.05时，称在5%的水平上检验该假设。

选定显著性水平α后，可以推算出犯第二类错误的概率，判断这样的概率是否足够小，若认为不够小，则要加大样本容量。

据此，提出如下启示：事先规定显著性水平α的假检，少犯弃真错误，必须把实际应当受保护的现象作为原假设提出来，以便在对α错误有效控制的前提下，提高假设检验决策的可靠性；α取定以后，要减小β，就加大样本容量n。

5.2 总体均值假设检验

5.2.1 单一正态总体均值假设检验

（1）σ^2已知，关于μ的检验。

正态总体方差σ^2已知时，可选择U统计量

$$U=\frac{\bar{X}-\mu_0}{\sigma/\sqrt{n}}\sim N(0,1) \tag{5–4}$$

当总体为非正态分布，且样本为大样本（即样本容量为$n>30$）时，根据中心极限定理，也能用U近似地作为检验统计量。

【例5–1】某工地，须检验运到的水泥的重量，在正常情况下每包水泥的重量服从正态分布$X\sim N$（100, 1.5^2）。现抽查了9包，其重量为：99.3，98.7，100.5，101.2，98.3，99.7，99.5，102.1，100.5（单位：kg）。判断在显著性水平0.05下该批水泥重量是否符合标准。

解：由于正常情况下每包水泥重量服从 $X \sim N$（$100, 1.5^2$），方差已知，可用 U 作为检验统计量，由题意得

$$n=9 \text{，} \quad \bar{X}=\frac{1}{n}\sum_{i=1}^{n}X_i=99.98 \text{，} \quad \sigma^2=1.5^2$$

为判断该批水泥重量是否满足标准，可以提出如下假设

$$H_0:\mu=100 \text{（kg），} \quad H_1:\mu\neq 100 \text{（kg）。}$$

计算检验统计量的值 $U=\dfrac{\bar{X}-\mu_0}{\sigma/\sqrt{n}}=\dfrac{99.98-100}{1.5/\sqrt{9}}=-0.04$ 。

根据双尾检验法，$u_{\alpha/2}=u_{0.05/2}=u_{0.025}=1.96$ 。

因 $-1.96 < U < 1.96$，即 U 落入了接受域，接受 $H_0:\mu=100$（kg），即该批水泥的重量符合标准。

（2）σ^2 未知，关于 μ 的检验。

当总体服从正态分布，但总体方差 σ^2 未知时，需要用 S^2 代替总体方差。根据第三章的分析，可用 t 作为统计量，即

$$t=\frac{\bar{X}-\mu_0}{S/\sqrt{n}} \sim t(n-1) \tag{5-5}$$

【例 5–2】在室内实习场中设置一角度，经精密测定，其角值为 36° 25′1.25″。一学生在进行测角实习时，用经纬仪观测该角 5 个测回，其结果为：36° 25′1.21″，36° 25′1.23″，36° 25′1.27″，36° 25′1.24″，36° 25′1.28″。设测定值服从正态分布，检验显著性水平 $\alpha=0.05$ 下该生测得的平均值是否与已知值有显著差异。

解：由于测定值服从正态分布，方差未知，可用 t 作为检验统计量，为了计算简便以下计算只代入秒计算，由题意得

$$n=5 \text{，} \quad \bar{X}=\frac{1}{n}\sum_{i=1}^{n}X_i=1.246'' \text{，} \quad S=\sqrt{\frac{1}{n-1}\sum_{i=1}^{n}(X_i-\bar{X})^2}=\sqrt{0.000\,83}=0.029''$$

为判断该生测得的平均值是否与已知值有显著差异，可以提出如下假设

$$H_0:\mu=1.25'' \text{，} \quad H_1:\mu\neq 1.25''$$

计算检验统计量的值

$$t=\frac{\bar{X}-\mu_0}{S/\sqrt{n}}=\frac{1.246-1.25}{0.029/\sqrt{5}}=-0.308$$

根据双尾检验法，$t_{\alpha/2}(n-1)=t_{0.05/2}(5-1)=t_{0.025}(4)=2.776$ 。

因 $-2.776 < t < 2.776$，即 t 落入了接受域，接受原假设 $H_0:\mu=1.25''$，即该生测得的平均值与已知值无显著差异。

5.2.2 两正态总体均值比较的假设检验

对两正态总体均值之差的显著性检验，仍要根据总体方差是否已知，以及样本大小选择检验统计量，即当两个总体的方差已知时，可用检验统计量为

$$U=\frac{(\bar{X}-\bar{Y})-(\mu_1-\mu_2)}{\sqrt{\frac{\sigma_1^2}{n_1}+\frac{\sigma_2^2}{n_2}}}\sim N(0,1) \tag{5-6}$$

当方差未知时，这时的检验统计量应为

$$t=\frac{(\bar{X}-\bar{Y})-(\mu_1-\mu_2)}{S_w\sqrt{\frac{1}{n_1}+\frac{1}{n_2}}}\sim t(n_1+n_2-2) \tag{5-7}$$

其中 $S_w^2=\frac{(n_1-1)S_1^2+(n_2-1)S_2^2}{n_1+n_2-2}$。

【例 5–3】用两种方法生产出来的某种材料的抗拉强度都服从正态分布，其标准差 $\sigma_1=6\text{kg}$，$\sigma_2=8\text{kg}$。现从用两种方法生产出来的材料中分别随机抽取 n_1=12，n_2=16，其抗拉强度的均值为 $\bar{X}_1=40\text{kg}$，$\bar{X}_2=34\text{kg}$。问这两种方法生产的材料的平均抗拉强度是否不同（$\alpha=0.05$）？

解：提出假设 $H_0:\mu_1=\mu_2$，$H_1:\mu_1\neq\mu_2$

由于标准差已知，选取统计量 $U=\frac{(\bar{X}-\bar{Y})-(\mu_1-\mu_2)}{\sqrt{\frac{\sigma_1^2}{n_1}+\frac{\sigma_2^2}{n_2}}}\sim N(0,1)$

在 H_0 成立条件下，统计量服从正态分布 $U=\frac{(\bar{X}-\bar{Y})}{\sqrt{\frac{\sigma_1^2}{n_1}+\frac{\sigma_2^2}{n_2}}}\sim N(0,1)$

根据已知条件算得统计量值 $U=\frac{6}{\sqrt{\frac{36}{12}+\frac{64}{16}}}=2.27$

因 $u_{\alpha/2}=1.96$，所以 $U>u_{\alpha/2}$，U 落在拒绝域，则拒绝原假设，即这两种方法生产的材料的平均抗拉强度有显著差异。

5.3 总体方差的假设检验

5.3.1 单个总体方差的假设检验

检验正态总体方差 σ^2，首先想到用样本方差 S_{n-1}^2（修正后方差），在样本方差的基础上，根据抽样分布讨论结果可得

$$\chi^2=\frac{(n-1)S_{n-1}^2}{\sigma_0^2}\sim\chi^2(n-1) \tag{5-8}$$

可将统计量 χ^2 作为检验统计量，相应的假设检验问题可设为：

（1）$H_0:\sigma^2=\sigma_0^2$；$H_1:\sigma^2\neq\sigma_0^2$

（2）$H_0:\sigma^2\leqslant\sigma_0^2$；$H_1:\sigma^2>\sigma_0^2$

（3）$H_0:\sigma^2\geqslant\sigma_0^2$；$H_1:\sigma^2<\sigma_0^2$

拒绝域布置见附录 I，这里的 $\chi_{\alpha/2}^2(n-1)$ 是自由度为 $n-1$ 的 χ^2 分布的 $\alpha/2$ 分位数，其他

意义相同。

【例 5–4】设用某类型的秒级光学经纬仪由观测大量角度而得的测角中误差为 1.5″。今用试制的同类型的新仪器观测某角度 9 个测回，算得每测回的测角中误差 S 为 2.5″。问显著水平 $\alpha=0.05$ 下，新仪器的测角精度是否与老仪器的精度相当。

解：由题意已知 $n=9$，$\sigma_0=1.5$，$S=2.5''$。

假设 H_0: $\sigma=\sigma_0$；H_1: $\sigma\neq\sigma_0$

选取统计量：$\chi^2=\dfrac{(n-1)S_{n-1}^2}{\sigma_0^2}$

在 H_0 成立的条件下，统计量的分布服从自由度为 n–1 的 χ^2 分布

接受区域：$\chi^2_{1-\alpha/2}\leqslant\chi^2\leqslant\chi^2_{\alpha/2}$

$$\chi^2_{\alpha/2}(n-1)=\chi^2_{0.025}(8)=17.535，\quad \chi^2_{1-\alpha/2}(n-1)=\chi^2_{0.975}(8)=2.180$$

因 $\chi^2=\dfrac{(n-1)S_{n-1}^2}{\sigma_0^2}=22.2$，$\chi^2>\chi^2_{\alpha/2}(n-1)$

不在接受域内，故拒绝 H_0，接受 H_1，即新仪器的测角精度与老仪器的精度有显著差异。

5.3.2 两个总体方差比较的假设检验

设 $X_1, X_2, \cdots, X_n$ 是来自正态总体 X 的样本，$Y_1, Y_2, \cdots, Y_n$ 是来自正态总体 Y 的样本，且两样本独立，其样本方差分别为 S_1^2，S_2^2，且设两总体的均值和方差均未知。若要进行两个总体方差比较情况的检验，用服从 F 分布的统计量来检验

$$F=\frac{S_1^2}{S_2^2}\sim F(n_1-1, n_2-1) \tag{5–9}$$

两个总体方差的检验也可以分为双尾检验和单尾检验：

（1）$H_0:\sigma_1^2=\sigma_2^2$；$H_1:\sigma_1^2\neq\sigma_2^2$

（2）$H_0:\sigma_1^2\leqslant\sigma_2^2$；$H_1:\sigma_1^2>\sigma_2^2$

（3）$H_0:\sigma_1^2\geqslant\sigma_2^2$；$H_1:\sigma_1^2<\sigma_2^2$

其拒绝域的图形表述与 χ^2 分布类似。对应以上三种拒绝域的分别为：

（1）$F>F_{\alpha/2}(n_1-1, n_2-1)$，$F<F_{1-\alpha/2}(n_1-1, n_2-1)$

（2）$F>F_{\alpha}(n_1-1, n_2-1)$

（3）$F<F_{1-\alpha}(n_1-1, n_2-1)$

这里 $F_\alpha(n_1-1, n_2-1)$ 是指自由度为 n_1-1 和 n_2-1 的 F 分布的 α 分位点。

【例 5–5】对用两种不同热处理方法加工的金属材料做抗拉强度试验，得到的数据（单位：kg/cm）见表 5–1。

表 5–1　两种不同热处理方法得到的材料抗拉强度

甲方法	31	34	29	26	32	35	38	34	30	29	32	31
乙方法	26	24	28	29	30	29	31	26	32	29	32	28

假设用这两种热处理方法加工的金属材料的抗拉强度皆服从正态分布。问在 0.05 的显著性水平下，两种热处理方法加工的金属材料的抗拉强度在总体上有无显著差异。

解：由题意已知 n=12，$S_1^2=10.20$，$S_2^2=6.06$。

分两步进行：

（1）针对两总体方差假设检验。

假设 $H_0: \sigma_1^2 = \sigma_2^2$；$H_1: \sigma_1^2 \neq \sigma_2^2$

选取统计量：$F = \dfrac{S_1^2}{S_2^2}$

在 H_0 成立的条件下，统计量的分布服从 $F \sim F(n_1 - 1, n_2 - 1)$

接受区域：$F_{1-\alpha/2}(n_1 - 1, n_2 - 1) \leqslant F \leqslant F_{\alpha/2}(n_1 - 1, n_2 - 1)$

$F_{1-\alpha/2}(n_1 - 1, n_2 - 1) = F_{0.975}(11, 11) = 0.29$，$F_{\alpha/2}(n_1 - 1, n_2 - 1) = F_{0.025}(11, 11) = 3.47$

因 $F = \dfrac{S_1^2}{S_2^2} = 1.68$，$F_{0.975}(11, 11) \leqslant F \leqslant F_{0.025}(11, 11)$，在接受域内，故接受 H_0，即两种热处理方法加工金属材料抗拉强度的方差无显著差异。

（2）方差相等情况下两个总体均值假设检验（略）。

各种情况下，对总体均值和方差的参数假设检验汇总表见附录 H 和附录 I。

5.4 正态分布的假设检验

在前面介绍参数区间估计和参数假设检验时，对非大样本情形要求总体是正态分布的，如何检验一个总体是正态分布呢？我们可以用一个样本做检验。一个简便的方法是用正态概率值做检验，它的原理与对数坐标值相类似。另一种方法是通过数值计算做检验，现在主要介绍用数值计算进行检验的方法。

所谓分布的假设检验主要是对总体分布做某项假设，用总体中抽取的样本检验此项假设是否成立。在总体分布上作的假设可以分为两类。

（1）第一类是假设总体的分布函数是已知分布。即假设 $H_0: F(x) = F_0(x)$，其中 $F_0(x)$ 是已知的分布函数。

（2）另一类是假设总体分布的类型是已知的。即假设 $H_0: F(x) = F_0(x; \theta_1, \theta_2, \cdots, \theta_k)$，其中分布函数 F_0 的形式是已知的，而参数 $\theta_1, \theta_2, \cdots, \theta_k$ 未知。例如，检验一个总体是否正态总体，假设

$$H_0: F(x) = \frac{1}{\sqrt{2\pi}\sigma}\int_{-\infty}^{x} e^{-\frac{(x-\mu)^2}{2\sigma^2}} dx \quad 或 \quad f(x) = \frac{1}{\sqrt{2\pi}\sigma} e^{-\frac{(x-\mu)^2}{2\sigma^2}}$$

式中 μ，σ^2 未知。例如检验总体 χ 的分布是否服从泊松分布，假设

$$H_0: P\{X = k\} = \frac{\lambda^k}{k!} e^{-\lambda}, k = 0, 1, 2, \cdots$$

式中 λ 未知。

分布假设检验的方法有几种，下面仅介绍其中的一种——χ^2 检验法。假定总体分布是只有有限多项的离散分布，假设其分布是已知的。用式子表示，设 $A_1, A_2, \cdots, A_l$ 是两两不相容事件完备组，即 $\bigcup_{i=1}^{l} A_i = U$，$A_i A_j = V (i \neq j)$。

假设 $H_0: P(A_i) = p_i, i = 1, 2, \cdots, l$，其中 $p_1, p_2, \cdots, p_i$ 是已知数。现在做 n 次独立重复试验，

各事件 A_i 出现的实际频数分布和理论频数分布见表 5–2。

表 5–2　各事件 A_i 出现的实际频数分布和理论频数分布

事　件	A_1	A_2	…	A_i
实际频数	m_1	m_2	…	m_i
理论频数	np_1	np_2	…	np_i

其中 $\sum_{i=1}^{l} m_i = n$，需要考察样本的实际频数 m_i 对理论频数 np_i 偏差的加权平方和

$$\chi^2 = \sum_{i=1}^{l} \frac{(m_i - np_i)^2}{np_i} \tag{5–10}$$

这里 χ^2 值的大小刻画样本实际频数分布对理论频数分布的拟合程度。它的渐近分布由皮尔逊（K.Pearson）定理给出，设 $P(A_i) = p_i, i = 1, 2, \cdots, l$，其中 $p_1, p_2, \cdots, p_i$ 是已知数。若 χ^2 由上式给出，那么有

$$\lim_{n\to\infty} P\{\chi^2 \leqslant x\} = \begin{cases} \dfrac{1}{2^{\frac{l-1}{2}}\Gamma\left(\dfrac{l-1}{2}\right)} x^{\frac{l-s}{2}} \mathrm{e}^{-\frac{x}{2}}, x \geqslant 0 \\ 0, x < 0 \end{cases} \tag{5–11}$$

即当 n 趋向于无穷时，χ^2 按分布收敛到自由度为 l–1 的 χ^2 分布。给定显著性水平 α，由附表可查得 $\chi^2_\alpha(l-1)$ 的数值，进行单尾检验，使

$$P\{\chi^2 \geqslant \chi^2_\alpha(n-1)\} \approx \alpha \tag{5–12}$$

在抽得一个大样本（n≥50）后，按定理计算得 χ^2 的数值。

若

$$\chi^2 \geqslant \chi^2_\alpha(l-1) \tag{5–13}$$

则拒绝 H_0，即认为总体的分布与假设 H_0 中分布有显著差异；

若

$$\chi^2 < \chi^2_\alpha(l-1) \tag{5–14}$$

则接受 H_0，即认为总体的分布与假设 H_0 中分布无显著差异。

【例 5–6】检验一颗骰子的六面体是否均匀（取 $\alpha = 5\%$），现在掷 120 次，结果如下：

点数	1	2	3	4	5	6
频数	21	28	19	24	16	12

解：依据计算步骤，计算

$$\chi^2 = \sum_{i=1}^{6} \frac{(m_i - np_i)^2}{np_i} = 8.1$$

查附表可得 $\chi^2_{0.05}(5) = 11.07 > 8.1$，所以接受 H_0，即认为骰子六个面是均匀的。

以下介绍检验总体分布的形式为已知的假设。

假设 $H_0: F(x)=F_0(x;\theta_1,\theta_2,\cdots,\theta_k)$,其中 F_0 已知，而 $\theta_1,\theta_2,\cdots,\theta_k$ 未知。从总体中抽取一个大样本，$\theta_1,\theta_2,\cdots,\theta_k$ 的最大似然估计量 $\hat{\theta}_1,\hat{\theta}_2,\cdots,\hat{\theta}_k$ 。然后，带入 F_0 的表达式，那么 $F_0(x;\theta_1,\theta_2,\cdots,\theta_k)$ 变成已知函数。取 $F(x)=F_0(x;\theta_1,\theta_2,\cdots,\theta_k)$，把样本分成 1 个组，分点为 $a_0,a_1,a_2,\cdots,a_l$,满足 $a_0<a_1<a_2<\cdots<a_l$,有时也可取 $a_0=-\infty$，$a_l=+\infty$。总体数量指标 X 落在各组 $[a_{i-1},a_i]$ 的概率为

$$p_i=F(a_i)-F(a_{i-1})=F_0(a_i;\hat{\theta}_1,\hat{\theta}_2,\cdots,\hat{\theta}_k)-F_0(a_{i-1};\hat{\theta}_1,\hat{\theta}_2,\cdots,\hat{\theta}_k),\ i=1,2,\cdots,l$$

于是可以得出理论频数 np_i，理论和实际频数分布见表 5–3。

表 5–3　　理论和实际频数分布

分组	$[a_0,a_1]$	$[a_1,a_2]$	……	$[a_{l-1},a_l]$
理论概率	p_1	p_2	……	p_l
理论频数	np_1	np_2	……	np_l
实际频数	m_1	m_2	……	m_l

实际频数对理论频数偏差的加权平方和为

$$\chi^2=\sum_{i=1}^{l}\frac{(m_i-np_i)^2}{np_i} \tag{5–15}$$

由皮尔逊定理得，若假设 $F(x)=F_0(x;\theta_1,\theta_2,\cdots,\theta_k)$ 成立，上式中，当 $n\to\infty$ 时，χ^2 渐进于自由度为 $l-1-k$ 的 χ^2 分布。抽出一个大样本后，按照式子计算出 χ^2 的数值，若

$$\chi^2\geqslant\chi^2_\alpha(l-k-1) \tag{5–16}$$

则拒绝 H_0，即认为总体分布函数与 F_0 有显著差异。若

$$\chi^2<\chi^2_\alpha(l-k-1) \tag{5–17}$$

则接受 H_0，即认为总体分布函数与 F_0 无显著差异。

以上这种检验方法为 χ^2 检验法。运用 χ^2 检验法检验总体分布，把样本中数据分组时，首先要用大样本，通常取 $n\geqslant50$；其次，要求各组的理论频数 np_i 不小于 5，另外，一般把数据分成 7 到 14 组，有时为确保理论频数不小于 5，组数可小于 7 组。

【例 5–7】从一批钢筋中随机抽取了 50 个，测得他们的直径为（单位：mm）：

15.0 15.8 15.2 15.1 15.9 14.7 14.8 15.5 15.6 15.3 15.1 15.3 15.0 15.6 15.7 14.8 14.5
14.2 14.9 14.9 15.2 15.0 15.3 15.6 15.1 14.9 14.2 14.6 15.8 15.2 15.9 15.2 15.0 14.9
14.8 14.5 15.1 15.5 15.5 15.1 15.1 15.0 15.3 14.7 14.5 15.5 15.0 14.7 14.6 14.2

是否可认为这批钢筋直径服从正态分布？($\alpha=0.05$)

解：设 X 为钢筋的直径，其分布函数为 $F(x)$，则检验问题为

$$H_0: F(x)=\phi\left(\frac{x-\mu}{\sigma}\right)$$

在 H_0 成立的条件下，参数 μ,σ^2 的最大似然估计为 $\mu=15.078$，$\sigma^2=0.183\,3$

$$p_1=\phi\left(\frac{14.6-15.078}{0.428\,2}\right)=\phi(-1.116\,3)=0.132\,1$$

$$p_2=\phi\left(\frac{14.8-15.078}{0.4282}\right)-\phi(-1.1163)=\phi(-0.6492)-\phi(-1.1163)=0.1260$$

$$p_3=\phi\left(\frac{15.1-15.078}{0.4282}\right)-\phi(-0.6492)=\phi(0.0514)-\phi(-0.6492)=0.2624$$

$$p_4=\phi\left(\frac{15.4-15.078}{0.4282}\right)-\phi(-0.0514)=\phi(0.7520)-\phi(0.0514)=0.2535$$

$$p_5=1-p_1-p_2-p_3-p_4=0.2260$$

查表得：$\chi^2_\alpha(k-m-1)=\chi^2_{0.05}(2)=5.991$

∵ $\chi^2<\chi^2_{1-\alpha}(k-m-1)=5.991$，$\chi^2$计算详见表 5–4。

∴接受 H_0，认为钢筋直径服从正态分布。

表 5–4 **【例 5–7】计算过程**

i	(a_{i-1},a_i)	n_i	p_i	np_i	$\frac{(n_i-np_i)^2}{np_i}$
1	(0,14.6)	6	0.132 1	6.606 1	0.055 6
2	[14.6,14.8)	5	0.126 0	6.297 6	0.267 4
3	[14.8,15.1)	13	0.262 4	13.120 9	0.001 1
4	[15.1,15.4)	14	0.253 5	12.675 2	0.138 5
5	[15.4, +∞)	12	0.226 0	11.300 3	0.043 3
Σ	—	—	—	—	0.505 9

【例 5–8】1991 年某校有 60 名工科研究生以数理统计作为学位课，考试成绩如下：

93 75 83 93 91 85 84 82 77 76 77 95 94 89 91 88 86 83 96 81
79 97 78 75 67 69 68 84 83 81 75 66 85 70 94 84 83 82 80 78
74 73 76 70 86 76 90 89 71 66 86 73 80 94 79 78 77 63 53 55

试问考试成绩是否服从正态分布？（$\alpha=0.1$）

解：（1）提出假设：

H_0：考试成绩分布为正态分布

（2）对数据进行分组：

分成（$-\infty,60$）、[60, 70)、[70, 80)、[80, 90)、[90, +∞）五组；

（3）估计未知参数：

$$\hat{\mu}=80,\ \hat{\sigma}^2=9.6^2$$

（4）计算 p_i 和理论频数 np_i：

$$p_1=\phi\left(\frac{60-80}{9.6}\right)=0.0188$$

$$np_1=60\times0.0188=1.128<5$$

因此，需要将该组组合到下一组，那么详细计算结果见表 5–5。

表 5–5 **【例 5–8】计算过程**

i	(a_{i-1}, a_i)	n_i	p_i	np_i	χ^2
1	$(-\infty, 70)$	8	0.149 2	8.952	0.101 2
2	$[70,80)$	20	0.350 8	21.048	0.052 2
3	$[80,90)$	21	0.350 8	21.048	0.000 1
4	$[90,+\infty)$	11	0.149 2	8.952	0.468 5
Σ	—	—	—	—	0.622 0

（5）计算 χ^2 的值：

由表 5–5 的计算结果表可以得出，χ^2=0.622 0。

（6）查表并检验：（$\alpha=0.1$）

$$\chi_{\alpha}^2(k-m-1)=\chi_{0.1}^2(4-2-1)=2.706>\chi^2$$

故接受原假设 H_0，认为该组考试成绩服从正态分布。

思考与练习题

（1）设甲、乙两台钢筋加工机，加工的成型钢筋分别服从 σ_1=70 和 σ_2=90 的正态分布，从甲机床生产的产品中抽取 35 件，测得平均重量 $\bar{X}_1=137$ 克，从乙机床生产的产品中抽取 45 件，测得平均重量 $\bar{X}_2=130$ 克，问在 0.01 的显著性水平下，这两台机床生产的产品重量有无差异。

（2）设有二人观测某地的纬度，根据以往进行类似观测的大量资料，知此二人观测纬度一次的误差 σ 均为 0.63″。现在甲观测该地纬度 12 次，得平均值的度数为 1.20″，乙观测 8 次得平均值 1.15″。问二人所得结果的差异是否显著（$\alpha=0.05$）。

（3）从一堆木材中抽取 100 根，测得其小头直径的平均数 $\bar{X}=11.2$ cm，假定总体标准差 $\sigma=2.6$ cm，在显著水平 0.05 的要求下，能否认为这堆木材的小头直径平均在 12cm 以上。

（4）在排放的工业废水中，按环保条例规定，某有害物质的含量不能超过 0.5‰，现欲检查一企业的废水是否达标，抽测了 5 份水样，得到的数据分别为 0.530‰，0.542‰，0.495‰，0.515‰，0.510‰。问检查结果能否说明这个企业的废水排放符合规定（$\alpha=0.05$）。

（5）为了分析日间和夜间对角度观测的影响，分别在两个时间段内对同一角度观测了 8 个测回，各测回度和分均为 77° 55′，秒的位置有差别，日间：20.5″，18.8″，19.8″，20.9″，21.5″，19.5″，21.0″，21.2″；夜间：17.7″，20.3″，20.0″，18.8″，19.0″，20.1″，20.2″，19.1″。问日和夜观测结果有无显著性差异（$\alpha=0.05$）。

6 方 差 分 析

在科学试验、生产和社会生活实际中，反映现象特征的变量的影响因素是很多的。同样，在工程管理中，有时需要考察不同施工工艺是否对工程成本、质量和进度产生显著的影响；或需判别不同建筑材料的性能是否存在显著性的差异等。工程管理中往往有必要找出对工程成本、质量、进度等有显著影响的可控因素，并比较影响的大小。方差分析就是解决这类问题的有效方法。

6.1 基本概念及原理

进行方差分析的基本思路是：首先通过试验（实验或调查），取得不同因素不同水平条件下被考察的随机变量的样本，然后利用样本构造统计量，检验不同条件下的几个不同总体的参数是否相等，如果参数相等的假设成立，则说明因素及水平对该变量影响不显著，反之则影响显著。

6.1.1 相关概念

（1）试验。在工程管理中，试验是为了解因素对工程质量或生产指标的影响而进行的，试验的目的是取得样本数据。例如，工程质量管理中，进行混凝土浇筑强度试验、机械碾压土强度试验、路基抽样试验等。也可以通过观测或调查的方法进行，例如尺寸观测、调查登记等，即此处的“试验”为广义的“试验”。

（2）因素。因素，即试验中考察的对象。例如浇注方案、填土方案、机械性能、水泥掺量、碎石掺量等。

（3）水平。考察一个因素对试验的影响，通常控制在几个不同的状态或等级上，称为水平，例如 A 因素的 $A_1, A_2, \cdots, A_n$ 水平，B 因素的 $B_1, B_2, \cdots, B_m$ 水平。

（4）指标。指标 X：在质量、强度、产量、费用等试验中，提取的试验数据、观测值等。

【例 6–1】 钢筋加工机下料试验，因素 A：机床，m 台，即 m 个水平 $A_1, A_2, \cdots, A_m$，指标 X：下料尺寸（mm）。考察不同机床加工钢筋时下料尺寸是否有显著影响。

在“统计假设检验”章节中，相同方差两个正态总体均值显著性差异，可通过以下 t 检验法假检：

$$H_0: \mu_1 = \mu_2 \text{，} \quad H_1: \mu_1 \neq \mu_2$$

统计量及分布

$$t = \frac{\bar{x}_1 - \bar{x}_2}{S_0\sqrt{\dfrac{1}{n_1} + \dfrac{1}{n_2}}} \sim t(n_1 + n_2 - 2)$$

拒绝域：$|t| > t_{\alpha/2}$，当 t 值落入拒绝域，则拒绝原假设，接受备择假设，若 t 值落入接受

域，则接受原假设。

具有相同方差 m（$m>2$）个正态总体均值显著性差异假设检验，若用 t 检验法，需要每对都检。例如 m=6 时，需要 6 个总体 μ_j 两两组对比较

$$\begin{bmatrix} \mu_1 \leftrightarrow \mu_2 & \mu_1 \leftrightarrow \mu_3 & \mu_1 \leftrightarrow \mu_4 & \mu_1 \leftrightarrow \mu_5 & \mu_1 \leftrightarrow \mu_6 \\ \cdots & \mu_2 \leftrightarrow \mu_3 & \mu_2 \leftrightarrow \mu_4 & \mu_2 \leftrightarrow \mu_5 & \mu_2 \leftrightarrow \mu_6 \\ \cdots & \cdots & \mu_3 \leftrightarrow \mu_4 & \mu_3 \leftrightarrow \mu_5 & \mu_3 \leftrightarrow \mu_6 \\ \cdots & \cdots & \cdots & \mu_4 \leftrightarrow \mu_5 & \mu_4 \leftrightarrow \mu_6 \\ \cdots & \cdots & \cdots & \cdots & \mu_5 \leftrightarrow \mu_6 \end{bmatrix} \tag{6–1}$$

排列组合共有 15 对。两两组对比较存在两个问题：（1）工作繁重、繁琐；（2）每对都以置信度 $1-\alpha=0.95$ 得出均值相等结论，但 6 个正态总体均值都相等，这个结论概率仅是 $0.95^{15}=0.463\,2$，对假设检验来说这个置信度太小。以上分析可以看出，两个以上同方差正态总体均值检验差异显著性不宜采用 t 检验法。

6.1.2　方差分析原理

事实上，方差分析所分析的并非方差，而是研究数据间的变异，即在可比较的数组中，把总的变异按各自指定的变异来源进行分解的一种技巧。对变异的度量，可以说唯一有效的方法是偏差平方和。方差分析方法则是从总偏差平方和中分解出可追溯到指定来源的部分偏差平方和。

总偏差平方和为观测值与均值（真值）之差，即偏差平方求和 $\sum_{i=1}^{n}\sum_{j=1}^{m}(X_{ij}-\mu_j)^2$。可分解成两部分：（1）由因素水平不同引起的偏差平方和；（2）由试验误差引起的偏差平方和。即

$$\text{总偏差平方和}=A_j\text{水平引起偏差平方和}+\text{试验误差平方和} \tag{6–2}$$

方差分析的基本思想：若被考察的因素对试验结果没有显著的影响，即各正态总体的均值相等，则试验数据的波动完全由随机误差引起；如果因素有明显的效应，即各正态总体均值不全部相等，则表明试验数据的波动除了受随机误差的影响外，还受被考察效应的影响。据此需要寻找一个适当的统计量，来表示数据的波动程度。并且设法将这个统计量分解为两部分，一部分是纯随机误差造成的影响，另一部分是除随机误差的影响外来自于因素效应的影响。然后将这两部分进行比较，如果后者明显比前者大，就说明因素的效应是显著的。

在分析某数值性随机变量的可控影响因素时，如果我们只对一种因素的不同状态是否显著影响指标变量作分析，可称之为单因素方差分析；如果对若干因素的影响作分析，则称多因素方差分析，本文只针对两个因素的影响分析，即双因素方差分析。

6.2　单因素方差分析

假设在单因素方差分析中因素 A 具有 m 个水平，分别用 $A_1, A_2, \cdots, A_m$ 表示。对每个水平可以独立进行相等次数或不相等次数的重复试验，设在水平 A_j 下的试验次数为 n_j，我们可以将试验数据看作来自水平 A_j 下的总体的一组样本，相应的样本记为 $X_{1j}, X_{2j}, \cdots, X_{nj}$，（$j=1, 2, \cdots, m$）。当等重复试验时，即 $n_1=n_2=\cdots=n_j=n$，见表 6–1。

表 6–1 单因素等重复试验表

序号	A_1	A_2	…	A_j	…	A_m
1	X_{11}	X_{12}	…	X_{1j}	…	X_{1m}
2	X_{21}	X_{22}	…	X_{2j}	…	X_{2m}
…	…	…	…	…	…	…
n	X_{n1}	X_{n2}	…	X_{nj}	…	X_{nm}

6.2.1 数学模型

现设单因素 A 的 m 个水平下的总体均服从正态分布，并且具有相同的方差 σ^2，均值分别为 $\mu_1,\mu_2,\cdots,\mu_m$，同时 m 个总体相互独立。为了分析因素 A 的水平 A_j 对指标 X 影响，对 X_{ij} 进行两次分解。第一次 X_{ij} 分解成两部分

$$X_{ij}=\mu_j+\varepsilon_{ij} \tag{6–3}$$

式中 μ_j 为因素 A 的水平 A_j 下的总体均值，ε_{ij} 为实验误差，且 $\varepsilon_{ij}\sim N(0,\sigma^2)$。因

$$E(X_{ij})=E(\mu_j+\varepsilon_{ij})=E(\mu_j)+E(\varepsilon_{ij})=\mu_j$$

$$D(X_{ij})=D(\mu_j+\varepsilon_{ij})=D(\mu_j)+D(\varepsilon_{ij})=\sigma^2$$

故

$$X_{ij}\sim N(\mu_j,\sigma^2) \tag{6–4}$$

则 μ_j,σ^2 是总体 X_{ij} 中的未知参数。对 μ_j,σ^2 进行估计和检验，需要重复实验。在 A_j 下重复 n 次实验，得观测值 $(X_{1j},X_{2j},\cdots,X_{ij},\cdots,X_{nj})^T$，意味着从总体 $X_{ij}\sim N(\mu_j,\sigma^2)$ 中随机抽取一个容量为 n 的样本。有 m 个水平时，就有 m 个容量为 n 的样本，单因素样本统计表，见表 6–2。表 6–2 中 $\bar{X}_{\bullet j}=\frac{1}{n}\sum_{i=1}^{n}X_{ij},\ j=1,2,\cdots,m$，$X_{ij}$ 为在 A_j 水平第 i 次实验值（观测值）。

因样本中实验值（观测值）只能是 X_{ij}，而 μ_j,ε_{ij} 不能直接观测得到，所以，第一次分解为理论分解。第二次，再对 μ_j 进行分解

$$\mu_j=\mu+\alpha_j,\ j=1,2,\cdots,m \tag{6–5}$$

式中：$\mu=\frac{1}{m}\sum_{j=1}^{m}\mu_j$，一般平均，作为 A_j 作用大小基点；$\alpha_j=\mu_j-\mu$，A_j 下效应，$\alpha_1,\alpha_2,\cdots,\alpha_m$ 应满足约束条件

$$\alpha_1+\cdots+\alpha_j+\cdots+\alpha_m=0 \tag{6–6}$$

由两次分解得到单因素方差分析数学模型

$$\begin{cases}X_{ij}=\mu+\alpha_j+\varepsilon_{ij}\\ \varepsilon_{ij}\sim N(0,\sigma^2)\end{cases},i=1,2,\cdots,n;\ j=1,2,\cdots,m;\ \sum_{i=1}^{m}\alpha_j=0 \tag{6–7}$$

其中模型参数 $\mu,\alpha_1,\alpha_2,\cdots,\alpha_m,\sigma^2$。

表 6–2 **单因素样本统计表**

序号	A_1	A_2	…	A_j	…	A_m
1	X_{11}	X_{12}	…	X_{1j}	…	X_{1m}
2	X_{21}	X_{22}	…	X_{2j}	…	X_{2m}
…	…	…	…	…	…	…
i	X_{i1}	X_{i2}	…	X_{ij}	…	X_{im}
…	…	…	…	…	…	…
n	X_{n1}	X_{n2}	…	X_{nj}	…	X_{nm}
合计	$X_{\bullet 1}=\sum_{i=1}^{n}X_{i1}$	$X_{\bullet 2}=\sum_{i=1}^{n}X_{i2}$		$X_{\bullet j}=\sum_{i=1}^{n}X_{ij}$		$X_{\bullet m}=\sum_{i=1}^{n}X_{im}$
均值	$\bar{X}_{\bullet 1}=\frac{X_{\bullet 1}}{n}$	$\bar{X}_{\bullet 2}=\frac{X_{\bullet 2}}{n}$		$\bar{X}_{\bullet j}=\frac{X_{\bullet j}}{n}$		$\bar{X}_{\bullet m}=\frac{X_{\bullet m}}{n}$

所有样本合计：$X_{\bullet\bullet}=\sum_{j=1}^{m}X_{\bullet j}$，均值：$\bar{X}_{\bullet\bullet}=\frac{X_{\bullet\bullet}}{mn}$。

6.2.2 参数点估计

用最小二乘法求参数 $\mu,\alpha_1,\alpha_2,\cdots\alpha_m$ 的估计量。由式（6–3）得

$$\varepsilon_{ij}=X_{ij}-\mu_j \tag{6–8}$$

对式（6–8）求平方和

$$\sum_{i=1}^{n}\sum_{j=1}^{m}\varepsilon_{ij}^2=\sum_{i=1}^{n}\sum_{j=1}^{m}(X_{ij}-\mu_j)^2=\sum_{i=1}^{n}\sum_{j=1}^{m}(X_{ij}-\mu-\alpha_j)^2 \tag{6–9}$$

得偏差平方和，记为 S_E。求 S_E 达最小值的解，作为参数估计量。由极值必要条件

$$\frac{\partial S_E}{\partial\mu}=0\text{，}\frac{\partial S_E}{\partial\alpha_j}=0,(j=1,2\cdots,m) \tag{6–10}$$

求得参数 $\mu,\mu_j,\alpha_1,\alpha_2,\cdots,\alpha_m$ 的估计量 $\hat{\mu}=X_{\bullet\bullet}$，$\hat{\alpha}_j=\bar{X}_{\bullet j}-\bar{X}_{\bullet\bullet}$，$\hat{\mu}_j=\bar{X}_{\bullet j}$，样本均值的求法见表 6–2。因为是用最小二乘法，$\hat{\mu}$，$\hat{\alpha}_j$ 和 $\hat{\mu}_j$ 称为最小二乘估计量。并且能证明 $\hat{\mu}$，$\hat{\alpha}_j$ 和 $\hat{\mu}_j$ 分别是 μ,α_j,μ_j 的无偏估计量。

6.2.3 偏差分析

（1）偏差分解。

偏差分解目的在于从观测值偏差（观测值与总体均值之差 $x_{ij}-\mu_j=\varepsilon_{ij}$）中分解出各水平 A_j 效应。观测值、总体均值、样本均值之间存在三种偏差：

1）观测值与一般平均值偏差 $X_{ij}-\mu$，用估计量计算：$X_{ij}-\bar{X}_{\bullet\bullet}$。

2）A_j 下真值 μ_j 与一般平均值偏差 $\alpha_j=\mu_j-\mu$，用估计量计算：$\alpha_j=\bar{X}_{\bullet j}-\bar{X}_{\bullet\bullet}$。

3）试验偏差，观测值与真值之差 $\varepsilon_{ij}=X_{ij}-\mu_j$，用估计值 $\varepsilon_{ij}=X_{ij}-\bar{X}_{\bullet j}$。

利用偏差平方和分解定理

$$\sum_{i=1}^{n}\sum_{j=1}^{m}(X_{ij}-\bar{X}_{\bullet\bullet})^2=n\sum_{j=1}^{m}(\bar{X}_{\bullet j}-\bar{X}_{\bullet\bullet})^2+\sum_{i=1}^{n}\sum_{j=1}^{m}(X_{ij}-\bar{X}_{\bullet j})^2 \tag{6–11}$$

即，总偏差平方和= A_j 效应（组间）平方和+试验误差平方和，用公式表示为

$$S_T = S_A + S_E \tag{6-12}$$

式中：S_T 为总偏差平方和；S_A 为 A_j 效应（组间）平方和；S_E 为试验误差平方和。

（2）自由度。

总偏平方和 $S_T = \sum_{i=1}^{n}\sum_{j=1}^{m}(X_{ij} - \bar{X}_{\bullet\bullet})^2$，对于 nm 项，有一个约束条件 $\bar{X} = \frac{1}{nm}\sum_{i=1}^{n}\sum_{j=1}^{m}X_{ij} = \hat{\mu}$，则自由度 $f_T = nm - 1$。效应平方和 $S_A = n\sum_{j=1}^{m}(\bar{X}_{\bullet j} - \bar{X}_{\bullet\bullet})^2$，对于 m 项，因 $\bar{X}_{\bullet\bullet} = \frac{1}{m}\sum_{j=1}^{m}\bar{X}_{\bullet j}$，有一个约束条件 $\sum_{j=1}^{m}(\bar{X}_{\bullet j} - \bar{X}_{\bullet\bullet}) = 0$，则自由度为 $f_A = m - 1$。试验误差平方和 $S_E = \sum_{i=1}^{n}\sum_{j=1}^{m}(X_{ij} - \bar{X}_{\bullet j})^2$，对于 mn 项，有 m 个约束条件 $\bar{X}_{\bullet j} = \frac{1}{n}\sum_{i=1}^{n}X_{ij}, j = 1, 2, \cdots, m$，则自由度 $f_E = nm - m = m(n-1)$。

分解定理的自由度关系

$$f_T = f_A + f_E = m - 1 + m(n-1) = nm - 1 \tag{6-13}$$

6.2.4 显著性检验

单因素方差分析中参数假设检验的前提条件：

（1）观测值 $X_{ij}, (i = 1, 2, \cdots, n; j = 1, 2, \cdots, m)$ 相互独立。

（2）$X_{ij} \sim N(\mu_j, \sigma^2), (j = 1, 2, \cdots, m)$。

m 个水平 $A_1, A_2, \cdots, A_m$ 下，检验总体均值 $\mu_1, \mu_2, \cdots, \mu_m$ 之间是否有显著性差异。

即：假设检验的形式 $H_0: \mu_1 = \mu_2 = \cdots = \mu_m$；$H_1: \mu_1, \mu_2, \cdots, \mu_m$ 不全相等。等价检验形式 $H_0: \alpha_j = 0, (j = 1, 2, \cdots, m)$；$H_1: \alpha_1, \alpha_2, \cdots, \alpha_m$ 不全为零。

可证当 H_0 为真时，有 $\frac{S_T}{\sigma^2} \sim \chi^2(nm-1)$，$\frac{S_A}{\sigma^2} \sim \chi^2(m-1)$，$\frac{S_E}{\sigma^2} \sim \chi^2(m(n-1))$，且统计量 $\frac{S_A}{\sigma^2}$，$\frac{S_E}{\sigma^2}$ 相互独立。构造统计量：

$$F_A = \frac{S_A / (m-1)\sigma^2}{S_E / m(n-1)\sigma^2} = \frac{S_A / (m-1)}{S_E / m(n-1)} \sim F(m-1, m(n-1)) \tag{6-14}$$

式中：$S_A / (m-1)$ 和 $S_E / m(n-1)$ 称为均方。

可利用 F_A 统计量检验 H_0 是否成立。当给定显著性水平 α，可以查表得临界值 $F_\alpha(m-1, m(n-1))$。根据观测值算出 F_A，进行判断：

（1）当 $F_A \leqslant F_\alpha(m-1, m(n-1))$ 时，接受 H_0；

（2）当 $F_A > F_\alpha(m-1, m(n-1))$ 时，拒绝 H_0，接受 H_1；

分析过程见表 6–3。

表 6–3　单因素方差分析表

方差来源	平方和	自由度	均方	F 比值	$F_\alpha(m-1, m(n-1))$
组间（因素 A 水平作用结果）	S_A	m–1	$S_A / (m-1)$	$F_A = \frac{S_A / (m-1)}{S_E / m(n-1)}$	FINV
组内（试验误差）	S_E	m（n–1）	$S_E / m(n-1)$		
总和	$S_T = S_A + S_E$	nm–1			

【例 6–2】某公司购买一台水泥混凝土摊铺机，为了选择优良型号，减少日后维修，对 6 国的 6 种型号调查，各型号抽 4 台，每台上月维修时间（h）见表 6–4，这些观测值能否判定是由于型号不同而造成维修时间显著差异？（$\alpha=0.05$）

表 6–4　　对 6 种型号摊铺机维修时数的调查　　（单位：h）

台号（i） 型号（j）	1	2	3	4
A 型	9.5	8.8	11.4	7.8
B 型	4.3	7.8	3.2	6.5
C 型	6.5	8.3	8.6	8.2
D 型	6.1	7.3	4.2	1.0
E 型	10.0	4.8	5.4	9.6
F 型	9.3	8.7	7.2	10.1

解：根据调查表，在 $\alpha=0.05$ 的显著性水平下，检验 6 种型号在平均维修时间方面有无显著差异。

由经验知，各型号维修时间是近似服从正态分布，假设形式如下：

$$H_0:\alpha_j=0,(j=1,2,\cdots,m)\text{；}\quad H_1\text{:不全为零}$$

首先计算 S_A 和 S_T，为计算方便，改写为如下形式

$$S_A=n\sum_{j=1}^{m}(\overline{X}_{\bullet j}-\overline{X}_{\bullet\bullet})^2=n\sum_{j=1}^{m}(\overline{X}_{\bullet j})^2-2n\overline{X}_{\bullet\bullet}\sum_{j=1}^{m}\overline{X}_{\bullet j}+nm(\overline{X}_{\bullet\bullet})^2$$

$$S_T=\sum_{i=1}^{k}\sum_{j=1}^{m}(X_{ij}-\overline{X}_{\bullet\bullet})^2=\sum_{i=1}^{n}\sum_{j=1}^{m}X_{ij}^{\ 2}-2\overline{X}_{\bullet\bullet}\sum_{i=1}^{n}\sum_{j=1}^{m}X_{ij}+nm(\overline{X}_{\bullet\bullet})^2$$

计算过程见表 6–5。

表 6–5　　计 算 过 程 表

台号（i） 型号（j）	1	2	3	4	$\sum_{i=1}^{n}X_{ij}$	$\overline{X}_{\bullet j}$	$(\overline{X}_{\bullet j})^2$	$\sum_{i=1}^{n}X_{ij}^{\ 2}$
A 型	9.5	8.8	11.4	7.8	37.5	9.4	88.4	358.5
B 型	4.3	7.8	3.2	6.5	21.8	5.5	30.3	131.8
C 型	6.5	8.3	8.6	8.2	31.6	7.9	62.4	252.3
D 型	6.1	7.3	4.2	1.0	18.6	4.7	21.1	109.1
E 型	10.0	4.8	5.4	9.6	29.8	7.5	56.3	244.4
F 型	9.3	8.7	7.2	10.1	35.3	8.8	77.4	316.0
合计					174.6	43.8	336.9	1412.1

则 $\overline{X}_{\bullet\bullet}=\dfrac{174.6}{4\times 6}=7.3$

$$S_A=n\sum_{j=1}^{m}(\overline{X}_{\bullet j})^2-2n\overline{X}_{\bullet\bullet}\sum_{j=1}^{m}\overline{X}_{\bullet j}+nm(\overline{X}_{\bullet\bullet})^2=4\times 335.0-2\times 4\times 7.3\times 43.7+4\times 6\times 7.3^2=66.88$$

$$S_T=\sum_{i=1}^{n}\sum_{j=1}^{m}X_{ij}^{\ 2}-2\bar{X}_{\bullet\bullet}\sum_{i=1}^{n}\sum_{j=1}^{m}X_{ij}+nm(\bar{X}_{\bullet\bullet})^2=1412.2-2\times7.3\times174.6+4\times6\times7.3^2=142.0$$

自由度：$f_A=m-1=5$，$f_E=m(n-1)=6\times3=18$。其他计算结果见表 6–6。

表 6–6 方差分析表

方差来源	平方和	自由度	均方	F 比值	$F_\alpha(m-1,m(n-1))$
组间（因素 A 水平作用结果）	66.88	5	13.38	$F_A=\frac{13.38}{4.17}=3.21$	2.77
组内（试验误差）	75.12	18	4.17		
总和	142.0	23			

查 F 分布表 $F_{0.05}(5,18)=2.77$，由于 $F_A=3.21>2.77$，故拒绝 H_0，至少有一种型号的效应不为零，等价于至少两种型号摊铺机维修时数平均值有显著差异的。

6.3 双因素方差分析

双因素方差分析考虑 A、B 两个因素对某指标的影响，设因素 A 有 r 个水平 $A_1,A_2,\cdots,A_r$，因素 B 有 s 个水平 $B_1,B_2,\cdots,B_s$。在进行双因素分析时，如果已知两因素之间不存在交互作用，或交互作用的影响很小，那么只要对因素 A、B 水平的每对组合（A_i、B_j）进行一次实验即可。如果需要检验两因素间的交互作用，则每对组合（A_i、B_j）应该进行重复试验，即试验次数必须大于 1。因此，前者称为无重复双因素方差分析，后者称为有重复双因素方差分析。可以认为无重复双因素方差分析是有重复双因素方差分析的特例，因而以下仅对有重复双因素方差分析进行讨论。

6.3.1 双因素试验表

设因素 A，有 r 个水平 $A_1,A_2,\cdots,A_r$；因素 B，有 s 个水平 $B_1,B_2,\cdots,B_s$。在 A_i,B_j 组合下（$i=1,2,\cdots,r;\ j=1,2,\cdots,s$）重复试验 t 次，称为具有相同重复次数的完全试验。

在 A_i,B_j 组合下，第 k 次试验的结果为 $X_{ijk},(i=1,2,\cdots,r;\ j=1,2,\cdots,s;\ k=1,2,\cdots,t)$，且

$$X_{ijk}\sim N(\mu_{ij},\sigma^2) \tag{6–15}$$

数据排列见有重复双因素实验表 6–7。

表 6–7 有重复双因素实验表

	B_1	…	B_j	…	B_s
A_1	$(x_{111},x_{112},\cdots,x_{11t})^{\mathrm T}$	…	$(x_{1j1},x_{1j2},\cdots,x_{1jt})^{\mathrm T}$	…	$(x_{1s1},x_{1s2},\cdots,x_{1st})^{\mathrm T}$
	…	…	…	…	…
A_i	$(x_{i11},x_{i12},\cdots,x_{i1t})^{\mathrm T}$	…	$(x_{ij1},x_{ij2},\cdots,x_{ijt})^{\mathrm T}$	…	$(x_{is1},x_{is2},\cdots,x_{ist})^{\mathrm T}$
…	…	…	…	…	…
A_r	$(x_{r11},x_{r12},\cdots,x_{r1t})^{\mathrm T}$	…	$(x_{rj1},x_{rj2},\cdots,x_{rjt})^{\mathrm T}$	…	$(x_{rs1},x_{rs2},\cdots,x_{rst})^{\mathrm T}$

因素方差分析任务主要是：（1）因素 A、B 作用大小的显著性检验；（2）选择最好的因

素水平搭配。由于在实验中有误差干扰，观测值 $X_{ijk},(i=1,2,\cdots,r;j=1,2,\cdots,s;k=1,2,\cdots,t)$ 是一个随机变量，可以做两步分解。第一步分解：

$$X_{ijk}=\mu_{ij}+\varepsilon_{ijk} \tag{6–16}$$

式中：μ_{ij} 为 A_i、B_j 组合下的总体均值，见表 6–8；ε_{ijk} 为实验误差，且 $\varepsilon_{ijk}\sim N(0,\sigma^2)$。

第二步分解：

$$\mu_{ij}=\mu+\alpha_i+\beta_j+h_{ij} \tag{6–17}$$

式中：$\mu=\dfrac{1}{rs}\sum\limits_{i=1}^{r}\sum\limits_{j=1}^{s}\mu_{ij}$ 为一般平均值，作为因素作用大小基点。因素 A 水平 A_i 下的主效应 $\alpha_i=\bar{\mu}_{i\bullet}-\mu$，且 $\sum\limits_{i=1}^{r}\alpha_i=0$，其中 $\bar{\mu}_{i\bullet}=\dfrac{1}{s}\sum\limits_{j=1}^{s}\mu_{ij}$；因素 B 水平 B_j 的主效应 $\beta_j=\bar{\mu}_{\bullet j}-\mu$，且 $\sum\limits_{j=1}^{s}\beta_j=0$，其中 $\bar{\mu}_{\bullet j}=\dfrac{1}{r}\sum\limits_{i=1}^{r}\bar{\mu}_{ij}$；$\alpha_i,\beta_j$ 是因素 A、B 的单独作用效应。因素 A、B 组合效应为

$$\mu_{ij}-\mu=(\bar{\mu}_{i\bullet}-\mu)+(\bar{\mu}_{\bullet j}-\mu)+(\mu_{ij}-\bar{\mu}_{i\bullet}-\bar{\mu}_{\bullet j}+\mu)=\alpha_i+\beta_j+h_{ij} \tag{6–18}$$

即

$$\mu_{ij}=\mu+\alpha_i+\beta_j+h_{ij} \tag{6–19}$$

式中：h_{ij} 为因素 A、B 的交互作用效应。

不同因素组合下总体均值和效应见表 6–8。

表 6–8　不同因素组合下总体均值和效应

	B_1	B_2	B_j	B_s	求和	α_i
A_1	μ_{11}	μ_{12}	μ_{1j}	μ_{1s}	$\mu_{1\cdot}$	α_1
A_2	μ_{21}	μ_{22}	μ_{2j}	μ_{2s}	$\mu_{2\cdot}$	α_2
A_i	μ_{i1}	μ_{i2}	μ_{ij}	μ_{is}	$\mu_{i\cdot}$	α_i
A_r	μ_{r1}	μ_{r2}	μ_{rj}	μ_{rs}	$\mu_{r\cdot}$	α_r
求和	$\mu_{\bullet 1}$	$\mu_{\bullet 2}$	$\mu_{\bullet j}$	$\mu_{\bullet s}$	μ	
β_j	β_1	β_2	β_j	β_s		

得到双因素方差分析的数学模型：

$$\begin{cases}X_{ijk}=\mu+\alpha_i+\beta_j+h_{ij}+\varepsilon_{ijk}\\ \varepsilon_{ijk}\sim N(0,\sigma^2)\end{cases} \tag{6–20}$$

模型参数有 $\mu,\alpha_i,\beta_j,h_{ij},\sigma^2$。

6.3.2　双因素方差分析参数估计

用样本 X_{ijk} 来估计双因素方差分析数学模型中未知参数 $\mu,\alpha_i,\beta_j,h_{ij}$，原理同单因素方差分析参数估计。得到

$$\hat{\mu}=\bar{X}_{\bullet\bullet\bullet},\quad \bar{X}_{\bullet\bullet\bullet}=\frac{1}{rst}\sum_{i=1}^{r}\sum_{j=1}^{s}\sum_{k=1}^{t}X_{ijk} \tag{6–21}$$

$$\hat{\alpha}_i=\bar{X}_{i\bullet\bullet}-\bar{X}_{\bullet\bullet\bullet},\quad \bar{X}_{i\bullet\bullet}=\frac{1}{st}\sum_{j=1}^{s}\sum_{k=1}^{t}X_{ijk} \tag{6–22}$$

$$\hat{\beta}_j = \bar{X}_{\bullet j\bullet} - \bar{X}_{\bullet\bullet\bullet}, \quad \bar{X}_{\bullet j\bullet} = \frac{1}{rt}\sum_{i=1}^{r}\sum_{k=1}^{t} X_{ijk} \tag{6–23}$$

$$\hat{h}_{ij} = \bar{X}_{ij\bullet} - \bar{X}_{i\bullet\bullet} - \bar{X}_{\bullet j\bullet} + \bar{X}_{\bullet\bullet\bullet}, \quad \bar{X}_{ij\bullet} = \frac{1}{t}\sum_{k=1}^{t} X_{ijk} \tag{6–24}$$

式（6–24）中样本均值见表 6–9 中。可证，以上估计量均具有无偏性。故得

$$X_{ijk} = \hat{\mu} + \hat{\alpha}_i + \hat{\beta}_j + \hat{h}_{ij} + \varepsilon_{ijk} \tag{6–25}$$

式中：$\varepsilon_{ijk} = X_{ijk} - \bar{X}_{ij\bullet}$。

表 6–9　双因素方差分析样本统计表

	B_1	B_2	B_j	B_m
A_1	$\bar{X}_{11\bullet}$	$\bar{X}_{12\bullet}$	$\bar{X}_{1j\bullet}$	$\bar{X}_{1m\bullet}$
A_2	$\bar{X}_{21\bullet}$	$\bar{X}_{22\bullet}$	$\bar{X}_{2j\bullet}$	$\bar{X}_{2m\bullet}$
A_i	$\bar{X}_{i1\bullet}$	$\bar{X}_{i2\bullet}$	$\bar{X}_{ij\bullet}$	$\bar{X}_{im\bullet}$
A_n	$\bar{X}_{n1\bullet}$	$\bar{X}_{n2\bullet}$	$\bar{X}_{nj\bullet}$	$\bar{X}_{nm\bullet}$

6.3.3　双因素偏差分解及显著性检验

样本 X_{ijk} 与总体均值的估计量 $\hat{\mu}$ 之间存在偏差，将偏差取平方和，得到

$$\sum_{i=1}^{r}\sum_{j=1}^{s}\sum_{k=1}^{t}(X_{ijk} - \hat{\mu})^2 = st\sum_{i=1}^{r}\hat{\alpha}_i^2 + rt\sum_{j=1}^{s}\hat{\beta}_j^2 + t\sum_{i=1}^{r}\sum_{j=1}^{s}\hat{h}_{ij}^2 + \sum_{i=1}^{r}\sum_{j=1}^{s}\sum_{k=1}^{t}\varepsilon_{ijk}^2 \tag{6–26}$$

简称为

$$S_T = S_A + S_B + S_{AB} + S_E \tag{6–27}$$

式中：S_T 为总偏差平方和；S_A 为因素 A 的组间偏差平方和；S_B 为因素 B 的组间偏差平方和；S_{AB} 为因素 A 与因素 B 之间交互作用产生的偏差平方和。

相应的自由度分解为

$$f_T = f_A + f_B + f_{AB} + f_E \tag{6–28}$$

式中各自由度的取值见表 6–10。各偏差平方和除以各自的自由度，可得到平均平方和

$$MS_A = \frac{S_A}{f_A} = \frac{S_A}{r-1} \tag{6–29}$$

$$MS_B = \frac{S_B}{f_B} = \frac{S_B}{s-1} \tag{6–30}$$

$$MS_{AB} = \frac{S_{AB}}{f_{AB}} = \frac{S_{AB}}{(r-1)(s-1)} \tag{6–31}$$

$$MS_E = \frac{S_E}{f_E} = \frac{S_E}{rs(t-1)} \tag{6–32}$$

平均平方和又称为各相应项的均方。

由此构造出三个统计量：

$$F_A = \frac{S_A/(r-1)}{S_E/rs(t-1)} \tag{6–33}$$

$$F_B = \frac{S_B/(s-1)}{S_E/rs(t-1)} \tag{6–34}$$

$$F_{AB}=\frac{S_{AB}/(r-1)(s-1)}{S_E/rs(t-1)} \tag{6-35}$$

对因素 A、B 作用效应及因素 A、B 交互作用效应进行显著性检验，检验的原假设和备择假设分别为

$$H_0:\alpha_i=0,(i=1,2,\cdots,r)\text{；}\ H_1:\alpha_1,\alpha_2,\cdots,\alpha_r\text{不全为零} \tag{6-36}$$

$$H_0':\beta_j=0,(j=1,2,\cdots,s)\text{；}\ H_1:\beta_1,\beta_2,\cdots,\beta_s\text{不全为零} \tag{6-37}$$

$$H_0'':h_{ij}=0,(i=1,2,\cdots,r;j=1,2,\cdots,s)\text{；}\ H_1'':h_{11},\cdots,h_{rs}\text{不全为零} \tag{6-38}$$

可以证明：

（1）在 H_0 成立时，$F_A=\dfrac{S_A/(r-1)}{S_E/rs(t-1)}\sim F(r-1,rs(t-1))$；

（2）在 H_0' 成立时，$F_B=\dfrac{S_B/(s-1)}{S_E/rs(t-1)}\sim F(s-1,rs(t-1))$；

（3）在 H_0'' 成立时，$F_{AB}=\dfrac{S_{AB}/(r-1)(s-1)}{S_E/rs(t-1)}\sim F((r-1)(s-1),rs(t-1))$。

给定显著性水平 α，拒绝域分别为

（1）$F_A>F_\alpha((r-1),rs(t-1))$，拒绝 H_0；

（2）$F_B>F_\alpha((s-1),rs(t-1))$，拒绝 H_0'；

（3）$F_{AB}>F_\alpha((r-1)(s-1),rs(t-1))$，拒绝 H_0''。

有重复双因素方差分析表见表 6–10。

表 6–10　　双因素方差分析表

方差来源	平方和	自由度	均方	F 比值	F_α	判　断
因素 A 水平作用结果	S_A	$r-1$	S_A/f_A	F_A	F_α	$F_A\leqslant F_\alpha$ 时，接受 H_0 $F_A>F_\alpha$ 时，拒绝 H_0
因素 B 水平作用结果	S_B	$s-1$	S_B/f_B	F_B	F_α'	$F_B\leqslant F_\alpha'$ 时，接受 H_0' $F_B>F_\alpha'$ 时，拒绝 H_0'
因素 A、B 水平作用结果	S_{AB}	$(r-1)(s-1)$	S_{AB}/f_{AB}	F_{AB}	F_α''	$F_{AB}\leqslant F_\alpha''$ 时，接受 H_0'' $F_{AB}>F_\alpha''$ 时，拒绝 H_0''
试验误差	S_E	$rs(t-1)$	S_E/f_E			
总和	S_T	$rst-1$				

下面以一个例子来说明有重复双因素方差分析的检验过程。

【例 6–3】有两个实验室分别对三种建筑材料的某强度性能进行测试，数据见表 6–11，检验实验室、材料以及他们的交互作用对实验数据是否有显著影响。

表 6–11　　两个实验室对三种材料重复测试数据

	B_1	B_2	B_3
A_1	4.1	3.1	3.5
	3.9	2.8	3.2
	4.3	3.3	3.6

续表

	B_1	B_2	B_3
A_2	2.7	1.9	2.7
	3.1	2.2	2.3
	2.6	2.3	2.5

解：首先建立原假设和备择假设：

$$H_0:\alpha_1=\alpha_2=0；\ H_1:\alpha_1,\alpha_2\text{不全为零}$$

$$H_0':\beta_1=\beta_2=\beta_3=0；\ H_1:\beta_1,\beta_2,\beta_3\text{不全为零}$$

$$H_0'':h_{11}=\cdots=h_{23}=0；\ H_1:h_{11},\cdots,h_{23}\text{不全为零}$$

由公式（6–26）计算偏差平方和，得

$$S_A=5.01，\ S_B=2.18，\ S_{AB}=0.134，\ S_E=0.6$$

由公式（6–29）～（6–32）计算平均平方和，得

$$MS_A=5.01，\ MS_B=1.09，\ MS_{AB}=0.067，\ MS_E=0.05$$

计算结果见表 6–12。

表 6–12　有重复双因素方差分析表

方差来源	平方和	自由度	均方	F 比值	F_α	判　断
因素 A 水平作用结果	5.01	1	5.01	100.28	4.75	$F_A>F_\alpha$，拒绝 H_0
因素 B 水平作用结果	2.18	2	1.09	21.81	3.89	$F_B>F_\alpha'$，拒绝 H_0'
因素 A、B 水平作用结果	0.134	2	0.067	1.34	3.89	$F_{AB}<F_\alpha''$，接受 H_0''
试验误差	0.6	12	0.05			
总和	7.924	17				

即结论为，实验室对实验数据的影响是显著的；材料对实验数据的影响是显著的；实验室与材料交互作用对实验数据的影响是不显著的。

思考与练习题

（1）说明单因素方差分析中 S_A、S_E、S_T 的含义及三者之间的关系。

（2）简述无重复双因素方差分析的步骤。

（3）设有 3 台同样型号的机器，用于生产厚度为 2.5mm 的铝板，现分别从每台机器生产的产品中随机抽取 5 张铝板进行测试，测试数据见下表。问这 3 台机器生产的铝板厚度有无显著差异（$\alpha=0.05$）。

机器 1	机器 2	机器 3
2.36	2.53	2.58
2.43	2.54	2.56

续表

机器 1	机器 2	机器 3
2.48	2.56	2.59
2.47	2.52	2.61
2.44	2.58	2.62

（4）设有三个车间以不同的工艺生产一种产品，为考察不同的工艺对产品产量的影响，现对每个车间各记录 5d 的日产量，见下表。问三个车间的日产量是否有显著差异（$\alpha=0.05$）。

序号	A_1	A_2	A_3
1	44	50	47
2	45	51	44
3	47	53	44
4	48	55	50
5	46	51	45

（5）在某材料的配方中可添加两种元素 A 和 B，为考察这两种元素对材料强度的影响，分别取元素 A 的 5 个水平和元素 B 的 4 个水平进行实验，取得数据如下表所示。问在水平 $\alpha=0.05$ 下实验元素 A 和元素 B 对材料强度的影响是否显著。

	B_1	B_2	B_3	B_4
A_1	323	332	308	290
A_2	341	336	345	260
A_3	345	365	333	288
A_4	361	345	358	285
A_5	355	364	322	294

（6）设三个工人 B_1、B_2、B_3 操作三台机器 A_1、A_2、A_3 各加工 300 件产品，记录他们生产的废品件数见下表。现要检验工人和机器对废品的产生是否有显著性影响（$\alpha=0.05$）。

机器	工人		
	B_1	B_2	B_3
A_1	8	12	13
A_2	7	10	13
A_3	9	8	10

（7）某种化工过程在三种浓度、四种温度下成品获得率的数据见下表，在显著性水平 $\alpha=0.05$ 下，试检验浓度与温度之间有无交互作用。

浓度（%）	温度（℃）			
	10	24	38	52
2	14	11	13	10
	10	11	9	12
4	9	10	7	6
	7	8	11	10
6	5	13	12	14
	11	14	13	10

7 回 归 分 析

无论在自然界还是在人类社会，客观事物之间是相互联系、相互影响的。为了深入了解客观事物之间的相互关系，往往需要描述事物之间的数量关系。回归分析是研究客观事物之间数量关系的重要分析方法。在工程的定量分析中，回归分析有着广泛的应用。例如在建筑材料的研究中，混凝土配合比水泥的用量增加一个单位，混凝土强度能增加多少；人员培训中，培训成绩与工作能力是什么样的关系；在房产交易中，成交价与房产面积和地理区域有着什么样的联系。

7.1 回归分析概述

客观现象之间普遍存在着相互依赖与相互制约的关系。一些现象在数量上的变化经常伴随着另一些现象数量上的变化。变量之间的关系可以分为两种类型，即确定性关系和不确定性关系。确定性关系指变量之间的关系可以用函数关系来表达。例如，圆的面积与半径之间的关系可以用 $S=\pi r^2$ 来表达，面积由半径唯一确定。不确定性关系则不然，变量之间的关系不能用函数关系来表达，例如，工程投入成本与工程质量的关系，一般来说成本投入增大，工程质量随之提高，但是由于影响工程质量的因素很多，同样的成本投入，由于外界环境和工程特征的不同，工程质量可能会存在差异。即两者之间的关系不是唯一确定。我们通常把变量之间的这种不确定性关系称为相关关系。

相关关系反映的是客观事物之间的非严格的、不确定的依存关系。这种依存关系有两个显著的特点：（1）客观事物之间在数量上确实存在一定的内在联系。表现在一个变量发生数量上的变化，影响另一个变量也相应地发生数量上的变化，例如，水泥含量的提高会对混凝土强度产生影响。（2）客观事物之间的数量依存关系不是确定的，具有一定的随机性，表现在给定自变量一个数值，因变量会有若干个数值与它对应，并且，因变量总是遵循一定规律围绕这些数值的平均数上下波动。其原因是影响因变量发生变化的因素不止一个。例如，影响房地产价格的因素除了房产面积外，还有房产所处的地理位置、当地经济发展状况等。

相关分析和回归分析是研究变量之间相关关系的两种方法。相关分析主要使用相关系数来表明变量之间的密切程度。而回归分析则是侧重考察变量之间的数量变化规律，并通过一定的数学模型来描述变量之间的相关关系，回归分析的结果可以用于预测。

在回归分析中，两个变量之间的回归称为一元回归，二个或三个及以上变量之间的回归称为多元回归。回归方程为线性方程的，称为线性回归，回归方程为非线性方程的，称为非线性回归。

7.2 一元线性回归

回归分析中，最简单、最基本的形式就是一元线性回归。在一元线性回归模型中，包含一个自变量和一个因变量。自变量的取值可以人为控制，不是随机变量，用 X 表示。因变量是随机变量，用 Y 表示。

7.2.1 一元线性回归模型

设两个变量 X 和 Y 之间存在如下的关系

$$\begin{cases} Y = a + bX + \varepsilon \\ \varepsilon \sim N(0, \sigma^2) \end{cases} \tag{7–1}$$

式中：a, b, σ^2 是未知参数；式（7–1）称为一元线性回归模型。

为了确定未知参数 a、b 的值，可以取一个容量 n 的样本 (X_1, Y_1), (X_2, Y_2), $\cdots$, (X_n, Y_n)，回归分析就是要根据样本找出 a、b 的估计值：$\hat{a}$ 和 $\hat{b}$，用经验回归函数

$$\hat{Y} = \hat{a} + \hat{b}X \tag{7–2}$$

近似地描述 Y 和 X 的相关关系。该函数所表示的直线叫样本回归直线，$\hat{a}$ 是直线的截距，$\hat{b}$ 是直线的斜率。式（7–2）也称为 Y 关于 X 的线性回归方程。

一般来说，当变量 Y 与 X 的散点图大致呈直线分布时，可以认为 Y 与 X 符合式（7–1）所示的线性模型，现在的问题是如何确定 $\hat{a}$ 和 $\hat{b}$ 的值，使样本回归直线与样本点拟合最好。

7.2.2 参数 a、b、σ^2 的估计

选择“最佳直线”必须符合某种准则，我们希望选择一条离各散点最近的直线来反映变量之间的相关关系。根据这个思想来估计未知参数 a 和 b 的方法，称为最小二乘法。最小二乘法就是通过使得残差平方和为最小来确定回归方程的方法。令 Q 为残差平方和，则

$$Q = \sum (Y - \hat{Y})^2 \tag{7–3}$$

Q 是 $\hat{a}$ 和 $\hat{b}$ 的函数，根据微积分求极值的原理，Q 达到最小值时，Q 对 $\hat{a}$ 和 $\hat{b}$ 的偏导数都等于零，即

$$\begin{cases} \dfrac{\partial Q}{\partial \hat{a}} = -2\sum [Y - (\hat{a} + \hat{b}X)] \\ \dfrac{\partial Q}{\partial \hat{b}} = -2\sum X[Y - (\hat{a} + \hat{b}X)] \end{cases} \tag{7–4}$$

对方程组（7–4）求解，可以得到

$$\hat{a} = \overline{Y} - \hat{b}\overline{X} \tag{7–5}$$

$$\hat{b} = \frac{n\sum XY - \sum X \sum Y}{n\sum X^2 - \left(\sum X\right)^2} \tag{7–6}$$

由此，可以得到 Y 关于 X 的线性回归方程

$$\hat{Y} = \hat{a} + \hat{b}X = \overline{Y} + \hat{b}(X - \overline{X}) \tag{7–7}$$

式（7–7）表明，回归直线是一条经过点（$\overline{X}, \overline{Y}$），且斜率为 $\hat{b}$ 的直线。

【例 7–1】 路基基层水泥稳定土中，水泥的掺量 X 与基层的强度增加 Y 的资料见表 7–1。

表 7–1 路基基层水泥掺量与强度的关系

水泥掺量（X）	1%	2%	3%	4%	5%	6%
增加强度（Y）	5	17	24	33	41	49

根据 7–1 的数据，求水泥掺量关于强度变化的回归直线。

解：为方便计算列出回归直线计算表，见表 7–2。

表 7–2 回 归 直 线 计 算 表

序号	X（%）	Y	XY	X^2	Y^2
1	1	5	5	1	25
2	2	17	34	4	289
3	3	24	72	9	576
4	4	33	132	16	1089
5	5	41	205	25	1681
6	6	49	294	36	2401
合计	21	169	742	91	6061

利用公式（7–5）和（7–6）可以求出

$$\hat{b}=\frac{6\times742-21\times169}{6\times91-21^2}=8.6$$

$$\hat{a}=\frac{169}{6}-8.6\times\frac{21}{6}=-1.933$$

于是得到强度 Y 对掺量 X 的线性回归方程为 $\hat{Y}=-1.933+8.6X$ 。

对于一元线性回归模型，在得到了 a、b 的估计值后，还要对拟合程度进行评价，估计的标准误差代表了理论模型误差的大小，可以证明 $\hat{Y}-\hat{a}+\hat{b}X$ 的无偏估计为

$$S_e^2=\frac{\sum(Y_i-\hat{Y})^2}{n-2} \tag{7–8}$$

式中，分子为残差平方和，分母为残差平方和的自由度，n 是样本容量。S_e 称为估计标准误差，它代表观察值 Y 与估计值 $\hat{Y}$ 的平均离差，计算公式为

$$S_e=\sqrt{\frac{\sum(Y_i-\hat{Y}_i)^2}{n-2}} \tag{7–9}$$

S_e 越小，表明观测值从总体上说越靠近回归直线，回归直线的代表性也就越好；反之，S_e 越大，则说明回归直线的代表性就越差。因此，S_e 是检验回归直线拟合度的重要指标。

【例 7–2】计算**【例 7–1】**中得到的强度 Y 对掺量 X 的回归方程的估计标准误差。

解：根据原始数据和回归方程可以计算估计标准误差

$$S_e=\sqrt{\frac{\sum(Y_i-\hat{Y}_i)^2}{n-2}}=\sqrt{\frac{6.53}{4}}=1.28$$

计算过程见表 7–3。

表 7–3 回归估计标准误差计算表

序号	X（%）	Y	$\hat{Y}$	$(Y-\hat{Y})^2$	$(Y-\overline{Y})^2$	$(X-\overline{X})$
1	1	5	6.67	2.78	536.69	6.25
2	2	17	15.27	3.00	124.69	2.25
3	3	24	23.87	0.02	17.36	0.25
4	4	33	32.47	0.28	23.36	0.25
5	5	41	41.07	0.00	164.69	2.25
6	6	49	49.67	0.44	434.03	6.25
合计	21	169	169.00	6.53	1300.83	17.5

7.2.3 一元回归方程的显著性检验

建立回归方程后，还必须对其进行显著性检验，因为即使一些杂乱无章的散点也可以拟合出一条直线，但这是毫无意义的。回归分析中的显著性检验包含两个方面：一是对整个方程线性相关的显著性检验；二是对回归系数的显著性检验。前者采用 F 检验法，后者采用 t 检验法。对于一元线性回归来讲，因为自变量只有一个，所以上述两种检验是等价的。

由于 F 检验是建立在方差分析基础上的，因此，下面首先介绍关于回归的方差分析。

（1）方差分析。

设 $(X_1, Y_1), (X_2, Y_2), \cdots, (X_n, Y_n)$ 是一个容量为 n 的样本，根据样本得到的回归方程为 $\hat{Y}=\hat{a}+\hat{b}X$，对应于 $X_i(i=1, 2, \cdots, n)$ 的回归估计值可记为 $\hat{Y}_i=\hat{a}+\hat{b}X_i$，样本观察值与样本均值的总离差（$Y_i-\overline{Y}$）可以分解为两部分，即

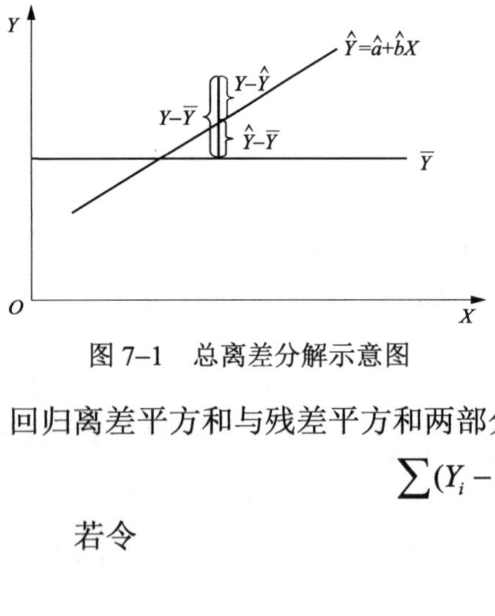

图 7–1 总离差分解示意图

$$Y_i-\overline{Y}=(\hat{Y}_i-\overline{Y})+(Y_i-\hat{Y}_i) \tag{7–10}$$

式中，$(\hat{Y}_i-\overline{Y})$ 是由回归方程决定的，称为回归离差，而 $(Y_i-\hat{Y}_i)$ 是由随机因素造成的，称为残差。如图 7–1 所示，给出了总离差分解示意图。

可以证明，总离差 $(Y_i-\overline{Y})$ 的平方和同样可以分解为回归离差平方和与残差平方和两部分，即

$$\sum(Y_i-\overline{Y})^2=\sum(\hat{Y}_i-\overline{Y})^2+\sum(Y_i-\hat{Y}_i)^2 \tag{7–11}$$

若令

$$SST=\sum(Y_i-\overline{Y})^2$$

$$SSR=\sum(\hat{Y}_i-\overline{Y})^2$$

$$SSE=\sum(Y_i-\hat{Y}_i)^2$$

则有

$$SST=SSR+SSE \tag{7–12}$$

式（7–12）中，SST 代表总离差平方和，SSR 代表回归平方和，SSE 代表残差平方和。显然，回归直线拟合的程度越好，SSR 在 SST 中所占的比重越大，在统计学上将这一比值定

义为判定系数，记为r^2，即

$$r^2=\frac{SSR}{SST}=\frac{\sum(\hat{Y}_i-\overline{Y})^2}{\sum(Y_i-\overline{Y})^2} \tag{7-13}$$

判定系数 r^2是测定回归直线拟合度的又一重要指标。如果所有散点都落在直线上，SSE为零，$r^2=1$，说明总离差可以全部由回归直线来解释；若变量X与变量Y完全无关，回归直线就不能解释任何离差，此时$r^2=0$。因此r^2的取值范围是$[0, 1]$，r^2越接近1，表明回归离差平方和占总离差平方和的比例越大，由回归直线来解释的那部分离差越多，回归直线离观测值也越近，回归直线的拟合度越好。

【例7–3】计算**【例7–1】**中得到的回归方程的判定系数r^2。

解：将表7–3的计算结果代入公式（7–13）中可以得到r^2，即

$$r^2=1-\frac{SSE}{SST}=1-\frac{\sum(Y_i-\hat{Y}_i)^2}{\sum(Y_i-\overline{Y})^2}=1-\frac{6.53}{1300.83}=0.99$$

（2）F检验法。

对回归方程线性关系的显著性检验，通常采用F检验法，其目的是检验自变量与所有因变量之间的线性关系是否显著。具体步骤如下：

1）提出原假设

$$H_0:b=0;\ H_1:b\neq 0$$

2）构造检验统计量。

$$F=\frac{SSR/1}{SSE/(n-2)} \tag{7-14}$$

可以证明，当H_0成立时$F\sim F_\alpha$（1，n–2）

3）确定显著性水平α，并根据自由度（1，n–2），查F分布表，得到相应的临界值F_α（1，n–2）。

4）得出检验结果

当$F>F_\alpha$（1，n–2）时，拒绝原假设H_0，说明变量之间的线性关系显著；反之，当$F\leqslant F_\alpha$（1，n–2）时，则接受原假设H_0，说明变量之间的线性关系不显著。

【例7–4】根据**【例7–1】**中得到的回归方程，对变量之间的线性关系进行显著性检验。

解：首先建立原假设

$$H_0:b=0;\ H_1:b\neq 0$$

计算检验统计量F

$$F=\frac{SSR/1}{SSE/(n-2)}=\frac{1294.3/1}{6.53/4}=792.83$$

取显著性水平$\alpha=0.05$，根据自由度(1, 4)，查F分布表，得到相应的临界值$F_{0.05}(1, 4)=7.71$。由于$F=792.83>F_{0.05}(1, 4)=7.71$，故拒绝$H_0$，说明变量之间的线性关系是显著的。

（3）t检验法。

对回归方程中各系数的显著性检验，可以采用t检验法，一般只需要检验自变量的系数，常数项不需检验。具体步骤如下：

1）提出原假设。

$$H_0:b=0;\ H_1:b\neq0$$

2）构造检验统计量。

$$t=\frac{b}{\sqrt{S_e^2/\sum(X_i-\bar{X})^2}} \tag{7–15}$$

可以证明，当 H_0 成立时 $t\sim t_{\alpha/2}(n-2)$。

3）确定显著性水平，并根据自由度$(n-2)$，查 t 分布表，得到相应的临界值 $t_{\alpha/2}(n-2)$。

4）得出检验结果。

若 $|t|>t_{\alpha/2}(n-2)$，拒绝 H_0，表明自变量 X 与因变量 Y 之间存在显著的线性关系。反之，若 $|t|\leqslant t_{\alpha/2}(n-2)$，则接受 H_0，表明自变量 X 对因变量 Y 的线性影响是不显著的，两者之间不存在线性关系。

【例 7–5】对【例 7–1】中得到的回归方程的系数进行显著性检验。

解：建立原假设

$$H_0:b=0;\ H_1:b\neq0$$

计算检验统计量 t

$$t=\frac{\hat{b}}{\sqrt{S_e^2/\sum(X_i-\bar{X})^2}}=\frac{8.6}{\sqrt{1.28^2/17.5}}=\frac{8.6}{0.306}=28.1$$

取显著性水平 $\alpha=0.05$，根据自由度 4，查 t 分布表，得到相应的临界值 $t_{\alpha/2}(4)=2.776$，由于 $t=28.1>t_{0.05/2}(4)=2.776$，故拒绝原假设，说明回归系数是显著的，即掺量对强度的影响是显著的。

（4）相关系数检验法。

在本章概述中已经提到，相关分析与回归分析是研究相关关系的两种方法，事实上，两者之间有着紧密的联系。相关分析的工具是样本相关系数 R。R 的计算公式为

$$R=\frac{\sum(X_i-\bar{X})(Y_i-\bar{Y})}{\sqrt{\sum(X_i-\bar{X})^2}\sqrt{\sum(Y_i-\bar{Y})^2}} \tag{7–16}$$

R 取值的大小反映了 X 与 Y 之间线性相关的程度，可以证明 R 与回归系数 $\hat{b}$ 之间存在下列关系

$$\hat{b}=R\frac{S_Y}{S_X} \tag{7–17}$$

式中，S_Y 和 S_X 分别表示 Y 和 X 的标准差。根据相关系数也可以对回归系数的显著性进行检验。

首先确定显著性水平 α，根据自由度（n–2），可查相关系数临界值表（附录 J），得到临界值 R_a，当$|R|>R_a$时，可拒绝 H_0。可以证明，相关系数检验法与前面两种检验法是等价的。

【例 7–6】计算表 7–1 中变量 X 与 Y 的样本相关系数，并对【例 7–1】中的回归方程进行显著性检验。

解：将原始数据直接代入公式（7–16）或利用下面的简化公式可以直接求出 R 的值

$$R=\frac{\sum(X_i-\bar{X})(Y_i-\bar{Y})}{\sqrt{\sum(X_i-\bar{X})^2}\sqrt{\sum(Y_i-\bar{Y})^2}}=0.995$$

在显著性水平 $\alpha=0.05$ 下，根据自由度 4，查相关系数临界值表（附录 J），得到临界值 $R_{0.05}$=0.811，因为 R=0.995>$R_{0.05}$=0.811，所以同样可以得到变量之间的线性相关关系是显著的结论。

7.2.4 预测

当回归方程通过了显著性检验，并确实具有一定的实际意义时，就可以利用它来进行预测。对于给定的 X 的任意值 X_0，不可能求出相应的精确值 Y_0，只能借助回归方程求出 Y_0 的估计值 $\hat{Y}_0$，即

$$\hat{Y}_0=\hat{a}+\hat{b}X_0$$

并在给定置信度（$1-\alpha$）的基础上，求出 Y_0 的置信区间。可以证明

$$Y_0-\hat{Y}_0\sim N\left(0,\sigma^2\left[1+\frac{1}{n}+\frac{(X_0-\bar{X})^2}{\sum(X_i-\bar{X})^2}\right]\right) \tag{7-18}$$

由于 σ^2 是未知的，可以用估计值 S_e^2 来代替，现在可以构造统计量

$$t=\frac{Y_0-\hat{Y}_0}{S_{ef}}\sim t(n-2) \tag{7-19}$$

在式（7–19）中，S_{ef} 表示预测标准误差的估计值。其计算公式为

$$S_{ef}=S_e\sqrt{1+\frac{1}{n}+\frac{(X_0-\bar{X})^2}{\sum(X_i-\bar{X})^2}} \tag{7-20}$$

若给定置信度为（$1-\alpha$），我们可以得到 Y_0 的置信区间为

$$\hat{Y}_0\pm t_{\alpha/2}(n-2)\times S_{ef}$$

若对任意 X，可以做出两条曲线 $Y_1(X)$ 和 $Y_2(X)$，曲线方程分别是

$$Y_1(X)=\hat{Y}_0-t_{\alpha/2}(n-2)\times S_{ef} \tag{7-21}$$

$$Y_2(X)=\hat{Y}_0+t_{\alpha/2}(n-2)\times S_{ef} \tag{7-22}$$

将式（7–21）和（7–22）两条曲线与回归直线画在同一平面上，结果如图 7–2 所示。我们可以看到置信区间呈中间小、两头大的喇叭形。当 $X=\bar{X}$ 时，置信区间最小，当 X 离 $\bar{X}$ 越远，置信区间越大。当样本容量足够大时，可以利用正态分布近似地确定置信区间，即

$$\hat{Y}\pm U_{\alpha/2}\times S_{ef} \tag{7-23}$$

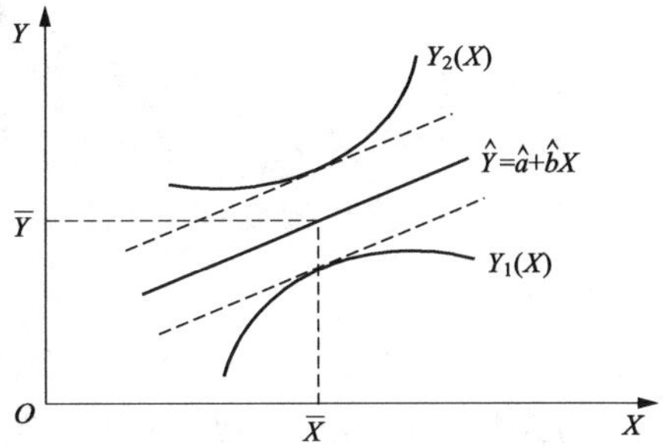

图 7–2 两个字符回归预测的置信区间

式中：$U_{\alpha/2}$ 是置信度为（$1-\alpha$）的标准正态分布的临界值；S_{ef} 是估计标准误差。按式（7–23）确定的置信区间的上下限是与回归直线平行的两条直线。在图 7–2 中用虚线表示。

【例 7–7】对【例 7–1】中的回归直线，求掺量为 7%时置信度为 95%的强度的置信区间。

解：由线性回归方程

$$\hat{Y}=-9.33+8.6X$$

求出 $X=X_0=7$ 时 $\hat{Y}_0$ 的值

$$\hat{Y}_0=-1.933+8.6\times7=58.267$$

在【例 7–1】中已求出 $S_e=1.28$，$\sum(X-\bar{X})^2=17.5$，利用公式（7–20）可以求出

$$S_{ef}=1.28\times\sqrt{1+\frac{1}{6}+\frac{6.25}{17.5}}=1.58$$

根据 $\alpha=0.05$，自由度 4，查 t 分布表，得到 $t_{\alpha/2}(4)=2.776$。

因此，$X_0=7$ 时，$\hat{Y}$ 的置信区间是（58.267–1.58×2.776 4，58.267+1.58×2.776 4），即（53.88，62.65）。

7.3 多元线性回归

7.3.1 多元线性回归模型

前面我们讨论了一个变量对因变量的影响。但实际工作中，因变量往往受到多个独立变量的影响。例如混凝土强度除了受水泥掺量影响之外，还受到环境温度、湿度以及外加剂等因素的影响；工程建设成本除了与工料机单价相关之外，还与工程技术水平、管理水平密切相关。这时，就要用到多元回归的方法。如果只研究自变量对因变量的线性影响，就是多元线性回归分析。多元线性回归分析的原理与一元线性回归相同，但计算比较复杂，一般要借助计算机来完成。

多元线性回归模型的一般形式是

$$\begin{cases}Y=a+b_1X_1+b_2X_2+\cdots+b_pX_p+\varepsilon\\ \varepsilon\sim N(0,\sigma^2)\end{cases}\qquad(7–24)$$

其中，$X_1,X_2,\cdots,X_p$ 为自变量，$b_1,b_2,\cdots,b_p$ 为偏回归系数，系数 $b_i(i=1,2,\cdots,p)$ 表示在其他变量不变的情况下，自变量 X_i 变动一个单位时引起因变量 Y 的平均变动数量。

多元线性回归中最简单的形式就是二元线性回归，即因变量对应两个自变量的情形。二元线性回归模型可以表示为

$$\begin{cases}Y=a+b_1X_1+b_2X_2+\varepsilon\\ \varepsilon\sim N(0,\sigma^2)\end{cases}\qquad(7–25)$$

其中，自变量 X_1,X_2 是普通变量，因变量 Y 是随机变量，a,b_1,b_2,ε 是未知参数。二元线性回归的目的就是根据样本数据求出未知参数的估计值 $\hat{a},\hat{b}_1,\hat{b}_2$，并获得回归方程

$$\hat{Y}=\hat{a}+\hat{b}_1X_1+\hat{b}_2X_2\qquad(7–26)$$

方程（7–26）在几何上为三维空间的一个平面。

7.3.2 多元线性回归模型的参数估计

多元线性回归模型中偏回归系数的估计同样采用最小二乘法。令 Q 为残差平方和，当 Q 为最小时可以得到参数的估计值 $\hat{a},\hat{b}_1,\hat{b}_2,\cdots,\hat{b}_p$。也就是令

$$Q=\sum_{i=1}^{n}(Y_i-\hat{Y}_i)^2$$

Q是$\hat{a},\hat{b}_1,\hat{b}_2,\cdots,\hat{b}_p$的函数，根据微积分求极值的原理，$Q$达到最小值时，$Q$对$\hat{a},\hat{b}_1,\hat{b}_2,\cdots,\hat{b}_p$的偏导数都等于零，即

$$\frac{\partial Q}{\partial \hat{a}}=0,\frac{\partial Q}{\partial \hat{b}_1}=0,\frac{\partial Q}{\partial \hat{b}_2}=0,\cdots,\frac{\partial Q}{\partial \hat{b}_p}=0$$

为此，解方程组

$$\frac{\partial Q}{\partial \hat{a}}=-2\sum[Y-(\hat{a}+\hat{b}_1X_1+\hat{b}_2X_2+\cdots+\hat{b}_pX_p)]=0$$

$$\frac{\partial Q}{\partial \hat{b}_1}=-2\sum[Y-(\hat{a}+\hat{b}_1X_1+\hat{b}_2X_2+\cdots+\hat{b}_pX_p)]X_1=0$$

$$\frac{\partial Q}{\partial \hat{b}_2}=-2\sum[Y-(\hat{a}+\hat{b}_1X_1+\hat{b}_2X_2+\cdots+\hat{b}_pX_p)]X_2=0$$

……

$$\frac{\partial Q}{\partial \hat{b}_p}=-2\sum[Y-(\hat{a}+\hat{b}_1X_1+\hat{b}_2X_2+\cdots+\hat{b}_pX_p)]X_p=0$$

上述方程组经整理后得到

$$\hat{a}=\overline{Y}-\hat{b}_1\overline{X}_1-\hat{b}_2\overline{X}_2-\cdots-\hat{b}_p\overline{X}_p \tag{7–27}$$

以及一个p元一次方程组，用矩阵形式表示为

$$\begin{bmatrix} l_{11} & l_{21} & \cdots & l_{p1} \\ l_{12} & l_{22} & \cdots & l_{p2} \\ \vdots & \vdots & \ddots & \vdots \\ l_{1p} & l_{2p} & \cdots & l_{pp} \end{bmatrix}\begin{bmatrix} \hat{b}_1 \\ \hat{b}_2 \\ \vdots \\ \hat{b}_p \end{bmatrix}=\begin{bmatrix} l_{1y} \\ l_{2y} \\ \vdots \\ l_{py} \end{bmatrix} \tag{7–28}$$

其中$l_{ij}=l_{ji}=\sum_{i=1}^{n}(X_{it}-\overline{X}_i)(X_{jt}-\overline{X}_j), i, j=1, 2, \cdots, p$

$$l_{iy}=\sum_{i=1}^{n}(X_{it}-\overline{X}_i)(Y_t-\overline{Y}), i=1, 2, \cdots, p$$

解方程组（7–28），可以得到$\hat{b}_1,\hat{b}_2,\cdots,\hat{b}_p$，将$\hat{a},\hat{b}_1,\hat{b}_2,\cdots,\hat{b}_p$代入式（7–27），可以求出$Y$关于$X_1,X_2,\cdots,X_p$的线性回归方程。

当$p=2$时，可以得到形如式（7–26）的二元回归方程。由于多元线性回归计算比较复杂，我们可以借助计算机来求解。

7.3.3 多元回归方程的显著性检验

（1）估计标准误差。

多元线性回归模型中误差项的方差σ^2同样可以用残差平方和除以自由度来估计。计算公式为

$$S_e^2=\frac{\sum(Y_i-\hat{Y}_i)^2}{n-p-1} \tag{7–29}$$

式中：n是样本容量；p是自变量的个数；自由度为$n-p-1$；S_e称为估计标准误差，它代表观测值Y_i与估计值$\hat{Y}_i$的平均离差，计算公式为

$$S_e=\sqrt{\frac{\sum(Y_i-\hat{Y}_i)^2}{n-p-1}} \tag{7–30}$$

估计标准误差越小，说明回归方程的代表性越好。

（2）相关系数。

对多元线性回归方程来说，总离差平方和（SST）同样可以分解为回归离差平方和（SSR）与残差平方和（SSE）两部分，即

$$\sum(Y_i-\overline{Y})^2=\sum(\hat{Y}_i-\overline{Y})^2+\sum(Y_i-\hat{Y}_i)^2 \tag{7–31}$$

$$SST=SSR+SSE \tag{7–32}$$

根据分解式可以定义样本的复判定系数，即

$$r^2=\frac{SSR}{SST}=\frac{\sum(\hat{Y}_i-\overline{Y})^2}{\sum(Y_i-\overline{Y})^2} \tag{7–33}$$

r^2反映了回归方程对总体线性相关关系的拟合度；r^2的值越大，说明回归方程的拟合度越好。r^2的取值范围是 [0, 1]，r称为复相关系数。

在多元回归分析中，r^2的取值与变量的个数有关，随着变量的增多，r^2有变大的趋势，因此有必要对r^2进行调整，具体方法为

$$\overline{r}^2=1-\frac{n-1}{n-p-1}\times(1-r^2) \tag{7–34}$$

$\overline{r}^2$称为调整后的复判定系数。由式（7–34）可以看出，$\overline{r}^2\leqslant r^2$，$p$越大，$\overline{r}^2$就越小。$\overline{r}^2$作为拟合度的评价指标比$r^2$更合适。

（3）回归方程的显著性检验。

回归方程的显著性检验是为了检验因变量与所有自变量之间是否存在显著的线性关系，同样可以采用F检验法。具体步骤为

1）提出原假设。

$H_0:b_1=b_2=\cdots=b_p=0$；$H_1:b_1$，b_2，…，b_p不全为零。

2）构造检验统计量。

$$F=\frac{SSR/p}{SSE/(n-p-1)}$$

可以证明，当H_0成立时

$$F\sim F_\alpha(p,n-p-1)$$

3）确定显著性水平，并根据自由度（$p,n-p-1$）查F分布表，得到相应的临界值$F_\alpha(p,n-p-1)$。

4）得出检验结果。

当$F>F_\alpha(p,n-p-1)$时，拒绝原假设H_0；当$F\leqslant F_\alpha(p,n-p-1)$，则接受原假设$H_0$，说明因变量与自变量的线性关系不显著。

（4）回归系数的显著性检验。

回归方程的线性关系经过检验后，还要对回归系数的显著性进行检验，以便判断哪些自变量对因变量的影响是显著的，哪些是不显著的。

多元回归方程系数的检验同样采用 t 检验法，其原理和步骤与一元线性回归相同。下面只给出统计量 t 的计算公式

$$t_{\hat{b}_j}=\frac{\hat{b}_j}{S_{\hat{b}_j}},(j=1,2,\cdots,p) \qquad (7\text{–}35)$$

式中：$\hat{b}_j$ 是回归系数；$S_{\hat{b}_j}$ 是标准差的估计值。

7.4 使用哑变量的回归

7.4.1 哑变量的概念

在前面的回归模型中，自变量和因变量均为数字变量。然而，自变量和因变量也都可能是一种定性变量，其特点是具有固定的类型（或取值）。比如，性别包括男性和女性；态度包括喜欢和不喜欢；评分包括合格和不合格等。上述变量都包含两种类型，因此我们可以引入一个 0～1 变量来表示，这种变量称为哑变量。例如，用 0 代表男性，用 1 代表女性，这样，定性变量就转换成了数字变量。

当定性变量包含的类型多于两类，例如季节包括春、夏、秋、冬；学历包括高中、大学、研究生；产品等级包括一级、二级、三级等。在这种情况下可以用多个哑变量来表示，哑变量的个数应比分类数少 1。例如，按季度统计的数据，若考虑季节变动的影响，可以引入 3 个哑变量 S_1、S_2 和 S_3，其中：$S_1=1$ 代表春季，$S_1=0$ 代表其他；$S_2=1$ 代表夏季，$S_2=0$ 代表其他；$S_3=1$ 代表秋季，$S_3=0$ 代表其他；显然当 $S_1=S_2=S_3=0$ 时代表冬季。

哑变量既可以作为自变量也可以作为因变量，下面仅讨论哑变量作为自变量的情形。

7.4.2 哑变量的应用

哑变量可以以很多方式被应用，下面通过一个实例来说明哑变量在季节变动分析中的应用。

【例 7–8】已知某土木设备公司在十年中的混凝土养护设备各季销售额（单位：百万元）和同期国民收入（单位：10 亿元），见表 7–4，试建立销售额与国民收入之间的回归模型，在考虑季节性影响的情况下，完善该模型。

表 7–4　　销售额和企业销售额数据表

年份序号	季度	收入	销售额
1	1	109	37.0
	2	115	33.5
	3	113	30.8
	4	116	37.9
2	1	118	37.4
	2	120	31.6
	3	122	34.0
	4	124	38.1

续表

年份序号	季度	收入	销售额
3	1	126	40.0
	2	128	35.0
	3	130	34.9
	4	132	40.2
4	1	133	41.9
	2	135	34.7
	3	138	38.8
	4	140	43.7
5	1	143	44.2
	2	147	40.4
	3	148	38.4
	4	151	45.4
6	1	153	44.9
	2	156	41.6
	3	160	44.0
	4	163	48.1
7	1	166	49.7
	2	171	43.9
	3	174	41.6
	4	175	51.0
8	1	180	52.0
	2	184	46.2
	3	187	47.1
	4	189	52.7
9	1	191	52.2
	2	193	47.0
	3	194	47.8
	4	196	52.8
10	1	199	54.1
	2	201	49.5
	3	202	49.5
	4	204	54.3

解：建立一元线性回归模型：

$$Y = a + bX + \varepsilon$$

这里，Y 表示销售额，X 表示国民收入。利用 Excel 的回归分析工具（详见第 11 章）得到回归结果，见表 7–5。

表 7–5　销售额对国民收入的回归结果

	系数	标准误差	t
常数	12.392	2.539	4.880
个人收入（X）	0.198	0.016	12.351
R^2=0.800 6　S=3.019			

虽然 R^2=0.800 6 是较好的，但是从残差图（图 7–3）中可以发现残差依赖于季节。对所有年份来说，第一和第四季的残差都为正，第二和第三季的残差都为负，由于混凝土养护是受季节影响的，由此可以猜想，上述模型中可能忽视了季节的影响，残差图的形式表明了存在着两个销售季节。第二和第三季对应暖和季节，第一和第四季对应寒冷季节。

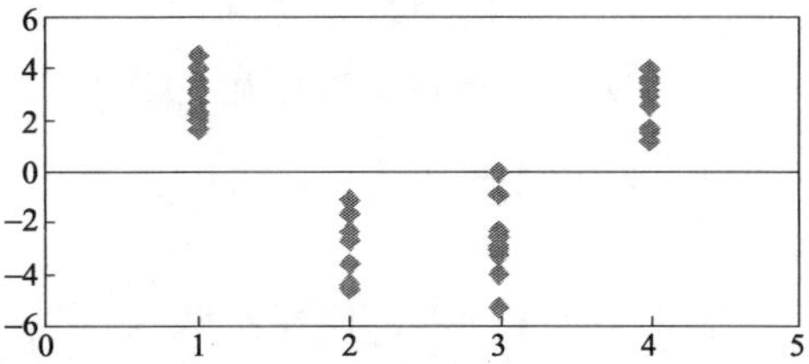

图 7–3　销售额对季度国民收入的残差值

下面增加一个哑变量 S，回归模型变为

$$Y = a + bX + cS + \varepsilon$$

这里，S 是 0～1 变量，对应于第一和第四季的 S 取值为 1；对应于第二和第三季的 S 取值为 0。回归结果见表 7–6。

表 7–6　销售额对国民收入的回归结果

	系数	标准误差	t
常数	9.540	0.975	9.786
个人收入（X）	0.199	0.006	32.914
季节（S）	5.464	0.036	15.192
R^2=0.972　S=1.137			

从回归结果中可以看出，由于引入季节变量，使模型的精度提高了，从残差图（图 7–4）中可以看出，季节对销售额残差的影响已经消除。

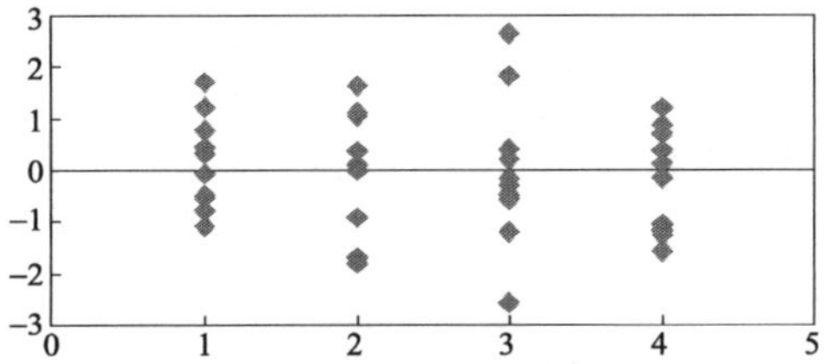

图 7–4　模型改进后销售额对季度国民收入的残差值

7.5 非线性回归

在观察散点图时，有时会发现，点的分布并没有呈直线趋势，用直线去拟合并非最好，甚至是没有意义的。此时，可以考虑用曲线来拟合散点图。用曲线去拟合一组样本点的统计

方法，称为非线性回归。处理非线性回归的基本方法是将非线性问题转化为线性问题处理。

非线性回归的关键问题是选择适当的曲线形式。在实际工作中，可供选择的曲线函数类型很多，如指数函数、双曲线函数和抛物线函数等。在选择曲线时，有这样的一些参考原则：当 y 的值随 x 的值增加而成比例地增加或减少时，显然宜选择直线；当 y 的值随 x 的值逐渐增加而越来越急剧地增大时，宜选用指数曲线；若 y 的值的增量，随 x 的值的增大而逐渐减少时，则宜选用对数曲线或双曲线；若 y 的值随 x 的值增大而增大，而增大的速度与 x 增加值成正比，则宜选用幂函数曲线。

化非线性问题为线性问题的方法是变量代换。不同非线性函数可采用不同代换形式。

（1）双曲线函数 $\frac{1}{y}=a+\frac{b}{x}$。

令 $y'=\frac{1}{y}, x'=\frac{1}{x}$，作变量代换即得到线性方程 $y'=a+bx'$。

（2）幂函数 $y=ax^b$。

两边取对数，得到 $\lg y=\lg a+b\lg x$，令 $y'=\lg y, x'=\lg x, a'=\lg a$，作代换后得到线性方程 $y'=a'+bx'$。

（3）指数函数 $y=a\mathrm{e}^{bx}$。

两边取对数，得到 $\ln y=\ln a+bx$，令 $y'=\ln y, a'=\ln a$，作代换后得到线性方程 $y'=a'+bx$。

（4）指数函数 $y=a\mathrm{e}^{\frac{b}{x}}$。

两边取对数，得到 $\ln y=\ln a+b\frac{1}{x}$，令 $y'=\ln y, a'=\ln a, x'=\frac{1}{x}$，作代换后得到线性方程 $y'=a'+bx'$。

（5）对数函数 $y=a+b\lg x$。

令 $x'=\lg x$，得线性方程 $y=a+bx'$

（6）S 型函数 $y=\frac{1}{a+b\mathrm{e}^{-x}}$。

原方程变形为 $\frac{1}{y}=a+b\mathrm{e}^{-x}$，令 $y'=\frac{1}{y}, x'=\mathrm{e}^{-x}$，代入变换后的方程，得到线性方程 $y'=a+bx'$。

把非线性的问题线性化后，接下来的问题是求出线性回归方程（包括显著性检验）及线性回归方程的估计标准误差、相关系数。要注意的是，计算中用到的数据，是作了变量代换后的数据，而不是原始数据。

【例 7–9】对某矿脉中 13 个相邻样本点的某种伴生金属含量进行了测定，得样本数据见表 7–7。试找出某种伴生金属含量和矿样点距离的关系。

表 7–7　样本点距离及伴生金属含量测定数据

矿样点	距离 x	含量 y	矿样点	距离 x	含量 y
1	2	106.42	3	4	109.58
2	3	108.20	4	5	109.50

续表

矿样点	距离 x	含量 y	矿样点	距离 x	含量 y
5	7	110.00	10	15	110.90
6	8	109.93	11	16	110.76
7	10	110.49	12	18	110.00
8	11	110.59	13	19	111.20
9	14	110.60			

解：先作出 13 对样本数据的散点图，如图 7–5 所示，从图中看到，伴生金属含量的增加量随着距离的增加而减少。我们可以考虑用对数曲线或双曲线来匹配这些样本点。下面分别讨论这两种曲线拟合的效果。

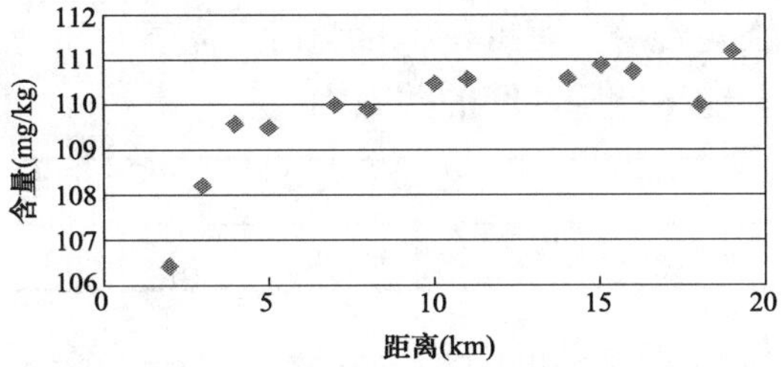

图 7–5 金属含量 y 与距离 x 的散点图

（1）用对数函数 $y=a+b\lg x$ 拟合。

令 $x'=\lg x$ 代入，得线性方程 $y=a+bx'$。为了决定系数 a 和 b，先将距离 x_i 变为 x_i'，再利用公式（7–5）及公式（7–6）求得 a 和 b。a=106.50，b=3.66。

伴生金属含量 y 与距离 x 间的关系为 $y=106.50+3.66\lg x$。

按公式（7–16）计算回归方程的相关系数 R=0.895。由 $\alpha=0.05$，自由度（13–2）等于 11，查相关系数临界值表（附录 J），临界值 $R_{0.05}$=0.553。$R>R_{0.05}$，所以该回归方程有意义。

按公式（7–9）求出回归方程的估计标准值误差 S_e

$$S_e=\sqrt{\frac{3.967\,3}{11}}=0.6$$

（2）用双曲线函数 $\frac{1}{y}=a+\frac{b}{x}$ 拟合。

令 $y'=\frac{1}{y}, x'=\frac{1}{x}$，代入后得线性方程 $y'=a+bx'$。

将数据变换后，按公式（7–5）及（7–6）计算系数 a 和 b，得 $a=8.979\times10^{-3}$，$b=7.9\times10^{-4}$。得到伴生金属含量 y 与距离 x 间的回归方程为 $\frac{1}{y}=8.979\times10^{-3}+\frac{7.9\times10^{-4}}{x}$。

按公式（7–16）求出相关系数 R=0.967，而 $R_{0.05}$=0.553，由于 $R>R_{0.05}$，故方程有意义。按公式（7–9）求得方程的估计标准误差 S_e=0.35。

从上面的计算看出，用这两种曲线都可以拟合这一组样本点，但是比较起来，用双曲线拟合效果更好，相关性更强，方程的精度更佳。

思考与练习题

（1）总离差平方和、回归平方和、残差平方和的自由度求解方法。

（2）在一元线形回归中，已知总离差平方和为 17.153，残差平方和为 1.621，写出回归方程判断系数的表达式，计算回归方程的判断系数。

（3）路基基层水泥稳定土中，水泥的掺量 X 与基层的强度增加 Y 的资料如下

X（%）	1	2	3	4	5	6
Y	5	17	24	33	41	49

求：Y 对 X 的线性回归方程，并验证其显著性。

（4）某工地试验室，在对混凝土强度进行试验时，先要对压力传感器进行率定，率定时压力传感器所承受的压力与输出电压之间的关系为：

压力（kN）y	1	2	3	4
电压（V）x	0.5	0.98	1.52	2.01

试用回归分析法求出该传感器输出电压与所承受压力之间的关系，并推测如果输出电压 x_0=2.2 V 时，此时试件承受的压力是多少？

（5）在三个月的技能培训后，为了研究培训成绩与生产力的关系，任选 6 名生产人员，测定他们的生产力，得到 6 对记录，见下表。

人　员	培训成绩（X）	生产力（Y）
1	9	23
2	17	35
3	20	29
4	19	33
5	20	43
6	23	32

试：1）求培训成绩与预测生产力的直线方程；2）求培训成绩为 16 的人员的预期的生产力；3）求用生产力预测应达到的培训成绩的回归直线；4）求 3）中所得回归方程的相关系数。

（6）七个企业的相关资料（单位：万元）见下表：

企业编号	1	2	3	4	5	6	7
生产性固定资产价值	320	200	400	420	500	320	910
总产值	520	640	820	900	930	610	1120

试求：1）建立总产值与因变量生产性固定资产价值的回归模型；2）估计生产性固定资产价值为 1200 万元时，总产值为多少？

（7）某企业产品产量与单位成本资料如下：

月　份	1	2	3	4	5	6
产量（千件）	2	2.5	3	5	4	4
单位成本（元/件）	75	73	72	68	69	70

试求：1）建立回归模型，并指出产量每增加 2000 件，单位成本平均下降多少？2）假设产量为 8000 件，单位成本为多少？

8 时间序列分析

时间序列分析是一种应用广泛的数据分析方法，主要应用于描述和探索数据随着时间变化的规律。最早的时间序列分析方法源于7000年前的古埃及，当时古埃及人通过记录尼罗河涨落情况以了解尼罗河泛滥规律，为农业生产提供借鉴。诸如古埃及人做法，将随机事件变化发展的过程按照时间的顺序记录下来就形成一个时间序列。时间序列分析就是通过对时间序列的观察、分析和研究，探索序列变化发展的规律，以预测将来的变化趋势。

8.1 时间序列概述

8.1.1 时间序列

时间序列是指按照一定时间顺序对同一现象进行相继观察并将记录下来的数据排列成的序列。在工程领域，为了研究某事物在不同时间的发展状况，需要对事物的变化情况作跟踪观测，记录反映某种事物随时间推移而变化的统计数据。通常，一个时间序列具有两个基本要素：其一为研究现象所属的时间范围；二是反映该现象一定时间条件下数量特征的数值。时间序列的一般形式见表8–1。

表8–1　时间序列一般形式

时间顺序	t_0	t_1	t_2	…	t_{n-1}	t_n
指标数值	a_0	a_1	a_2	…	a_{n-1}	a_n

西部某市2013年不同行业的企业景气指数时间序列见表8–2，分为四个季度。

表8–2　西部某市2013年不同行业企业景气指数

行业分类	企业景气指数			
	一季度	二季度	三季度	四季度
工业	133.5	132.7	133.5	127.3
建筑业	144.1	129.7	131.8	131.3
交通运输	119.1	128.7	117.4	104.3
批发和零售业	108.1	115.3	109.2	106.2
房地产业	120.0	113.0	120.0	101.7
社会服务业	145.0	145.8	135.8	107.5
计算机软件业	144.0	122.0	136.0	118.0
住宿和餐饮业	96.3	88.8	86.9	60.0

注：数据来源于《某市统计年鉴2014》。

按照排列指标的性质不同，时间序列通常可分为绝对时间序列、相对时间序列和平均时间序列三种。其中绝对时间序列是基本序列，相对时间序列和平均时间序列是派生序列。

（1）绝对时间序列。绝对时间序列是把同类总量指标数值按照时间先后顺序排列起来形成的序列。反映现象在各个时期达到的绝对水平。绝对时间序列又可以分为时期数列和时点数列。由于两者的指标反映的时间状态不同，因此具有不同的特点。时期数列的各个指标具有可加性，指标值大小和时期的长短有关（例如，房地产价格指数）；而时点数列的各指标不具有可加性，指标值大小与时间间隔长短无直接关系（例如，总建筑面积）。

（2）相对时间序列。相对时间序列是把同类相对指标数值按照时间先后顺序排列起来形成的序列。反映现象之间相互关系的发展过程。由于相对时间序列是由绝对时间序列派生的，因此，构成相对指标的分子、分母可以是时期指标，也可以是时点指标。相对时间序列不具有可加性。

（3）平均时间序列。平均时间序列是把同类平均指标数值按照时间先后顺序排列起来形成的序列。反映社会经济现象总体一般水平的发展变动趋势。

8.1.2 时间序列编制原则

为了使编制的时间序列能够正确地反映研究对象的发展变化过程和规律性，保证序列的每个指标具有可比性，在时间序列编制过程中需要遵循以下原则：

（1）同一时间序列，时间长短应当统一。时期数列应保证各指标数值所属的时间长短一致。对于时点数列，要求时点间隔期尽可能相同。

（2）总体范围应当一致。指标值的大小与现象所属空间范围有直接关系，当总体范围发生了变化（例如，土地利用面积变化），应对前后时期各指标进行适当的调整。

（3）现象内容应当一致。对于指标名称相同，而前后时期的现象内容不一致的指标也需进行调整。

（4）计算方法、计算价格和计量单位要一致。

8.1.3 时间序列水平指标

时间序列分析中经常要计算水平指标和速度指标两大类指标，其中，水平指标主要包括发展水平、平均发展水平、增长量和平均增长量。

（1）发展水平。

发展水平指时间序列中各指标的数值。说明现象在各个时期或时点上所达到的规模和水平。

发展水平可以是总量指标，如工业总投资；也可以是平均指标或相对指标，如工程建设强度。时间序列中第一个指标值称为最初水平，最后一个指标值称为最末水平，其余各个指标值称为中间水平。在对比不同时间的发展水平时，将所研究的时间的发展水平称为报告期水平，用来作为比较的时间的发展水平称为基期水平。

若发展水平用 $a_0, a_1, a_2, \cdots, a_{n-1}, a_n$ 表示，则 a_0 是最初水平，a_n 是最末水平，$a_1, a_2, \cdots, a_{n-1}$ 是中间水平。如果对比 a_n 与 a_0 两个水平，那么 a_n 为报告期水平，a_0 为基期水平。

（2）平均发展水平。

时间序列中各指标的平均值称为平均发展水平，又称为时序平均数。它反映了现象在一段时间内达到的一般发展水平。

计算时期数列的平均发展水平可以采用简单算术平均法，计算公式为

$$\bar{a}=\frac{\sum_{i=1}^{n}a_i}{n} \tag{8-1}$$

式中：$\bar{a}$ 表示平均发展水平；a_i 表示各期发展水平（$i=1,2,\cdots,n$）；n 表示时期数。

计算时点数列的平均发展水平，可以分为两种情况：连续时点数列和间断时点数列。当连续时点数列的间隔相等时，可以采用简单算术平均法计算。例如，要计算企业某月平均职工人数时，在已知该月每天职工人数的基础上，可将每天职工人数的算术平均数作为该月平均职工人数。当连续时点数列的间隔不等时，可以用每次变动的间隔长度作为权数计算，公式如下

$$\bar{a}=\frac{\sum af}{\sum f} \tag{8-2}$$

例如某企业 1 月 1 日至 1 月 10 日职工人数为 120 人，1 月 11 日至 1 月 31 为 130 人，则该企业 1 月份平均人数为

$$\bar{a}=\frac{\sum af}{\sum f}=\frac{120\times10+130\times21}{31}$$

在间断时点数列中也有间隔相等和不相等之分，当间隔不相等时，则有

$$\bar{a}=\frac{\left(\frac{a_1+a_2}{2}\right)f_1+\left(\frac{a_2+a_3}{2}\right)f_2+\cdots+\left(\frac{a_{n-1}+a_n}{2}\right)f_{n-1}}{f_1+f_2+\cdots+f_{n-1}} \tag{8-3}$$

其中 f_i（$i=1,2,\cdots,n-1$）代表间隔长度。

当间隔相等时，则有

$$\bar{a}=\frac{\frac{a_1}{2}+a_1+\cdots+a_{n-1}+\frac{a_n}{2}}{n-1} \tag{8-4}$$

（3）增长量。

增长量是指时间序列中两个不同时期发展水平之差。增长量为正，表示增加；增长量为负，表示减少。增长量可以分为逐期增长量、累积增长量和年距增长量，计算如下：

逐期增长量=报告期水平–前期水平

累积增长量=报告期水平–固定期水平

年距增长量=本期发展水平–上年同期发展水平

显然，逐期增长量之和等于相应时期的累积增长量。因为

$$(a_1-a_0)+(a_2-a_1)+\cdots+(a_n-a_{n-1})=a_n-a_0 \tag{8-5}$$

年距增长量可以消除季节变动的影响，在实际工作中经常计算该指标。

（4）平均增长量。

平均增长量是指逐期增长量的时序平均数。它说明了现象在一段时间内平均每期的增减量，计算公式为

$$平均增长量=(a_n-a_0)/n \tag{8-6}$$

8.1.4 时间序列速度指标

时间序列分析中的速度指标主要包括发展速度、增长速度、平均发展速度和平均增长速度。

（1）发展速度。发展速度是表明现象发展程度的相对指标，它是两个不同时期的发展水平对比的结果。计算公式为

$$\text{发展速度}=\text{报告期水平}/\text{基期水平} \tag{8-7}$$

由于采用不同的基期，发展速度可以分为环比发展速度和定基发展速度。环比发展速度是报告期水平同前一期水平之比，反映了现象逐期发展变动的程度。环比发展速度可以表示为

$$\frac{a_1}{a_0},\frac{a_2}{a_1},\cdots,\frac{a_i}{a_{i-1}},\cdots,\frac{a_n}{a_{n-1}}$$

定基发展速度是报告期水平同某一固定基期水平之比，表明现象在较长时期内总的发展变动程度。定基发展速度可以表示为

$$\frac{a_1}{a_0},\frac{a_2}{a_0},\cdots,\frac{a_i}{a_0},\cdots,\frac{a_n}{a_0}$$

（2）增长速度。增长速度是表明现象增长程度的相对指标，它是增长量与基期水平对比的结果。根据采用的基期不同，增长速度可以分为环比增长速度和定基增长速度。计算公式为

$$\text{增长速度}=\text{增长量}/\text{基期水平}=\text{发展速度}-1 \tag{8-8}$$

$$\text{环比增长速度}=\text{环比发展速度}-1$$

$$\text{定基增长速度}=\text{定基发展速度}-1$$

（3）平均发展速度。平均发展速度是环比发展速度的平均值，表明现象在较长时期内逐年平均发展变化的程度，由于总速度等于各年环比发展速度的乘积，所以平均发展速度的计算公式为

$$\bar{x}=\sqrt[n]{\frac{a_1}{a_0}\times\frac{a_2}{a_1}\times\cdots\times\frac{a_n}{a_{n-1}}}=\sqrt[n]{\frac{a_n}{a_0}} \tag{8-9}$$

（4）平均增长速度。平均增长速度表明现象在较长时期内逐年平均增长的速度，计算公式为

$$\text{平均增长速度}=\text{平均发展速度}-1 \tag{8-10}$$

8.2 时间序列趋势分析

8.2.1 时间序列构成模型

时间序列各指标数值所反映的事物现象的发展变化由众多复杂因素共同作用形成。通常，依据这些因素作用的性质分解为长期趋势、季节变动、循环变动和不规则变动四个部分。

（1）长期趋势。长期趋势（Secular Trend, T）是客观现象在一个相当长的时期内，受某种稳定性因素的影响所呈现出的上升或下降趋势。分析长期趋势，可以掌握事物发展变化的基本特点。例如，房地产价格总体上呈现出逐年增长的趋势，中国人口呈现逐年增长的趋势。

（2）季节变动。季节变动（Seasonal Fluctuation, S）是指客观现象由于受到自然条件或社会条件的影响，在一年内随时间的变化所呈现出的周期性变动。一般以一年为周期，也有以月、周、日为周期的。认识和掌握季节变动，对于行动决策有重要作用。例如，城市雾霾分布的季节变动情况，商品房月销售量的季节变动情况。

（3）循环变动。循环变动（Cyclic Fluctuation, C）是指客观现象持续若干年的周期变动。循环变动不同于长期趋势，它不是单一方向的持续变动，而是有涨有落的交替变动；它也不同于季节变动，因为循环变动的周期有长有短，没有规律。例如，城市温度变化情况，大气中水汽含量变化情况。

（4）不规则变动。不规则变动（Irregular Fluctuation, I）是指由于意外的自然或社会的偶然因素引起的无周期的波动。它除了受以上各种变动的影响以外，还受临时的、偶然的或不明的原因而影响，这种变动一般是非周期性、非趋势性的。一般无法做出解释。例如，年突发性交通事故量的变化情况，城市突发性暴雨的变化情况。

采用加法模型和乘法模型来描述时间序列的构成，用于表明上述四个部分的结合和相互作用。

（1）加法模型。加法模型假设各个构成部分对时间序列的影响是可加的，并且是相互独立的。时间序列Y表示为

$$Y = T + S + C + I \tag{8–11}$$

（2）乘法模型。乘法模型假设各个构成部分之间存在着相互影响的关系，互不独立。时间序列Y表示为

$$Y = T \times S \times C \times I \tag{8–12}$$

在实际分析中，需要根据研究的目的、研究对象的性质及所掌握的资料确定应用哪一种模型进行分析。一般来说，乘法模型比加法模型更加合理，因而运用得更普遍。在加法模型中，四个构成部分的单位都与Y相同；在乘法模型中，T与Y同单位，而S，C，I均以百分比表示。

例如，预测趋势值为800，而S、C、I分别估算为1、0.8和1.2，用乘法模型计算时间序列的预测值为

$$Y = 800 \times 1 \times 0.8 \times 1.2 = 768$$

8.2.2 长期趋势分析

通过对时间序列长期趋势的测定和分析，可加深对现象随时间发展变化趋势的认识，对现象发展做出预测，从时间序列中剔除长期趋势，即可分析其他部分的统计规律。

目前，分析时间序列长期趋势的方法主要包括：时距扩大法、移动平均法和趋势线拟合法等。

（1）时距扩大法。

时距扩大法是指把原来时间序列中的时间间隔扩大，并对原来的指标数据重新组合，使新的时间序列能更好地反映某现象的发展趋势。

运用时距扩大法，应注意时距长短的选择，新的时距最好与现象变化的周期相一致，这样才能更好地反映现象的长期趋势。

【例 8–1】某房地产企业 2011—2014 年度销售额（单位：百万），见表 8–3，采用时距扩大法分析其变化趋势。

表 8–3　某房地产企业 2011—2014 年度销售额　单位：百万

年份	2011				2012				2013				2014			
季度	1	2	3	4	1	2	3	4	1	2	3	4	1	2	3	4
生产量	12	16	11	10	9	15	15	13	19	12	11	17	23	28	15	10

求：2011—2014 年四年的生产量发展趋势。

解：由上表可知，该房地产企业 2011—2014 年销售额由于受到不同因素影响，不同季度存在差异，变化趋势不明显，采用时距扩大法，将上表中的季度数据转化为年度数据，得到新的时间序列，见表 8–4。

表 8–4　　销售额时距扩大法计算结果　　单位：百万

年　份	2011	2012	2013	2014
年生产量	49	52	59	76
季平均生产量	12.25	13	14.75	19

上表中年销售额为各季度销售额的总和，季平均销售额为年销售额的季度平均，显而易见，新的时间序列表明 2011—2014 年四年的销售额呈明显的上升趋势。

（2）移动平均法。

移动平均法是指采用逐项（期）递移的方法将时间序列的时距扩大，并以此计算扩大时距后的时序平均数，形成一个新的时间序列。

该方法具有如下特点：

① 移动平均的项数越多，平均的结果越平滑。

② 当平均的项数为奇数时，只需一次移动平均，平均值作为移动平均项数中中间一期的数值；当平均的项数为偶数时，平均值无法对齐原来的时期，新序列的各项数值将错后半期，可以通过再一次的两项移动平均，使平均值对齐原来的时期。

③ 移动平均后的新序列要比原序列少。

④ 当移动平均的时期长度等于周期长度或其整数倍时，移动平均可以消除周期的波动。比如某时间序列包含以一年为周期的季波动，可以通过四季移动平均加以消除季波动的影响。

【例 8–2】西安市区 2013 年各月日照时数（单位：小时）见表 8–5（1、2 列），采用移动平均法对其进行分析。

表 8–5　　西安市区 2013 年各月日照时数　　单位：小时

月份	日照时数	三项移动平均	四项移动平均	移正平均
一月	171.9			
二月	90.8	156.73	176.03	
三月	207.5	177.40	175.90	175.96
四月	233.9	204.27	217.43	196.66
五月	171.4	220.73	196.38	206.90
六月	256.9	183.87	203.03	199.70
七月	123.3	213.57	202.95	202.99
八月	260.5	184.97	186.58	194.76
九月	171.1	207.67	192.43	189.50
十月	191.4	169.73	168.58	180.50
十一月	146.7	167.73		
十二月	165.1			

解：根据移动平均法计算方法，计算西安市区 2013 年各月日照时数移动三项和四项的移动平均，如下：

三项移动平均

$$(171.9+90.8+207.5)/3=156.73$$
$$(90.8+207.5+233.9)/3=177.40$$

其余各项依此类推，三项移动平均结果见表第 3 列。

四项移动平均

$$(171.9+90.8+207.5+233.9)/4=176.03$$
$$(90.8+207.5+233.9+171.4)/4=175.90$$

其余各项依此类推，四项移动平均结果见表第 4 列。

移正平均

$$(176.03+175.90)/2=175.96$$
$$(175.90+217.43)/2=196.66$$

其余各项依此类推，移正平均结果见表第 5 列。

（3）趋势线拟合法。

趋势线拟合法是指选择一条数学曲线来拟合时间序列的趋势，并根据趋势线方程计算长期趋势值。使用趋势线拟合法首先应画出序列的散点图，然后根据散点图的形状，选择适当的趋势线，建立趋势线方程，最后利用最小二乘法算出方程的参数。

趋势线种类很多，比如直线、抛物线、指数曲线、修正指数曲线、龚柏兹增长曲线等。

1）直线方程。

当时间序列的散点图呈现直线发展趋势时，可采用直线趋势方程来拟合。直线趋势方程的一般公式为

$$\hat{Y}_t = a + bt \tag{8–13}$$

式中，$\hat{Y}_t$ 表示长期趋势值；t 代表时间；a 和 b 为待定参数。

用最小二乘法可以导出参数的计算公式

$$a = \overline{Y} - b\overline{t}$$
$$b = \frac{n\sum tY - \sum t \sum Y}{n\sum t^2 - (\sum t)^2} \tag{8–14}$$

式中，Y 表示时间序列的实际值。

2）二次抛物线方程。

在时间序列中，当各期发展水平的二次增长量（逐期增长量之差）大致相等，可以采用二次抛物线方程来拟合。二次抛物线方程的一般公式为

$$\hat{Y}_t = a + bt + ct^2 \tag{8–15}$$

式中，a，b，c 为待定参数。

用最小二乘法可以导出下列方程组

$$\begin{cases} \sum Y = na + b\sum t + c\sum t^2 \\ \sum tY = a\sum t + b\sum t^2 + c\sum t^3 \\ \sum t^2 Y = a\sum t^2 + b\sum t^3 + c\sum t^4 \end{cases} \tag{8–16}$$

若将时间序列中点设为原点，使$\sum t$和$\sum t^3$为0，上述方程组可以化简为

$$\begin{cases}\sum Y = na + c\sum t^2 \\ \sum tY = b\sum t^2 \\ \sum t^2Y = a\sum t^2 + c\sum t^4\end{cases} \tag{8-17}$$

解（8–17）方程组，可以得到a，b，c三个待定参数，由此得出二次抛物线拟合方程。

3）指数曲线方程。

在时间序列中，当各期环比速度大致相等时，可以拟合指数曲线方程，公式为

$$\hat{Y}_t = ab^t \tag{8-18}$$

同样，只需求出a和b两个参数，即可获得指数曲线方程。

为了得到a和b，可将方程两边取对数，使其变为直线方程

$$\lg \hat{Y}_t = \lg a + t\lg b \tag{8-19}$$

令$Y_t' = \lg \hat{Y}_t$，$A = \lg a$，$B = \lg b$，则上式变为

$$Y_t' = A + Bt$$

运用最小二乘法可以求出A和B，再取反对数，得到a和b。

8.2.3 季节变动分析

季节变动是一种较为普遍的现象，季节变动的原因有自然条件，例如，气候变化导致气温和降雨的变化；也有社会条件，例如，节假日对雾霾的影响等。季节变动不仅指一年中按季度出现的变动，也可以指按月出现的变动，季节变动按照一定的周期进行，而且每个周期变化强度大体一致。分析季节变动就是要计算季节指数。季节指数是各季（或月、旬）平均数与全时期总平均数的比率，它反映了各季（或月、旬）水平比总平均水平高或低的程度。研究季节变动的目的在于了解季节变动的规律，并进行季节预测。

目前，通常采用简单平均法和时间序列模型分解两种方法分析季节变动，其中，前者不考虑长期趋势的影响，后者考虑长期趋势的影响。

（1）简单平均法。

运用简单平均法的前提是时间序列中没有明显的长期趋势和循环变动。对于长期趋势比较明显的时间序列，需要在计算季节指数之前，首先从序列中剔除长期趋势的成分，然后运用平均法计算季节指数。这就是时间序列分解法的基本思想。

【例 8–3】西部某省建筑行业企业家2010—2014年信心指数见表8–6。

表 8–6　　西部某省建筑行业企业家信心指数（2010—2014年）

年份	一季度	二季度	三季度	四季度	合计
2010	122.8	118.8	126.2	123.3	491.1
2011	133.3	121.5	117.9	123.6	496.3
2012	114.8	115.7	108.7	105.2	444.4
2013	111.2	103.1	112.5	110.3	437.1
2014	137.5	141.7	125.8	121.1	526.1
合计	619.6	600.8	591.1	583.5	2395.0

续表

年份	一季度	二季度	三季度	四季度	合计
季节平均数	123.92	120.16	118.22	116.7	119.8
季节指数	103.48%	100.34%	98.72%	97.45%	400.00%

解：采用简单平均法计算建筑行业企业家信心指数步骤如下：

1）计算 2010—2014 年四个年度同季度的信心指数平均数，以 2011—2014 年第一季度企业家信心指数计算式子为例，如下：

（122.8+133.3+114.8+111.2+137.5）/5=619.6/5=123.92

第二、三、四季度计算依此类推，见上表第 8 行。

2）计算 2011—2014 年年总平均数，即

2395.0/20=119.8

3）计算季节指数，计算式子为：

季节指数=季节同期平均数/总平均数，以第一季度季节指数为例，如下：

123.92/119.8=103.48%

第二、三、四季度计算依此类推，见上表第 3 行。

（2）时间序列分解法。

按照乘法模型$Y=T\times S\times C\times I$，计算季节指数，步骤如下：

1）用移动平均法消除季节变动和不规则变动（$S\times I$），得到长期趋势和循环变动（$T\times C$）。

2）再用除法来消除（$T\times C$），从而得到（$S\times I$），即，

$$S\times I=\frac{Y}{T\times C}$$

3）用简单平均法消除（$S\times I$）中的（I），获得季节指数。

【例 8–4】采用时间序列分解法计算西部某省建筑行业企业家 2010—2014 年信心指数的季节指数，原始统计资料同例 8–1。

解：按照时间序列分解法的步骤计算建筑行业企业家 2010—2014 年信心指数的季节指数。首先，对数据按季度进行重新排列，2010—2014 年五个年度共 20 个季度，由于相邻四个季度的平均值相当于 1 个年度的平均值，因此，采用四项移动平均法计算季节指数，以消除季节变动的影响。

季度企业家信心指数见表 8–7 第 4 列，采用四项移动平均消除季节变动（*S*）和不规则变动（*I*），计算结果见表 8–7 第 5 和第 6 列，进一步采用 *Y*/*TC* 消除长期趋势（*T*）和循环变动（*C*），得到季节指数（*SI*），计算结果见表 8–7 第 7 列。

表 8–7　　西部某省建筑行业企业家信心指数计算指数结果表一

年份	季度	季度序号	季度信心指数 *Y*	四项移动平均	移正平均	*SI* (*Y*/*TC*)
2010	1	1	122.8			
	2	2	118.8	122.78		
	3	3	126.2	125.40	124.09	1.017 0
	4	4	123.3	126.08	125.74	0.980 6

续表

年份	季度	季度序号	季度信心指数 Y	四项移动平均	移正平均	SI（Y/TC）
2011	1	5	133.3	124.00	125.04	1.066 1
	2	6	121.5	124.08	124.04	0.979 5
	3	7	117.9	119.45	121.76	0.968 3
	4	8	123.6	118.00	118.73	1.041 1
2012	1	9	114.8	115.70	116.85	0.982 5
	2	10	115.7	111.10	113.40	1.020 3
	3	11	108.7	110.20	110.65	0.982 4
	4	12	105.2	107.05	108.63	0.968 5
2013	1	13	111.2	108.00	107.53	1.034 2
	2	14	103.1	109.28	108.64	0.949 0
	3	15	112.5	115.85	112.56	0.999 4
	4	16	110.3	125.50	120.68	0.914 0
2014	1	17	137.5	128.83	127.16	1.081 3
	2	18	141.7	131.53	130.18	1.088 5
	3	19	125.8			
	4	20	121.1			

进一步采用简单平均法将表 8–7 中得到的 *SI* 做进一步处理，消除不规则变动（*I*）的影响，通过校正得到季节指数，见表 8–8 第 9 行。

表 8–8　　西部某省建筑行业企业家信心指数季节指数结果表二

年份	一季度	二季度	三季度	四季度	合计
2010			1.017 0	0.980 6	1.997 6
2011	1.066 1	0.979 5	0.968 3	1.041 1	4.055 0
2012	0.982 5	1.020 3	0.982 4	0.968 5	3.953 6
2013	1.034 2	0.949 0	0.999 4	0.914 0	3.896 7
2014	1.081 3	1.088 5			2.169 8
合计	4.164 0	4.037 4	3.967 1	3.904 2	16.072 7
季节平均数	1.041 0	1.009 3	0.991 8	0.976 1	4.018 2
季节指数	103.63%	100.48%	98.73%	97.16%	400.00%

校正系数计算式子如下：

$$4/4.018\,2=0.995\,5$$

用各季平均数乘以校正系数 0.995 5，即得到建筑行业企业家 2010—2014 年信心指数各季的季节指数。

8.2.4　循环变动分析

循环变动指的是现象在一个较长时间里涨落起伏的波动，循环周期长短不固定，一般在数年以上。分析循环变动的目的是为了发现循环变动的规律，为预测提供依据。

循环变动的测定方法很多，最常用的是剩余法，其基本思想是从时间序列中分解出长期趋势和季节变动，再采用移动平均法消除不规则变动，剩余的部分就是循环变动。

剩余法仍然要运用乘法模型 $Y=T\times S\times C\times I$，计算步骤如下：

（1）计算季节指数（S），用（Y）除以季节指数（S）以消除季节变动的影响，从而得到无季节变动数据（$T\times C\times I$）。

（2）求长期趋势（T）。

（3）用（$T\times C\times I$）除以（T）可以获得（$C\times I$），即

$$C\times I=\frac{T\times C\times I}{T}$$

（4）用移动平均法消除（$C\times I$）中的（I），即得到循环变动（C）。

8.3 时间序列的预测方法

时间序列分析主要目的在于预测。利用时间序列进行预测的基本思想是：假设事物过去演变的规律将继续到未来，所以在预测中就以过去发展的趋势代表未来的发展趋势，常用的方法包括：移动平均法、指数平滑法、趋势线外推法和自回归预测模型等。

8.3.1 移动平均法

移动平均法主要用于分析时间序列长期趋势，一般只适用于相对短期的预测，比如用最近 n 期数值的算术平均值作为下一期的预测值。

设 $Y_1,Y_2,\cdots,Y_t$ 表示时间序列的实际值，用移动平均法计算下一期（第 $t+1$ 期）预测值的公式为

$$\hat{Y}_{t+1}=\frac{Y_t+Y_{t-1}+\cdots+Y_{t-(n-1)}}{n} \tag{8–20}$$

式中：$\hat{Y}_{t+1}$ 表示第 $t+1$ 期预测值；n 为移动平均项数。

移动平均法实际上是一种加权平均，即给 n 个最近观测值以相同的权重 $\frac{1}{n}$，而给在此之前的观测值的权重都为零，这种方法比较简单，但并不合理，特别是当时间序列存在较明显的长期趋势时，预测误差会比较大。

例子详见【例 8–2】和【例 8–4】。

8.3.2 指数平滑法

指数平滑法是布朗（Robert G. Brown）提出，布朗认为时间序列的态势具有稳定性或规则性，所以时间序列可被合理地顺势推延；他认为最近的过去态势，在某种程度上会持续到最近的未来，所以将较大的权重放在最近的资料。

指数平滑法是对移动平均的一种改进，它给所有的观测值以一定的权重，其中近期观测值的权重比较大，而远期观测值的权重比较小。该方法采用如下递推公式计算第 $t+1$ 期预测值

$$\hat{Y}_{t+1}=\alpha Y_t+(1-\alpha)\hat{Y}_t \tag{8–21}$$

式中：Y_t 为第 t 期的观测值；$\hat{Y}_t$ 为第 t 期的预测值；α 为平滑常数（$0\leqslant\alpha\leqslant1$）。具体流程如下：

$$\begin{aligned}\hat{Y}_{t+1} &= \alpha Y_t + (1-\alpha)\hat{Y}_t \\ &= \alpha Y_t + (1-\alpha)[\alpha Y_{t-1} + (1-\alpha)\hat{Y}_{t-1}] \\ &= \alpha Y_t + \alpha(1-\alpha)Y_{t-1} + (1-\alpha)^2[\alpha Y_{t-2} + (1-\alpha)\hat{Y}_{t-2}] \\ &\cdots\cdots \\ &= \alpha Y_t + \alpha(1-\alpha)Y_{t-1} + \alpha(1-\alpha)^2 Y_{t-2} + \cdots + \alpha(1-\alpha)^{t-1}Y_1 + (1-\alpha)^t Y_1\end{aligned}$$

由上可知，指数平滑法是基于所有历史数据的基础上来计算预测值的，其中α的取值是关键。当α较大时，对近期变化反映比较充分，如果近期观测值受随机因素影响较大，就会影响预测的准确性；当α较小时，反映长期趋势比较充分，但对近期反映比较迟缓。α究竟取多少，应视实际情况而定。

使用指数平滑法还需要估计第一期的预测值，通常假设它等于实际值，即

$$\hat{Y}_1 = Y_1$$

指数平滑法根据平滑次数的不同，又分为一次指数平滑法、二次指数平滑法和三次指数平滑法等。

（1）一次指数平滑法。

一次指数平滑，也称简单指数平滑，适用于观测数据呈水平波动，无明显上升或下降趋势情况下的预测。公式如下

$$\hat{Y}_{t+1} = \alpha Y_t + (1-\alpha)\hat{Y}_t \tag{8–22}$$

式中：$\hat{Y}_{t+1}$为$t+1$期的预测值；Y_t为t期的实际值；$\hat{Y}_t$为t期的预测值。

（2）二次指数平滑法。

一次指数平滑法虽然克服了移动平均法的缺点。但当时间序列的变动出现直线趋势时，用一次指数平滑法进行预测，仍存在明显的滞后偏差。因此，需加以修正。

修正的方法与趋势移动平均法相同，即再作二次指数平滑，利用滞后偏差的规律建立直线趋势模型。这就是二次指数平滑法。

设有序列$\{Y_t\}$，其二次指数平滑模型计算公式为

$$\hat{Y}_{t+T} = a_t + b_t T\text{，}\ T = 1,2,\cdots,T$$

$$\begin{cases} a_t = 2S_t^{(1)} - S_t^{(2)} \\ b_t = \dfrac{\alpha}{1-\alpha}(S_t^{(1)} - S_t^{(2)}) \end{cases} \tag{8–23}$$

式中：a_t和b_t为平滑系数；$\hat{Y}_{t+T}$为$t+T$期预测值；T为未来预测的期数。

其中

$$\begin{cases} S_t^{(1)} = \alpha Y_t + (1-\alpha)S_{t-1}^{(1)} \\ S_t^{(2)} = \alpha S_t^{(1)} + (1-\alpha)S_{t-1}^{(2)} \end{cases} \tag{8–24}$$

式中：$S_t^{(1)}$为第t期的一次指数平滑值；$S_t^{(2)}$为第t期的二次指数平滑值；α为平滑常数。

（3）三次指数平滑法。

当时间序列的变动表现为二次曲线趋势时，则需要用三次指数平滑法。三次指数平滑是在二次指数平滑的基础上，再进行一次平滑。

设有序列$\{Y_t\}$，其三次指数平滑模型预测模型公式为

$$\hat{Y}_{t+T}=a_t+b_tT+C_tT^2,\quad T=1,2,\cdots \tag{8–25}$$

$$\begin{cases} a_t=3S_t^{(1)}-3S_t^{(2)}+S_t^{(3)} \\ b_t=\dfrac{\alpha}{2(1-\alpha)^2}[(6-5\alpha)S_t^{(1)}-2(5-4\alpha)S_t^{(2)}+(4-3\alpha)S_t^{(3)}] \\ c_t=\dfrac{\alpha^2}{2(1-\alpha)^2}[S_t^{(1)}-2S_t^{(2)}+S_t^{(3)}] \end{cases}$$

式中：a_t，b_t，c_t为平滑系数；$\hat{Y}_{t+T}$为$t+T$期的预测值；T为未来预测的期数。

$$\begin{cases} S_t^{(1)}=\alpha Y_t+(1-\alpha)S_{t-1}^{(1)} \\ S_t^{(2)}=\alpha S_t^{(1)}+(1-\alpha)S_{t-1}^{(2)} \\ S_t^{(3)}=\alpha S_t^{(2)}+(1-\alpha)S_{t-1}^{(3)} \end{cases} \tag{8–26}$$

式中：$S_t^{(1)}$为第t期的一次指数平滑值；$S_t^{(2)}$为第t期的二次指数平滑值；$S_t^{(3)}$为第t期的三次指数平滑值；α为平滑常数。

【例 8–5】西部某市 2000—2013 年固定资产房地产开发投资额见表 8–9，采用指数平滑法预测 2014 年房地产开发投资额。

表 8–9　　2000—2013 年固定资产房地产开发投资额　　单位：亿元

年份	2000	2001	2002	2003	2004	2005	2006
房地产开发投资额	47.38	56.66	70.22	111.48	149.27	206.29	264.19
年份	2007	2008	2009	2010	2011	2012	2013
房地产开发投资额	351.57	493.82	657.55	802.09	900.20	1165.56	1441.10

解：采用 Excel 数据【分析工具】的【指数平滑】进行分析。

首先，在 Excel 中输入 2000—2013 年共 14 年的房地产投资额，在 Excel【工具】菜单中选择【分析工具】命令，在【分析工具】中选择【指数平滑】，并设置相关参数，如图 8–1 所示。

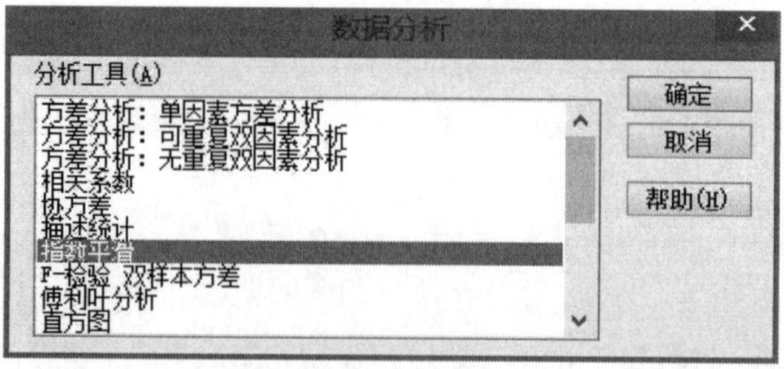

图 8–1　数据分析选择框

如图 8–2 所示，阻尼系数取 0.2，鼠标确定之后，则可得到指数平滑的成果数据见表 8–10。

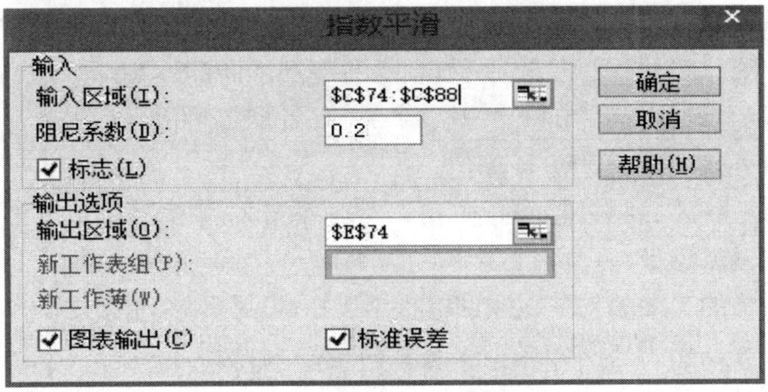

图 8–2 指数平滑参数设置框

表 8–10 指数平滑输出结果 单位：亿元

年份	房地产开发投资额	预测值	标准误差
2000	47.38		
2001	56.66	47.38	
2002	70.22	54.80	
2003	111.48	67.14	
2004	149.27	102.61	27.63
2005	206.29	139.94	38.21
2006	264.19	193.02	53.37
2007	351.57	249.95	62.30
2008	493.82	331.25	81.23
2009	657.55	461.31	118.07
2010	802.09	618.30	158.40
2011	900.20	765.33	181.40
2012	1165.56	873.22	173.66
2013	1441.10	1107.09	214.03

根据指数平滑法预测原理，预测值计算式如下：

$$\hat{Y}_{t+1} = \alpha Y_t + (1-\alpha)\hat{Y}_t$$

其中，α 取 0.8，则$(1-\alpha)$为 0.2，即图 8–2 中的阻尼系数。

第 2 期（2001 年）时，t=1，则其预测值为

$$\hat{Y}_2 = \alpha Y_1 + (1-\alpha)\hat{Y}_1 = 0.8\times47.38+（1–0.8）\times47.38=47.38$$

依此类推，2002～2013 年预测值见表 8–10 第 3 列。

2014 年预测值为

$$\hat{Y}_{15} = \alpha Y_{14} + (1-\alpha)\hat{Y}_{14} = 0.8\times1441.10+（1–0.8）\times1107.09=1374.30。$$

8.3.3 趋势线外推法

趋势线拟合法可用来测定时间序列长期趋势，趋势线外推可以求得未来多期的预测值。若时间序列存在季节变动，预测时应注意季节调整，具体步骤为：

（1）计算季节指数（S）。

（2）用（Y）除以季节指数（S），得到季节变动的时间序列（$T\times C\times I$）。

（3）根据求得的季节时间序列（$T\times C\times I$），求长期趋势值（T）。

（4）利用趋势外推，求出趋势预测值。

（5）用季节指数（S）乘以趋势预测值，得到季节预测值。

8.3.4 自回归预测模型

自回归是指变量的当前值对它的前期值的回归，当时间序列的当前值与它的前期值之间存在相关关系时，可以采用自回归模型来进行时间序列预测。

自回归模型可以表示为

$$\hat{Y}_t=a+bY_{t-1} \tag{8–27}$$

式中：$\hat{Y}_t$ 表示第 t 期预测值；Y_{t-1} 表示第 t 期观察值；a 和 b 为待定系数。

8.4 本 章 小 结

（1）介绍了时间序列对比分析时经常采用的两大类指标：水平指标和速度指标。水平指标主要包括：发展水平、平均发展水平、增长量和平均增长量；速度指标主要包括：发展速度、增长速度、平均发展速度和平均增长速度。

（2）将时间序列分解为长期趋势、季节变动、循环变动和不规则变动四个部分，并采用乘法模型（$Y=T\times S\times C\times I$）描述。长期趋势分析方法主要通过趋势线的拟合和移动平均法；计算季节指数主要是采用时间序列分解法；分析循环变动通常借助乘法模型剔除季节变动、长期趋势和不规则变动，剩余部分就是循环变动。

（3）时间序列分析的主要目的在于预测，给出了时间序列四种常用的预测方法。其中，长期预测可以采用趋势线外推法；短期预测时需要先把季节变动分解出去。指数平滑法是一种特殊的加权移动平均法，它用所有的历史数据来计算当前预测值，采用指数平滑法需根据实际情况确定平滑常数。当时间序列本身存在自相关时，可以采用自回归模型来进行预测。

思考与练习题

（1）时间序列有哪些分类和基本要素？

（2）时点数列和时期序列的特点包括哪些？

（3）时间序列趋势分析方法有哪些？不同方法的适用性是什么？

（4）简述季节指数计算流程。

（5）简述移动平均法和指数平滑法的基本含义。

（6）结合实例分析时间序列预测方法的应用。

（7）某市 1985—2013 年不同产业国民生产总值（GDP）数据如下（单位：亿元），要求：

1）绘制时间序列图描述不同产业 GDP 变化趋势。

2）选择适合的趋势线对不同产业国民生产总值进行拟合，并据此预测 2014 年不同产业 GDP。

GDP / 年份	第一产业	第二产业	第三产业
1985	8.76	30.83	17.99
1986	9.59	33.86	22.33
1987	10.73	37.69	31.74
1988	11.47	46.58	41.17
1989	12.78	48.91	47.69
1990	13.94	50.15	52.42
1991	17.17	57.06	61.91
1992	18.78	69.22	76.85
1993	22.58	110.88	96.10
1994	31.68	128.27	129.87
1995	41.40	135.33	153.62
1996	46.94	161.63	198.38
1997	51.33	197.97	239.52
1998	51.91	216.32	257.62
1999	45.53	243.35	288.41
2000	44.65	277.13	324.35
2001	45.87	312.90	376.09
2002	47.77	353.58	425.33
2003	50.72	407.38	488.56
2004	60.21	476.92	565.26
2005	66.01	540.50	707.42
2006	70.44	645.65	822.85
2007	82.51	781.94	992.18
2008	103.45	981.58	1233.11
2009	110.38	1144.75	1468.95
2010	140.06	1406.72	1694.91
2011	173.14	1674.31	2015.13
2012	195.59	1881.75	2288.76
2013	217.76	2117.66	2548.71

（8）某市 2000—2013 年地方财政预算收入和财政预算支出见下表，要求：

1）绘制地方财政预算收入和财政预算支出的折线图。

2）采用三年平均和五年平均法计算趋势值。

3）建立自回归模型并对 2014 年地方财政预算收入和支出额进行预测。

单位：亿元

年份 \ 财政预算	收入额	支出额	年份 \ 财政预算	收入额	支出额
2000	46.80	52.00	2007	112.92	161.25
2001	51.45	57.30	2008	145.61	226.99
2002	54.50	63.80	2009	181.40	276.85
2003	72.90	76.60	2010	241.86	371.62
2004	75.30	87.30	2011	318.55	494.58
2005	72.92	97.61	2012	396.96	597.49
2006	85.89	119.22	2013	501.98	729.81

（9）某市 2000—2013 年建筑业总产值（单位：万元）见下表，要求：

1）绘制时间序列图描述 14 年来建筑业总产值变化趋势。

2）确定一条合适的趋势线拟合数据，并根据趋势线预测 2014 年建筑业总产值。

年份	建筑业总产值（万元）	年份	建筑业总产值（万元）
2000	1 059 250	2007	6 047 524
2001	1 148 091	2008	9 151 199
2002	1 334 713	2009	12 965 787
2003	1 771 126	2010	18 203 450
2004	2 444 242	2011	16 190 888
2005	3 266 535	2012	18 742 273
2006	4 164 782	2013	22 284 063

（10）某大型超市最近 10 年来不同季度销售额数据（单位：万元）见下表，采用本章方法对这一时间序列构成要素进行分解，计算季节指数和剔除季节变动后的趋势方程。

年份 \ 季度	1	2	3	4
2005	885.6	795.6	1865.2	1563.5
2006	992.5	962.8	2362.5	1942.6
2007	1677.2	1932.6	3958.6	3086.1
2008	2452.6	2578.4	5862.3	4482.6
2009	3262.9	4263.5	7325.6	6391.2
2010	3854.2	5142.3	8853.4	8732.1
2011	5632.5	5897.6	9538.7	8632.5
2012	4956.8	6125.3	8679.2	7963.5
2013	5124.3	6752.6	8126.5	8100.6
2014	6235.2	6246.7	7863.2	8263.9

9 统 计 指 数

9.1 基本概念和分类

统计指数，简称指数，是分析社会经济现象数据变化的一种重要统计方法，指数的编制与应用，最早起源于物价指数。早在1650年，英国人赖斯·沃汉（Rice Vaughan）首创了物价指数，用来度量物价的变动状况，早期的物价指数只限于观察单个商品价格变动，即，个体价格指数。随后，指数的理论与方法在不同领域得到广泛应用，并与人们生活休戚相关，例如，生活费用价格指数，股票价格指数等。

目前，统计学所研究的指数是一种综合指标，用以描述一组不同但又有联系的变量的总的变化水平，从而能对这组变量在不同时期或不同场合所处的水平做出评价。例如，房地产价格指数等。

9.1.1 基本含义

统计指数是用来分析社会经济现象数量变动的对比性指标，是测定多项内容数量综合变动的相对数，表现为对有关现象进行比较分析的一种相对比率。

指数的含义有广义和狭义两种。广义的指数是指一切说明社会经济现象数量变动或差异程度的相对数，例如，动态相对数、比较相对数、计划完成程度相对数都可以称为指数。狭义的指数是一种特殊的相对数，即，指不能直接相加和对比的复杂社会经济现象综合变动程度的相对数。例如：居民消费价格指数、零售物价指数等。

9.1.2 统计指数的性质

统计指数主要用于反映事物量变的程度，具有以下性质：

（1）综合性。统计指数反映了复杂现象总体的数量变化关系。复杂现象总体中各个项目的数量变化往往是不一致的，例如，受多种因素的影响，各种商品价格水平有的上涨有的下跌，而且上涨与下跌的幅度也不一样。商品价格总指数就反映了全部商品价格总水平的变动程度。

（2）相对性。统计指数是总体变量在不同场合下对比形成的相对数。它既可以度量单一的项目在不同时间或空间的相对变化，例如，计算某一种产品的产量指数或价格指数；也可以度量一组项目的综合变动，例如，计算消费品的价格指数。

（3）平均性。统计指数是总体水平的一个代表性数值，它所代表的综合变动是所研究现象中每个项目共同变动的一般水平，也可以说是平均的变动水平。例如，某年度社会零售商品价格指数为98%，说明各种商品有涨有跌，但平均水平跌了2%。

9.1.3 统计指数的作用

（1）综合反映复杂现象总体数量变动的方向和程度，这是指数的主要作用。指数是用百分比表示的相对数，百分比大于或小于 100%，反映现象变动的方向是正的还是负的；而比100%大多少或小多少则反映现象变动程度的大小。例如商品零售物价指数为 125%，则说明多种商品零售物价总的变动情况，具体到某种商品价格可能有涨有跌，但从总体上看零售价格仍然上涨了25%。

（2）用来分析复杂现象总体变动中各因素的变动，以及各因素变动对总体变动的影响程度。复杂现象总体的变动是由各种因素综合影响的结果，而各种因素之间变动的速度和方向常常是不一致的，对总体变动的影响也不同。

（3）用来分析复杂现象平均水平变动中各因素的变动，以及它们的变动对总平均水平变动的影响程度。在平均指标对比指数中，总平均数的变动，不仅受各组标志值的影响，而且还受到结构变动的影响。例如，城镇职工平均工资水平的变动，既受各行业职工工资水平变动的影响，也受各行业职工构成变动的影响。

（4）利用连续编制的指数数列，分析复杂现象总体在长时期的发展变化趋势。借助连续编制的动态指数形成的指数数列，可以反映现象长时期内的发展变化趋势。同时，如果把两个相互联系的指数数列（例如，居民收入指数和价格指数）加以比较，还可以进一步认识复杂现象总体之间在数量上的变动关系。

9.1.4 统计指数的分类

（1）按照所反映指标性质的不同，可分为数量指标指数和质量指标指数。数量指数是用于测定数量指标变动程度的相对数，通常采用实物计量单位，如产量指数、销售量指数等。质量指数是用来测定质量指标变动程度的相对数，通常采用货币计量单位，如价格指数、劳动生产率指数等。

（2）按照考察对象范围的不同，可分为个体指数和总指数。个体指数是用于说明总体中单个事物或者个别项目数量变动的相对数，如某种产品的价格指数和产量指数。假定某商品在基期的价格为P_0，报告期的价格为P_1，则P_1 / P_0就是该商品的个体价格指数，记为K_p。总指数是综合反映多种项目数量变动的相对数，如多种产品的价格指数和产量指数等。个体指数是计算总指数的基础。

（3）按照指数所反映时间状态的不同，可分为动态指数和静态指数。动态指数是将不同时间上同类现象的水平进行比较的结果，反映社会经济现象在不同时间的发展变化。如物价指数、股票价格指数、工业生产指数等。动态指数按所对比的基期不同，分为定期指数与环比指数两种。静态指数包括空间指数和计划完成情况指数两种，其中，空间指数指同类现象的水平在同一时间内不同空间上对比的结果，反映现象在不同区域的差异程度。计划完成情况指数则是将某种现象的实际水平与计划水平对比的结果，反映计划的完成程度。

（4）按照计算形式的不同，可分为简单指数和加权指数。简单指数假定计入指数的不同项目重要性相同，加权指数计算时先对计入指数的各个项目根据其重要程度或者影响的不同赋予不同权重，再进行计算。

9.2 总指数编制及其形式

总指数是对个体指数的综合，反映的是多种事物在不同时期上的综合变化程度，如果每种事物都按同一个比例变化，那么其中任何一个事物的变化都能代表综合变化。但如果每种事物变化幅度不同，可以用总指数来反映综合变化。比如有一组商品，有的价格上涨，有的价格下跌，而且变化幅度也不同，可以用总指数来反映这组商品的价格总变动。

9.2.1 总指数编制方法

假如有一组商品，共n种，令第i种商品在基期的价格为p_{0i}，在报告期的价格为p_{1i}。用$\sum_{i=1}^{n} p_{0i}$表示这组商品在基期的价格总和，简写为$\sum p_{0i}$；用$\sum_{i=1}^{n} p_{1i}$表示这组商品在报告期的价格总和，简写为$\sum p_{1i}$。若把价格总指数($\bar{K}_p$)简单表示为报告期与基期的价格总和之比，则

$$\bar{K}_p = \frac{\sum p_{1i}}{\sum p_{0i}} \tag{9–1}$$

式（9–1）中$\bar{K}_p$意味着每种商品只购买一个单位。

商品的计量单位如果改变，相应的指数必然就不同。同样的在一组商品中，一旦计量单位确定下来，每种商品取多少单位将直接影响指数的大小，故每种商品取多少单位要根据它们的重要性来决定，这种重要性可以用实际购买量（q_i）来表示。

则得到总价格指数实际上是报告期与基期购买商品的实际支付额之比，即

$$\bar{K}_p = \frac{\sum p_{1i}q_i}{\sum p_{0i}q_i} \tag{9–2}$$

【例 9–1】某市场三种商品销售量见表 9–1，计算三种商品的销售量总指数。

表 9–1 **某市场三种商品销售量** 单位：元

商品名称	计量单位	上月销售额（p_0q_0）	销售量个体指数（%）（$K_q=q_1/q_0$）
甲	件	3000	95
乙	台	4000	100
丙	kg	5000	110

解：根据表 9–1 中给定的资料，采用拉氏指数加权算术平均形式计算上述商品的销售量总指数，计算式子如下

$$K_q^L = \frac{\sum \frac{q_1}{q_0} \times p_0 q_0}{\sum p_0 q_0} = \frac{95\% \times 3000 + 100\% \times 4000 + 110\% \times 5000}{3000 + 4000 + 5000} = \frac{12\,350}{12\,000} = 103.92\%$$

9.2.2 拉氏指数与帕氏指数

拉氏指数和帕氏指数是两种重要的价格指数，也是综合指数的两种重要形式。

（1）拉氏指数。拉氏指数（Laspeyres' index，简称 L）是德国经济统计学家拉斯佩雷斯（E. Laspeyres）在 1864 年提出的一种指数计算方法。拉氏指数公式的特点是将同度量因素固定在基期，因此也称基期综合指数。计算公式为

拉氏数量指标指数

$$K_q^L = \frac{\sum q_1 p_0}{\sum q_0 p_0} \tag{9–3}$$

拉氏价格指标指数

$$K_p^L=\frac{\sum p_1q_0}{\sum p_0q_0} \tag{9–4}$$

（2）帕氏指数。帕氏指数（Paasche's index，简称 P）是德国经济统计学家帕舍（H.Paasche）于 1874 年提出的一种指数计算方法。不同于拉氏指数，帕氏指数将同度量因素固定在报告期，因此也称报告期综合指数。计算公式为

帕氏数量指标指数

$$K_q^p=\frac{\sum q_1p_1}{\sum q_0p_1} \tag{9–5}$$

帕氏价格指标指数

$$K_p^p=\frac{\sum p_1q_1}{\sum p_0q_1} \tag{9–6}$$

（3）拉氏指数和帕氏指数的比较。

1）拉氏指数与帕氏指数的经济意义不完全相同。以价格指数为例，拉氏指数是在基期消费结构基础上分析各类商品价格的综合变动；而帕氏指数是在报告期消费结构基础上分析各类商品价格的综合变动。拉氏价格指数的分子与分母之差，即

$$\sum p_1q_0-\sum p_0q_0=\sum (p_1-p_0)q_0 \tag{9–7}$$

表明人们为了维持基期的消费水平或购买与基期同样多的商品，由于价格的变动将会增减多少支出。而帕氏指数的分子与分母之差，即

$$\sum p_1q_1-\sum p_0q_1=\sum (p_1-p_0)q_1 \tag{9–8}$$

表明人们在报告期实际购买的商品，由于价格变动而增减的开支。

2）拉氏指数和帕氏指数基于相同资料计算得到的结果一般不同。两种指数不能说哪一种指数计算结果更为正确，通常拉氏指数大于帕氏指数。例如，当一种商品的相对价格上升时，人们的购买量就要相对下降；反过来，若相对价格下降，购买量就相对上升。因此，当一般物价上升时，在帕氏指数中，对应于上升幅度较大的 p_1，它的权重 q_1（和 q_0 比起来）就相对的低；而对应于上升幅度较小的 p_1，它的权重 q_1 就相对的高。从而导致帕氏指数的计算结果较小于拉氏指数。但这种规则成立的条件是满足上述假设，即个体质量指数 K_p 与个体数量指数 K_q 之间存在负相关关系。

【例 9–2】某单位三种常用的建筑材料销售量及价格见表 9–2。

表 9–2　　某单位的建材销售量与价格

建材名称	计量单位	商品价格（元）		销售量	
		基期	报告期	基期	报告期
		p_0	p_1	q_0	q_1
甲	M	10	11	1000	900
乙	个	20	18	2000	2500
丙	kg	60	65	3000	3100

求：拉氏价格指数、帕氏价格指数、拉氏销售量指数和帕氏销售量指数。

解： 将表 9–2 中数据分别代入式（9–3）～式（9–6），可得

（1）拉氏价格指数为

$$K_{\mathrm{p}}^{L}=\frac{\sum p_1q_0}{\sum p_0q_0}=\frac{11\times1000+18\times2000+65\times3000}{10\times1000+20\times2000+60\times3000}=\frac{242\,000}{230\,000}=105.22\%$$

（2）拉氏销售量指数为

$$K_{\mathrm{q}}^{L}=\frac{\sum q_1p_0}{\sum q_0p_0}=\frac{900\times10+2500\times20+3100\times60}{1000\times10+2000\times20+3000\times60}=\frac{245\,000}{230\,000}=106.52\%$$

（3）帕氏价格指数为

$$K_{\mathrm{p}}^{P}=\frac{\sum p_1q_1}{\sum p_0q_1}=\frac{11\times900+18\times2500+65\times3100}{10\times900+20\times2500+60\times3100}=\frac{256\,400}{245\,000}=104.65\%$$

（4）帕氏销售量指数为

$$K_{\mathrm{q}}^{P}=\frac{\sum q_1p_1}{\sum q_0p_1}=\frac{900\times11+2500\times18+3100\times65}{1000\times11+2000\times18+3000\times65}=\frac{256\,400}{242\,000}=105.95\%$$

9.2.3 固定权数与基期变换

拉氏指数将权重固定在基期，帕氏指数将权重固定在报告期。这样，用不同基期或报告期计算的指数就不容易比较。因此，如果将权数固定在某个特定时期的水平上，不仅便于计算，更便于多个时期的比较，即

$$\text{固定权数的价格指数}=\frac{\sum p_1q}{\sum p_0q}$$

$$\text{固定权数的数量指数}=\frac{\sum q_1p}{\sum q_0p}$$

例如，某价格指数在第 0 期取为 100，第 1 期上升为 120，记为 K_{01}；再取第 1 期为 100，第 2 期又上升为 140，记为 K_{12}。那么，2 期和 0 期相比应上升了 $1.2\times1.4=1.68$。即为 168，记为 K_{02}。显然，这种计算满足传递关系如下

$$K_{02}=K_{01}\times K_{12} \tag{9–9}$$

代入公式（9–9）可得

$$\frac{\sum p_2q}{\sum p_0q}=\frac{\sum p_1q}{\sum p_0q}\times\frac{\sum p_2q}{\sum p_1q} \tag{9–10}$$

如果把这种传递关系推广，则可以得到

$$K_{0t}=K_{01}\times K_{12}\times\cdots\times K_{(t-1)t} \tag{9–11}$$

运用公式，可以方便地改变指数的基期。例如，将第 t 期的指数的基期从 0 期改为 2 期，由于 $K_{0t}=K_{02}\times K_{2t}$，所以

$$K_{2t}=\frac{K_{0t}}{K_{02}} \tag{9–12}$$

9.3 综合指数

综合指数法是指在研究复杂的经济和工程现象变动时，由于产品或商品使用价值和计量单位的不同，它们的数量表现形式，例如，产量、价格、销量等都不能直接相加，因此需要把不同度量现象转化为可相加度量，然后综合起来进行对比分析的一种指数计算方法。用综合指数法编制的总指数称为综合指数，能够最完善地显示出所研究现象的经济内容。

9.3.1 综合指数编制原理

综合指数是总指数的基本形式之一，可用来反映复杂现象的总变动。

编制综合指数的基本方法是“先综合，后对比”。例如，编制销售价格综合指数或销售数量综合指数时，首先，将各种商品的价格或销售量资料加总，然后通过对比得到相应的总指数。在综合指数的编制过程中需要解决以下两个问题。

（1）同度量因素问题。同度量因素是指把不能直接相加的指标转化为可以相加的因素。例如，编制销售量综合指数，用同度量因素把各种不能直接相加的商品销售量转化为能够相加的销售额，然后进行对比。综合指数的基本公式如下

$$K_p = \frac{\sum p_1 q}{\sum p_0 q}, \quad K_q = \frac{\sum q_1 p}{\sum q_0 p} \tag{9–13}$$

式中：K_p 表示质量指标综合指数形式；K_q 表示数量指标综合指数形式；p 表示质量指标因素；q 表示数量指标因素；下标 1 表示各因素的报告期；下标 0 表示各因素的基期；Σ 表示加总求和。

（2）同度量因素的时期确定问题。同度量因素有基期和报告期之分，选择不同时期的同度量因素会得到不同的计算结果，具有不同的意义。

9.3.2 综合指数编制方法

综合指数有数量指标指数和质量指标指数两种。采用综合指数形式计算总指数时，一般要涉及指数化指标和同度量因素两个方面。当指数化指标是数量指标时，计算数量指标指数；当指数化指标是质量指标时，计算质量指标指数。

（1）数量指标综合指数的编制。首先，确定同度量因素。引入销售价格这个因素，将反映商品使用价值的实物量，转换为劳动所创造的价值量，即：销售额=商品销售价格（同度量因素）×销售量。通过商品销售价格将两个时期各种商品的销售量转化为销售额后，就可解决销售量不能直接加总的问题。

其次，固定同度量因素，排除同度量因素变动的影响。若用报告期的价格作为同度量因素，则计算的销售量指数包含了价格变动的影响。为了单纯反映销售量的变动，应根据一般做法，即编制数量指标总指数时，以基期的质量指标作为同度量因素，即用拉氏公式，将商品价格这个同度量因素固定在基期。则有

$$K_q = \frac{\sum q_1 p}{\sum q_0 p} \tag{9–14}$$

（2）质量指标综合指数的编制。首先，确定同度量因素。在编制销售价格指数时，商品销售量就是同度量因素。通过销售量将不同时期各种商品的价格转化为销售额，即：销售额=

商品销售价格×销售量，就可以解决销售价格不可加的问题。

其次，固定同度量因素，排除同度量因素变动的影响。实际应用通常要求商品价格总指数有明显的现实经济意义，所以一般编制价格指数即质量指标总指数时，应以报告期的数量指标作为同度量因素，将销售量这个同度量因素固定在报告期。计算公式如下

$$K_p = \frac{\sum p_1 q}{\sum p_0 q} \tag{9–15}$$

9.4 平均数指数

运用综合指数法编制总指数，要求掌握全面的资料。而在工程实际应用中，由于受到资料的限制，往往可采用平均指数法编制总指数。平均指数法是对若干个体指数进行加权平均而编制总指数一种计算方法。平均指数编制时先计算单项事物的个体指数，然后对其进行加权平均计算总指数。其计算形式可分为加权算术平均指数和加权调和平均指数两种。

9.4.1 平均数指数编制原理

加权算术平均指数是对个体指数按加权算术平均方法进行平均，即以个体指数为变量值，以综合指数公式的分母为权数计算的指数，计算公式为

$$\bar{K} = \frac{\sum kpq}{\sum pq} \tag{9–16}$$

加权调和平均指数是对个体指数以加权调和平均数方式进行平均计算的指数，个体指数仍是变量值，而权数则是综合指数公式的分子，计算公式为

$$\bar{K} = \frac{\sum pq}{\sum \frac{1}{k} pq} \tag{9–17}$$

9.4.2 平均数指数编制方法

（1）加权算术平均指数的编制方法。加权算术平均数指数一般以基期总值 $p_0 q_0$ 作为权数对个体进行加权平均，一般用拉氏指数编制，计算公式如下

数量指标指数 $$\bar{K}_q = \frac{\sum k_q p_0 q_0}{\sum p_0 q_0}$$

质量指标指数 $$\bar{K}_p = \frac{\sum k_p p_0 q_0}{\sum p_0 q_0}$$

加权算术平均数指数不仅仅是综合指数的变形，它还是一种相对独立的总指数编制方法，具有比综合指数更广泛的适用性。以价格指数为例，其计算公式可变形为

$$\bar{K}_p = \frac{\sum k_p p_0 q_0}{\sum p_0 q_0} = \sum k_p \cdot \frac{p_0 q_0}{\sum p_0 q_0} = \sum k_p \cdot \omega \tag{9–18}$$

式中：$\omega = \frac{p_0 q_0}{\sum p_0 q_0}$，表明算术平均数指数可以用绝对权数，也可以用相对权数加权。

（2）加权调和平均指数的编制方法。加权调和平均数指数一般以基期总值 $p_1 q_1$ 作为权数

对个体进行加权平均，一般用帕氏指数编制，计算公式如下

数量指标指数 $$\bar{K}_q = \frac{\sum p_1 q_1}{\sum \frac{1}{k_q} p_1 q_1}$$

质量指标指数 $$\bar{K}_p = \frac{\sum p_1 q_1}{\sum \frac{1}{k_p} p_1 q_1}$$

9.5 指数体系及因素分析

实际应用中，不仅需要采用单个指数分析数量变动情况，还需要通过多个指数构成的指标体系对相互联系的社会经济现象作深入的分析。分析的重点是进行因素的分解，可以针对总量指数，也可以针对平均数指数。

9.5.1 指数体系

（1）指数体系的基本概念。

指数体系是指一个总量通常可分解为若干个构成因素，有广义和狭义之分，广义上，指数体系是由若干个经济上具有一定联系的指数所构成的一个整体。例如，市场物价指数体系包括工业品出厂价格指数、农产品收购价格指数、房地产销售价格指数等。狭义上，指数体系是经济上具有一定联系，相互间存在一定数量对等关系的若干指数所构成的一个整体。可以表示为两个（或两个以上）因素指数的乘积。例如，

销售额指数=销售量指数×价格指数；

总成本指数=产量指数×单位产品成本指数；

销售利润指数=销售量指数×销售价格指数×销售利润率指数。

（2）指数体系的作用。

构建和分析指数体系具有如下两个方面的作用：

首先可进行因素分析，即分析现象总量变动中各有关因素的影响程度。采用指数体系可以从数量方面研究分析社会经济现象总体变动中各个因素变动的影响程度和绝对额。利用指数体系进行因素分析主要分析两方面的问题，即分析现象总量指标的变动受各种因素变动的影响程度。例如，分析销售量和销售价格的变动对销售总额变动的影响程度和绝对额；分析社会经济现象总体平均指标变动受各种因素变动的影响程度。比如，可以分析企业中，由于各类别职工工资水平变动和职工构成变动分别对企业总平均工资变动的影响程度。

其次可进行指数推算，即根据已知的指数推算未知的指数。

9.5.2 总量变动的影响因素分析

若研究对象受两个因素的影响，这种因素分析称为双因素分析；若受两个以上因素的影响则称为多因素分析。若研究对象是总量指标，称为总量指标因素分析；若是平均指标，则称为平均指标因素分析。

在进行因素分析之前，首先，需要确定总量指标和影响因素指标及其关系式。例如，要分析销售额的变动情况，影响因素销售量和价格关系如下：

销售额=销售量×价格

即

$$pq = q \times p \tag{9–19}$$

其次，要建立指数体系及绝对增减量关系式。

（1）个体指数的因素分析。

以式（9–19）为基础，研究单个商品销售额变动的影响因素，则相应的指数体系可以表示为

$$\frac{p_1q_1}{p_0q_0} = \frac{q_1p_0}{q_0p_0} \times \frac{p_1q_1}{p_0q_1} = K_q \times K_p \tag{9–20}$$

令 $K_v = \dfrac{p_1q_1}{p_0q_0}$，表示总量个体指数，个体指数体系可以表示为

$$K_v = K_q \times K_p \tag{9–21}$$

绝对增减量关系式为

$$p_1q_1 - p_0q_0 = (q_1p_0 - q_0p_0) + (p_1q_1 - p_0q_1) \tag{9–22}$$

式中：$p_1q_1 - p_0q_0$ 表示销售额变动的绝对数；$q_1p_0 - q_0p_0$ 表示因素 q 变动对销售额变动影响的绝对数；$p_1q_1 - p_0q_1$ 表示因素 p 变动对销售额变动影响的绝对数。

（2）综合指数体系的因素分析。若分析的对象为复杂总体，则对其总量指标的变动进行因素分析，应采用综合指数形式，指数体系和绝对增减量关系式分别为

$$\frac{\sum q_1p_1}{\sum q_0p_0} = \frac{\sum q_1p_0}{\sum q_0p_0} \times \frac{\sum p_1q_1}{\sum p_0q_1} \tag{9–23}$$

$$\sum p_1q_1 - \sum q_0p_0 = (\sum q_1p_0 - \sum q_0p_0) + (\sum p_1q_1 - \sum p_0q_1) \tag{9–24}$$

9.6 几种典型的指数

9.6.1 零售价格指数

零售价格指数是反映商品零售价格变动趋势的一种经济指数，是观察和分析经济活动的重要工具之一。它的变动直接影响到城乡居民的生活支出和国家财政收入，影响居民购买力和市场供需平衡，以及消费和积累的比例。零售价格总指数的计算先分别计算出各代表规格品基期和报告期的综合平均价格，并计算出相应的个体价格指数；然后分层逐级计算小类、中类、大类和总指数。其编制流程如下：

（1）选择代表规格品。在编制价格指数时，首先从全社会零售商品中选择部分具有代表性的商品，称之为代表规格品。代表规格品的选择方法是在对商品进行科学分类的基础上，分别选择能代表各种商品的规格品。目前，我国的消费品分为食品类、日用品类、文化娱乐用品类、书报杂志类、药及医疗用品类等 15 大类。大类下又分为中类和小类，小类下分为若干商品种类。从各商品种类中选择代表规格品，通常选择成交量大、市场供应稳定、能代表每类商品价格变动趋势的商品。代表规格品数量一般在三四百种左右。

（2）选择调查市县和调查点。在编制价格指数时，通常选择部分具有代表性的地区编制

价格总指数。典型地区的选择既要考虑其代表性，也要注意类型上的多样性，以及地区分布上的合理性和相对稳定性。采用的方法包括按有关标志排队、等距抽取等方法。

（3）商品价格的调查与确定。所选代表规格品使用的价格是全社会综合平均价格，包括基期平均价格和报告期平均价格。代表规格品定价原则包括：① 同一规格品的商品价格必须具有同质可比性；② 与居民生活密切相关，且价格变动频繁的商品，调查频次为每周一次，普通商品每季度调查 8～10 次。

（4）计算公式及其权值。零售价格指数计算采用固定加权算术平均公式

$$\bar{K}_p = \frac{K_p \times w}{w} \tag{9–25}$$

我国目前采用的权数是根据上年度的商品零售额资料，并结合当年住户调查资料进行调整后确定的。在确定权数时，先确定大类权数、中类权数，然后确定小类权数，最后确定代表规格品权数。

9.6.2 居民消费价格指数

居民消费价格指数（Consumer Price Index，简称 CPI）是度量居民生活消费品和服务价格水平随着时间变动的相对数，综合反映居民购买的生活消费品和服务价格水平的变动情况。利用该指数，可以分析消费品零售价格和服务价格变动对城乡居民实际生活费支出的影响程度，反映通货膨胀或通货紧缩的程度，可用于调整货币工资以得到实际工资水平。CPI 可以为政府制定物价政策和工资政策提供重要依据，也可为宏观经济分析和决策提供辅助支持。

我国的居民消费价格指数采用固定加权算术平均指数方法编制，其编制主要流程如下：

（1）首先将居民消费品进行分类。将居民消费分为食品烟酒、衣着、居住、生活用品及服务、交通和通信、教育文化和娱乐、医疗保健、其他用品和服务等 8 大类、262 个基本分类。例如居住大类包括租赁房房租和水电燃料 2 个基本分类。

（2）代表商品及服务项目筛选。从各类中共选定 300 多种有代表性的商品和服务项目，并按时在各调查点采集各代表商品和服务项目的价格，计算各单项价格指数。

（3）确定权数。即计算居民各种消费商品和服务项目的开支在所有消费商品和服务总开支中所占的比重。权数每年确定一次，但对受季节影响较大的鲜菜、鲜果等品种的权数，则根据居民实际消费构成每月计算一次。按照国家统计局规定，各地每年确定的各类商品的权数，均须报国家统计局审定后方可使用。

（4）计算总指数。采用固定权数加权算术平均的方法，首先由基本分类指数乘以相应权数得到基本中类指数，再由各中类指数乘以相应权数得到大类指数，最后由各大类指数乘以相应权数得到总指数。计算公式为

$$I_p = \frac{\sum k_p w}{\sum w} \tag{9–26}$$

式中：k_p 为单项个体指数，w 为权数。

9.6.3 股票价格指数

股价指数是反映股票市场中股票价格变动总体水平的重要尺度，是分析和预测股票价格发展趋势进而决定投资行为的主要依据，也是反映经济景气状况的敏感指标。

要体现股市总水平变动的综合信息，股票价格指数的编制方法比较灵活，涵盖了指数编制的各个方面。一个市场可以有多个股票指数并存，各个指数的侧重点不同，可以取长补短，但综合指数法仍是其中最主要的方法。目前市场上常用的股价指数包括：

（1）标准普尔指数（S&P）。该股票价格指数是由美国的标准普尔公司编制的纽约证交所的股价指数。样本取自纽约证交所上市的 500 种股票，以 1941 年为基期，基点数位乘 10，以股票的发行量为权重的拉氏综合指数。该股票价格指数代表性强，精确度高，连续性好，成分股更换对总指数影响小，是统计性能相对较好的指数。

（2）道・琼斯股价指数（DJIA）。该股票价格指数采用简单平均方法编制，首先，选取 11 只大盘工业股为样本，分别计算各个样本股不同时间的平均价格，通过对比得到相应日期的股价指数。目前 DJIA 是以 1928 年 10 月 1 日的股价为基数，以 30 家世界有名的工业股为样本，用算术除数修正法编制。

（3）上海证券交易所股票综合指数。该股票价格指数最初是中国工商银行上海分行信托投资公司静安证券业务部根据上海股市的实际情况，参考标准普尔指数方法编制而成。该股票价格指数以 1990 年 12 月 19 日为基期，1991 年 7 月 15 日开始公布。以上海股市的全部 A、B 股票为对象，基点数位乘 100，是以股票的发行量为权重的拉氏综合指数。

（4）深圳证券交易所股票成分指数。该股票价格指数由深圳证券交易所编制。取 40 家成分股作样本编制。深圳成指是以 1993 年 7 月 20 日为基期，基点数位乘 1000，是以成分股的报告期成交量为权重编制的帕氏综合指数。

从上述股票价格指数的介绍可见，由于侧重点不同，各自的编制方法也不一样，各种指数不可能全面、完美，所以同一个市场可以有多个股价指数同时并存，相互弥补。我国最有代表性的是上证综指，其次是深证成指，另外还有上证 50 指数、上证 180 指数、深证综合指数和沪深 300 指数等。

9.7 本 章 小 结

（1）按照不同的要求，统计指数具有不同的划分方法，通常统计指数可以划分为如下几种形式：数量指标指数和质量指标指数，个体指数和总指数，动态指数和静态指数，简单指数和加权指数。

（2）个体指数说明单个事物在不同时期的变化程度，其实质就是一种相对数；而总指数反映的是多种事物在不同时期上的综合变化程度，总指数有综合形式和平均形式基本形式。综合指数是将指数化的指标加权平均之后进行对比的结果；平均指数则是对个体指数进行加权平均的结果。

（3）拉氏指数和帕氏指数是两种最重要的综合指数。拉氏指数将权数固定在基期水平上，而帕氏指数将权数固定在报告期水平上。当质量指标与数量指标的变化存在负相关关系时，会导致帕氏指数的计算结果小于拉氏指数。

（4）综合指数是总指数的基本形式之一，可用来反映复杂现象的总变动。指数体系是经济上具有一定联系，相互间存在一定数量对等关系的若干指数所构成的一个整体，具有因素分析和指数推算两方面的作用。

（5）目前典型的指数包括零售价格指数、居民消费价格指数和股票价格指数，不同指数功能和应用不同，编制方法也不一致，实际生活中通常是几种指数综合应用。

思考与练习题

（1）什么是指数，它具有哪些形式和性质？

（2）拉氏指数和帕氏指数各有什么特点？

（3）什么是同度量因素，在编制拉氏指数和帕氏指数中如何确定？

（4）什么是指数体系？它具有什么作用？

（5）某超市销售的三种商品的资料如下表所示：

商品名称	计量单位	销售量		商品价格（元）	
		基期 q_0	报告期 q_1	基期 p_0	报告期 p_1
甲	件	120	150	800	900
乙	台	180	220	3000	3500
丙	千克	500	550	25	28

要求：

1）计算上述三种商品的销售额总指数。

2）分析销售量和价格变动对销售额影响的绝对值和相对值。

3）用拉氏公式编制三种商品的销售量总指数和价格总指数。

4）用帕氏公式编制三种商品的销售量总指数和价格总指数。

5）计算各种商品的个体成本指数和总成本指数。

（6）某企业 2012 年和 2013 年三种建筑材料价格的单位成本和产量资料如下表所示：

建材名称	计量单位	产　　量		单位产品成本（元）	
		2012 年	2013 年	2012 年	2013 年
钢筋	t	50	60	3500	3550
排水管	km	200	220	1500	1600
水泥	t	180	220	350	365

要求：

1）计算表中三种产品的产值总指数和产值增减额。

2）以 2012 年单位产品为权数计算三种产品加权单位产品成本综合指数和因产量变动的产值变化额。

3）以 2012 年产量为权数计算三种产品加权单位产品成本综合指数和因产量变动的产值变化额。

10 实用多元统计分析

10.1 相关分析

世界纷繁多变，客观现象总是普遍联系和相互依存的。客观现象之间的数量联系存在着两种不同的类型：一种是函数关系，另一种是相关关系。

相关分析是研究一个变量 y 与另一个变量 x 或另一组变量 $(x_1,x_2,\cdots,x_n)$ 之间相关密切程度和相关方向的一种统计分析方法。

10.1.1 相关系数的计算

相关系数是测定两个变量之间是否存在线性相关关系，以及相关密切程度的统计指标。根据总体资料计算的相关系数，称为总体相关系数，用 ρ 表示；由样本资料计算的相关系数，称为样本相关系数，用 r 表示；相关系数一般用积差法（Pearson 相关系数）计算。

通常采用积差法计算相关系数，计算公式为

$$\rho=\frac{Cov(X,Y)}{\sqrt{Var(X)Var(Y)}}=\frac{\sum_{i=1}^{n}(X_i-\bar{X})(Y_i-\bar{Y})}{\sqrt{\sum_{i=1}^{n}(X_i-\bar{X})^2(Y_i-\bar{Y})^2}} \tag{10–1}$$

式中：$Cov(X,Y)$ 表示变量 X 和 Y 的协方差；$Var(X)$ 和 $Var(Y)$ 分别表示变量 X 和 Y 的总体方差；$\bar{X}$ 、$\bar{Y}$ 分别为变量 X 和 Y 的总体均值。

样本相关系数的计算公式为

$$r=\frac{s_{xy}^2}{s_x s_y}=\frac{\sum_{i=1}^{n}(x_i-\bar{x})(y_i-\bar{y})}{\sqrt{\sum_{i=1}^{n}(x_i-\bar{x})^2(y_i-\bar{y})^2}} \tag{10–2}$$

式中：s_{xy} 表示变量 x 和 y 的样本的协方差；s_x 、s_y 分别表示变量 x 和 y 的样本标准差；$\bar{x}$ 与 $\bar{y}$ 分别表示变量 x 和 y 的样本均值。

式（10–2）经简化得

$$r=\frac{\sum_{i=1}^{n}x_i y_i-\sum_{i=1}^{n}x_i\sum_{i=1}^{n}y_i}{\sqrt{n\sum_{i=1}^{n}x_i^2-(\sum_{i=1}^{n}x_i)^2}\sqrt{n\sum_{i=1}^{n}y_i^2-(\sum_{i=1}^{n}y_i)^2}} \tag{10–3}$$

式中：$-1\leqslant r\leqslant 1$，当 $r=1$ 时，表示变量 x 和 y 为完全线性正相关；$r=-1$，表示变量 x 和 y 为完全线性负相关；$r=0$，表示变量 x 和 y 之间不存在线性相关。$|r|$ 越趋近于 1，表示相关关

系越密切；越趋近于 0，表示相关关系越不密切。

10.1.2 散点图绘制

散点图又称相关图。它是以直角坐标系的横轴代表变量 x，纵轴代表变量 y，将两个变量间相对应的变量值用坐标点的形式描绘出来，用来反映两变量之间相关关系的图形。采用散点图可对变量之间存在的相关关系的方向、表现形式和密切程度作大致的判断，为进一步的定量分析提供参考。

例如，随机抽取 10 名学生，测量他们的身高和体重，所得数据见表 10–1：

表 10–1 身 高 和 体 重 数 据

身高	172	171	166	160	155	173	166	170	167	173
体重	75	62	62	55	57	58	55	63	53	60

则这 10 名学生的身高和体重散点图如图 10–1 所示。

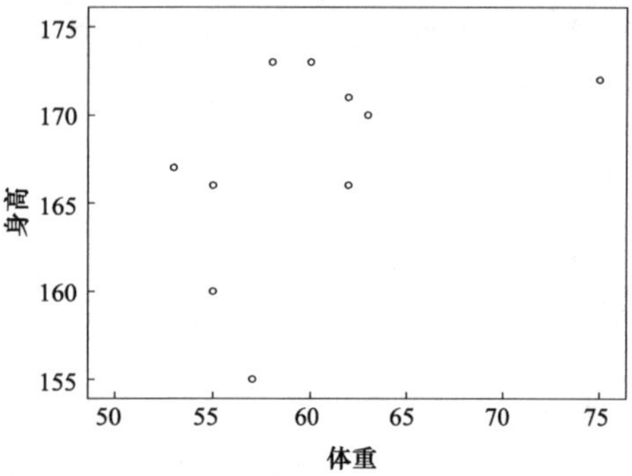

图 10–1 身高与体重散点图

从图 10–1 可以看出身高和体重两个变量之间不存在直线相关性，故不能做身高和体重的线性回归模型。

10.1.3 相关系数的检验

通常，总体相关系数是未知的，人们可根据样本相关系数作为总体相关系数的近似值。但由于样本相关系数是根据样本数据计算出来的，可能受到抽样波动的影响。由于抽样的样本不同，相关系数的取值也就不同，因此相关系数 r 是一个随机变量。

通过对相关系数的显著性检验可以分析变量 x 和 y 之间是否存在显著的线性关系，采用 t 检验法对相关系数进行检验，该检验法基本步骤如下。

（1）建立假设，H_0： $\rho=0$； H_1： $\rho=1$。

（2）确定检验统计量及其分布，$t=\dfrac{r\sqrt{n-2}}{1-r^2}$， H_0 为真时， $t\sim t(n-2)$。

（3）确定拒绝域，$|t|\geqslant t_{\alpha/2}(n-2)$。

（4）计算检验统计量的值。

（5）根据给定的显著性水平 α 查 t 分布表，找到相应的临界值 $t_{\alpha/2}(n-2)$。

（6）做出统计判断，若 $|t|\geqslant t_{\alpha/2}$，统计量的值落在拒绝域内，拒绝 H_0，说明 r 在统计上是显著的，即 X 与 Y 间存在显著相关关系。

若 $|t|<t_{\alpha/2}$，统计量的值落在接受域内，接受 H_0，说明 r 在统计上是不显著的，即 X 与 Y 间相关关系不显著。

10.2 聚 类 分 析

10.2.1 聚类分析基本思想

作为一种重要的多元统计分析方法，聚类分析是指根据样品的多种指标的数据，定量确定它们之间存在的相似性，并将这些样品或指标通过连结归结为类群，构成分类谱系图。

聚类分析分为 Q 型与 R 型两种，Q 型用于样品的分类，R 型用于变量的分类。基本方法都是选择一个统计量用来衡量对象间的相似程度，按照相似程度的大小依次进行连结，从而绘制出分类谱系图。

聚类分析基本思想是在样品之间定义距离，在变量之间定义相似系数，距离或相似系数代表样品或变量之间的相似程度。按相似程度的大小，将样品（或变量）逐一归类，关系密切的类聚到一个小的分类单位，然后逐步扩大，使得关系疏远的聚合到一个大的分类单位，直到所有的样品（或变量）都聚集完毕，形成一个表示亲疏关系的谱系图，依次按照某些要求对样品（或变量）进行分类。

（1）Q 型聚类分析。Q 型聚类分析是对样本进行分类处理，其作用在于能利用多个变量对样本进行分类，分类结果直观，聚类谱系图能明确、清楚地表达其数值分类结果，所得结果比传统的定性分类方法更细致、全面、合理。

（2）R 型聚类分析。R 型聚类分析是对变量进行分类处理，其作用在于可以了解变量间及变量组合间的亲疏关系，可以根据变量的聚类结果及它们之间的关系，选择主要变量进一步开展回归分析或 Q 型聚类分析。

（3）聚类分析的过程

聚类通常分为下述流程。

1）数据预处理。

2）构造关系矩阵，通常采用相似系数和距离两种数量指标来描述变量或样本的亲疏程度。

3）根据不同方法对变量或样本进行分类，即聚类，采用的方法主要包括：最短距离法、重心聚类法、离差平方和法等。

4）确定最佳分类。

10.2.2 聚类分析方法

（1）数据的处理。在工程项目应用中，假定对 n 个样品测定 m 个指标，可以得到以下关系矩阵为

$$\begin{bmatrix} X_{11} & X_{12} & \cdots & X_{1m} \\ X_{21} & X_{22} & \cdots & X_{2m} \\ \cdots & \cdots & \cdots & \cdots \\ X_{n1} & X_{n2} & \cdots & X_{nm} \end{bmatrix} \tag{10–4}$$

其中，X_{ij} 是第 i 个样品第 j 个指标的观测值。

如果各个指标的测量单位、测量结果的数量级以及数值变动范围存在很大的差异，我们就有必要在分类之前对数据进行标准化或正规化。

1）数据的标准化。

$$Y_{ij} = \frac{X_{ij} - \bar{X}_j}{S_{n-1,j}} \tag{10–5}$$

其中，$i = 1,2,\cdots,n$，$j = 1,2,\cdots,m$，$\bar{X}_j = \frac{1}{n}\sum_{i=1}^{n} X_{ij}$，$S_{n-1,j} = \frac{1}{n-1}\sum_{i=1}^{n}(X_{ij} - \bar{X}_j)^2$。

通过上述变换的变量 Y_{ij} 是标准化变量，满足均值为 0，标准差为 1。

2）数据的正规化。

$$Z_{ij}=\frac{X_{ij}-\min\limits_{1\leqslant i\leqslant n}\bar{X}_{ij}}{\max\limits_{1\leqslant i\leqslant n}\bar{X}_{ij}-\min\limits_{1\leqslant i\leqslant n}\bar{X}_{ij}} \tag{10–6}$$

式中：$\min\limits_{1\leqslant i\leqslant n}\bar{X}_{ij}$ 是数据矩阵第 j 列数据中的最小值；$\max\limits_{1\leqslant i\leqslant n}\bar{X}_{ij}$ 是数据阵第 j 列数据中的最大值；$R_j=\max\limits_{1\leqslant i\leqslant n}\bar{X}_j-\min\limits_{1\leqslant i\leqslant n}\bar{X}_j$ 是矩阵第 j 列的数据极差。

通过正规化变换后的关系矩阵中的每一列出现 0 与 1 各至少 1 个，其余数据介于 0 与 1 之间。

（2）聚类分析中的统计量。根据样品或指标间的相似程度的不同类型，在聚类分析中可以采用不同类型的统计量，以下对 R 型聚类分析，给出相应的统计量的表达式。

1）距离系数。在 R 型分析中，将每个变量看成 n 维空间中的一个点，将 n 维空间中的第 i 个与第 j 个变量的距离称为两个变量的距离系数。其计算公式为

$$d(i,j)=\sqrt{\frac{1}{n}\sum_{t=1}^{n}(X_{it}-\bar{X}_{jt})^2} \tag{10–7}$$

显然，对于正规化的数据，有 $0\leqslant d(i,j)\leqslant 1$。$d(i,j)$ 越小，第 i 个与第 j 个变量就越相似；反之，相似性就越小。

通常采用以下几种方法计算距离

欧氏距离 $$d(x_i,x_j)=\left[\sum_{k=1}^{p}(x_{ik}-x_{jk})^2\right]^{\frac{1}{2}}$$

绝对距离 $$d(x_i,x_j)=\sum_{k=1}^{p}|x_{ik}-x_{jk}|$$

Minkowski 距离 $$d(x_i,x_j)=\left[\sum_{k=1}^{p}(x_{ik}-x_{jk})^m\right]^{\frac{1}{m}}$$

马氏距离 $$d(x_i,x_j)=\left[(x_i-x_j)^T S^{-1}(x_i-x_j)\right]^{\frac{1}{2}}$$

2）相似系数。在 R 型分析中，将每个变量（指标）看成 n 维空间中的一个向量，将第 i 个与第 j 个变量之间的夹角记为 θ_{ij}，并将此夹角的余弦 $\cos\theta_{ij}$ 称为两个变量（指标）的相似系数。

$$\cos\theta_{ij}=\frac{\sum\limits_{t=1}^{n}X_{it}X_{jt}}{\sqrt{\sum\limits_{t=1}^{n}X_{it}^2\sum\limits_{t=1}^{n}X_{jt}^2}} \tag{10–8}$$

显然，$-1\leqslant\cos\theta_{ij}\leqslant 1$。$\cos\theta_{ij}$ 的绝对值越大，第 i 个与第 j 个变量就越相似；反之，相似性就越小。

3）相关系数。在 R 型分析中，常用相关系数作为衡量变量之间关系密切程度的统计量，

第 i 个与第 j 个变量之间的相关系数为

$$R_{(i,j)} = \frac{\sum_{t=1}^{n}(X_{it} - \bar{X}_i)(X_{jt} - \bar{X}_j)}{\sqrt{\sum_{t=1}^{n}(X_{it} - \bar{X}_i)^2}\sqrt{\sum_{t=1}^{n}(X_{jt} - \bar{X}_j)^2}} \tag{10–9}$$

显然，$-1 \leqslant R_{(i,j)} \leqslant 1$。$R_{(i,j)}$ 的绝对值越大，第 i 个与第 j 个变量就越相似；反之，相似性就越小。

（3）聚类形成。

首先由数据矩阵求出两两变量的相关系数，从而得出相关矩阵，然后依次进行分类，在实际过程中依相关系数的大小把变量两两相连结，从而形成一个新类，需要遵循如下原则：

① 若选出的一对变量未曾连结过，就连为一组。

② 若选出的变量对中，有一个已同别的连结成组，则把另一个变量与这个组连结。

③ 若选出的变量对分别在已连结好的两组内，则把两个组连结。

④ 可采用最长距离法、中间距离法、重心法等方法进行连结操作。

10.2.3 *K*–均值聚类法

K–均值聚类法（*K*–means）的快速聚类过程适用于对大样本进行快速聚类，是一种很实用的分类方法。聚类分析流程图如图 10–2 所示。

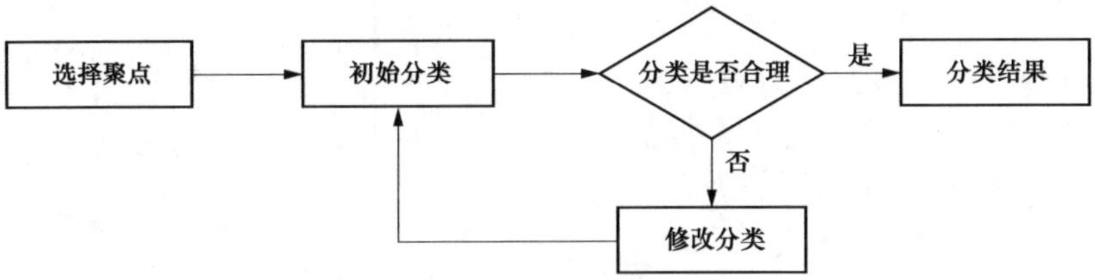

图 10–2 聚类分析流程图

（1）确定聚类数 K；

（2）由系统选择 K 个样本点作为聚类的初始聚类核，对样本进行初始分类；

（3）对初始分类进行修改，计算每个样本点到各类聚核的距离，并把每个样品点归入距离聚核最近的一类；

（4）每类中有若干个样品，重新计算每一类的重心，即，每个类中各个变量的均值，以此作为第二次迭代的聚核；

（5）根据这个聚核重复（3）和（4），直到聚核的迭代标准达到要求，完成聚类。

10.3 主成分分析

在工程管理应用中常常遇到多指标问题，进而使得问题分析起来较为复杂。当指标之间有一定的相关关系时，我们可以用较少的指标代替较多的指标，而这些较少的指标既反映了原来较多指标的信息，相互之间又是无关的。这种处理问题的方法，就是主成分分析法。

主成分分析法（Principal component analysis，PCA）是多元统计分析方法的一种，又称主分量分析，采用降维思想，借助于一个正交变化，将多指标转化为较少的综合指标，且综合指标之间是无关的。

10.3.1 主成分的概念

假定有 n 个样品，每个样品需要检测其 m 个指标，则可以得到如下数据矩阵。将原指标记为 $X_1,X_2,\cdots,X_m$，将它们的主成分记为 $Y_1,Y_2,\cdots,Y_m$。则当 $m=2$ 时，原指标为 X_1,X_2，相应的主成分为 Y_1,Y_2。

$$\begin{bmatrix} X_{11} & X_{12} & \cdots & X_{1m} \\ X_{21} & X_{22} & \cdots & X_{2m} \\ \cdots & \cdots & \cdots & \cdots \\ X_{n1} & X_{n2} & \cdots & X_{nm} \end{bmatrix} \tag{10–10}$$

假定将原指标 X_1,X_2 的值，记为 $X_{t1},X_{t2}(t=1,2,\cdots,n)$，将主成分 Y_1,Y_2 的值记为 $Y_{t1},Y_{t2}(t=1,2,\cdots,n)$。则 Y_1 主成分反映的就是 $\sum_{t=1}^{n}(Y_{t1}-\overline{Y}_1)^2$ 在整个平方和中所占的比例，比例越大越好，即 Y_1 的平方和越大越好。同理，Y_2 主成分也是反映其在整个平方和中所占的比例。

10.3.2 主成分的导出

考虑到总体数据的难以获取性，通常主成分分析时针对样本分析。当总体未知时，设有 m 个指标，抽取了 n 个样本，首先计算其标准化关系矩阵

$$\begin{bmatrix} X_{11} & X_{12} & \cdots & X_{1m} \\ X_{21} & X_{22} & \cdots & X_{2m} \\ \cdots & \cdots & \cdots & \cdots \\ X_{n1} & X_{n2} & \cdots & X_{nm} \end{bmatrix} \tag{10–11}$$

其次，计算其相关系数和协方差

$$r_{ij}=S_{ij}=\frac{\sum_{t=1}^{n}(X_{it}-\overline{X}_i)(X_{jt}-\overline{X}_j)}{\sqrt{\sum_{t=1}^{n}(X_{it}-\overline{X}_i)^2}\sqrt{\sum_{t=1}^{n}(X_{jt}-\overline{X}_j)^2}} \tag{10–12}$$

其样本矩阵 R 和样本协方差矩阵 S 相同。即

$$S=R=\begin{bmatrix} r_{11} & r_{12} & \cdots & r_{1m} \\ r_{21} & r_{22} & \cdots & r_{2m} \\ \cdots & \cdots & \cdots & \cdots \\ r_{m1} & r_{m2} & \cdots & r_{mm} \end{bmatrix} \tag{10–13}$$

由上述分析可知，计算样本矩阵 R 和样本协方差矩阵 S 的特征根和特征向量即可得到主成分。

10.3.3 主成分的定义

设 $X_1,X_2,\cdots,X_m$ 是 m 个变量，n 为样本量，其第 $i(i=1,2,\cdots,m)$ 个主成分为，

$$Y_i=e_{1i}X_1+e_{2i}X_2+\cdots+e_{mi}X_m\text{，}\quad(i=1,2,\cdots,m)$$

其中

$$[e_{1i}e_{2i}\cdots e_{mi}]\begin{bmatrix} e_{1i} \\ \cdots \\ e_{mi} \end{bmatrix}=1 \tag{10–14}$$

并且满足：

（1）第一主成分 Y_1 满足 $Y_i = e_{1i}X_1 + e_{2i}X_2 + \cdots + e_{mi}X_m\ (i=1,2,\cdots,m)$，且使得方差达到极大值；

（2）第二主成分 Y_2 满足 $Y_i = e_{1i}X_1 + e_{2i}X_2 + \cdots + e_{mi}X_m\ (i=1,2,\cdots,m)$，并与 Y_1 无关，且使得方差达到极大值；

（3）第 k 个主成分 Y_k 满足 $Y_i = e_{1i}X_1 + e_{2i}X_2 + \cdots + e_{mi}X_m\ (i=1,2,\cdots,m)$，并与 $Y_1,Y_2,\cdots,Y_{k-1}$ 不相关，并使 Y 的方差达到极大值。

10.3.4 主成分的性质

对于 m 变量的 n 个样本的数据矩阵，其协方差矩阵为 S，设 S 的 m 个特征值为 λ_m，对应的 m 个单位正交特征向量为

$$[e_1e_2\cdots e_m]=\begin{bmatrix} e_{11} & e_{12} & \cdots & e_{1m} \\ e_{21} & e_{22} & \cdots & e_{2m} \\ \cdots & \cdots & \cdots & \cdots \\ e_{n1} & e_{n2} & \cdots & e_{nm} \end{bmatrix} \tag{10–15}$$

上述特征向量具有如下性质：

（1）$X_1,X_2,\cdots,X_m$ 的第 i 个主成分 Y_i 的系数就是第 i 个特征值 λ_i 所对应的正交特征向量，即

$$Y_i = e_{1i}X_1 + e_{2i}X_2 + \cdots + e_{mi}X_m \tag{10–16}$$

（2）第 i 个主成分 Y_i 的方差为第 i 个特征值 λ_i，每两个不同主成分间的协方差为 0，则 $Y_1,Y_2,\cdots,Y_m$ 的协方差矩阵 S 是一对角矩阵 Λ，其对角元素分别为 $\lambda_1,\lambda_2,\cdots,\lambda_m$，其他元素均为 0，即

$$S=\Lambda=\begin{bmatrix} \lambda_1 & 0 & \cdots & 0 \\ 0 & \lambda_2 & \cdots & 0 \\ \cdots & \cdots & \cdots & \cdots \\ 0 & 0 & \cdots & \lambda_m \end{bmatrix} \tag{10–17}$$

（3）S 和 Λ 的对角元素之和相等，即两个协方差矩阵的迹相等，即

$$\begin{aligned} tr(S) &= S_{11} + S_{22} + \cdots + S_{mm} \\ &= tr(\Lambda) = \lambda_1 + \lambda_2 + \cdots + \lambda_m \end{aligned}$$

由此可得，第 k 个主成分的方差占总方差的比例为

$$\frac{\lambda_k}{\lambda_1 + \cdots + \lambda_k},\quad k=1,2,\cdots,m$$

并称此方差比为主成分 Y_k 的贡献率。

前 k 个主成分的 $Y_1,Y_2,\cdots,Y_k$ 贡献率为

$$\frac{\lambda_1 + \lambda_2 + \cdots + \lambda_k}{\lambda_1 + \lambda_2 + \cdots + \lambda_m}$$

表示前 k 个主成分提取的 $X_1,X_2,\cdots,X_m$ 的信息的多少。

（4）主成分的相关系数。

$$R_{Y_i;X_j}=\frac{e_{ji}\sqrt{\lambda_i}}{\sqrt{S_{jj}}},i,j=1,2,\cdots,m \tag{10–18}$$

称为因子负荷量。因此，第 i 个特征向量的第 j 个分量 e_{ji} 描述了第 j 个变量 X_j 对第 i 个主成分 Y_i 的重要性，它与 Y_i 和 X_j 间的相关系数成比例。

（5）由主成分的相关系数公式进一步可得

$$\sum_{j=1}^{m}R^2{}_{Y_i;X_j}S_{jj}=\left(\sum_{j=1}^{m}e_{ij}^2\right)\lambda_i=\lambda_i \tag{10–19}$$

在实际工程应用中，如果各个变量 X_j 的变化范围相差太大，通常需要先将各变量标准化，这时，其协方差矩阵 S 与相关矩阵 R 是一致的，所以以上结论均成立。若关系矩阵 X 为标准化数据矩阵，则有

$$R_{Y_i;X_j}=e_{ji}\sqrt{\lambda_i},\ i=1,2,\cdots,m \tag{10–20}$$

10.4 因 子 分 析

在工程管理应用中，许多基本特征如评价“施工企业形象”、“创新能力”、“综合实力”等时所涉及的变量，往往无法直接观测，这就是所谓的潜在变量，因子分析就是要用这些潜在变量去解释那些可直接观测到的变量。

10.4.1 因子分析基本思想

因子分析（Factor Analysis，FA）是主成分分析的推广，相对于主成分分析，因子分析更侧重于解释观测变量之间的相关关系或协方差之间的结构。因子分析的思想源于 1904 年查尔斯·斯皮尔曼（Charles Spearman）对学生考试成绩的研究。对多指标问题进行研究时经常会发现，这些指标相关性形成的原因复杂，其中共同的原因称为公共因子；每一个变量也含有其特定的原因，称为特定因子。因子分析的核心就是用几个潜在的但不能观察的互不相关的随机变量去描述许多变量之间的相关关系，这些随机变量称为因子。为了使得这些因子能很好地替代原始数据，需要对这些因子给出合理的解释。同时为了使用这些因子，还需要对提取结果进行评价。因子分析基本思想可概括为如下几个方面：

（1）考虑是否存在较少的不相关的随机变量可用于描述原始变量之间的关系；

（2）如果存在公共因子，那么究竟应该选择几个；

（3）对提取的公共因子的含义进行解释；

（4）评价每一个原始变量与公共因子之间的关系；

（5）将这些公共因子用于其他的统计分析。

10.4.2 正交因子模型

设 m 个变量的 n 个样本的关系矩阵为

$$X=\begin{bmatrix}X_{11}&X_{12}&\cdots&X_{1m}\\X_{21}&X_{22}&\cdots&X_{2m}\\\cdots&\cdots&\cdots&\cdots\\X_{n1}&X_{n2}&\cdots&X_{nm}\end{bmatrix} \tag{10–21}$$

由于 $X_1,X_2,\cdots,X_m$ 之间可能互相独立，也可能彼此相关，因此，将 m 个变量 $X_i\ (i=1,2,\cdots,m)$ 表示成因子 $F_1,F_2,\cdots,F_p$ 和因子 $u_i(i=1,2,\cdots,m)$ 的线性组合

$$\begin{cases} X_1=a_{11}F_1+a_{12}F_2+\cdots+a_{1p}F_p+u_1 \\ X_2=a_{21}F_1+a_{22}F_2+\cdots+a_{2p}F_p+u_2 \\ \cdots \\ X_m=a_{m1}F_1+a_{m2}F_2+\cdots+a_{mp}F_p+u_m \end{cases} \tag{10–22}$$

线性组合中的 $F_k(k=1,2,\cdots,p)$ 与所有的变量 $X_1,X_2,\cdots,X_m$ 都有关，称为公共因子；而 $u_i(i=1,2,\cdots,m)$ 仅与相应的一个变量 X_i 有关，称为单因子。公共因子的系数 $a_{ik}(i=1,\cdots,p)$ 称为第 i 个变量在第 k 个公共因子 F_k 上的因子载荷。

假定原始变量 X_i、公共因子 F_k 以及单因子 u_i 均已标准化，且各因子相互独立。

进一步假定公共因子 $F_1,F_2,\cdots,F_p$ 满足

$$EF_k=0 \qquad (k=1,2,\cdots,p)$$

$$\mathrm{cov}(F_k,F_t)=\begin{cases}0 & k\neq t \\ 1 & k=t\end{cases} \qquad (k,t=1,2,\cdots,p) \tag{10–23}$$

单因子 $u_1,u_2,\cdots,u_m$ 满足

$$Eu_i=0 \qquad (i=1,2,\cdots,p)$$

$$\mathrm{cov}(u_i,u_j)\begin{cases}0 \\ \varphi_i\end{cases} \qquad (i,j=1,2,\cdots,p) \tag{10–24}$$

则式（10–24）的模型称为正交因子模型。

10.4.3 正交因子模型与回归模型的比较

（1）正交因子模型。将 m 个变量表示成因子 F_i 的线性组合，模型为，

$$X_i=a_{i1}F_1+a_{i2}F_2+\cdots+a_{ip}F_p+u_i \tag{10–25}$$

（2）回归模型。多元回归模型为，

$$Y=\beta_0+\beta_1X_1+\beta_2X_2+\cdots+\beta_kX_k+u \tag{10–26}$$

（3）正交因子模型和回归模型的比较

可见因子分析的正交因子模型与回归分析的回归模型形式是类似的，但参数的意义与自变量的性质不同。

10.4.4 因子负荷

由正交因子模型的线性组合的系数所构成的矩阵

$$A=\begin{bmatrix} a_{11} & a_{12} & \cdots & a_{1p} \\ a_{21} & a_{22} & \cdots & a_{2p} \\ \cdots & \cdots & \cdots & \cdots \\ a_{m1} & a_{m2} & \cdots & a_{mp} \end{bmatrix} \tag{10–27}$$

称为因子负荷矩阵。它具有以下结论：

（1）因子负荷 $a_{ij}(i=1,2,\cdots,m;\ j=1,2,\cdots,p)$ 是第 i 个变量 X_i 与第 j 个公共因子 F_j 的协方差，即

$$a_{ij} = \mathrm{cov}(X_i, F_j) \tag{10-28}$$

由 X_i 与 F_j 标准化的假设，可知 a_{ij} 是 X_i 与 F_j 的相关系数，它反映了 X_i 与 F_j 的关系密切程度。进一步，对于第 i 行的因子负荷 $a_{i1},a_{i2},\cdots,a_{ip}$ 而言，它反映了变量 X_i 依赖于各因子 $F_1,F_2,\cdots,F_p$ 的密切程度；同样对于第 j 列的因子负荷 $a_{1j},a_{2j},\cdots,a_{mj}$ 而言，它反映了因子 F_j 与各变量 $X_1,X_2,\cdots,X_m$ 联系的密切程度。

（2）公共因子 $F_1,F_2,\cdots,F_m$ 与单因子 u_i 对同一变量的方差所做的总贡献，由两部分组成。

公共因子方差：$h_i^2 = a_{i1}^2 + \cdots + a_{ip}^2$

单因子方差：$Du_i = \varphi_i$

通常将公共因子方差 $h_i^2 = \sum_{j=1}^{p} a_{ij}^2 (i=1,2,\cdots,m)$ 称为变量 X_i 的共同度，它表示 p 个公共因子 $F_1,F_2,\cdots,F_p$ 对变量 X_i 的方差贡献。h_i^2 越大，表示 X_i 对 $F_1,F_2,\cdots,F_p$ 的共同依赖程度就越大，用 $F_1,F_2,\cdots,F_p$ 共同去描述 X_i 就越有效；反之，X_i 对 $F_1,F_2,\cdots,F_p$ 的共同依赖程度就越小，用它们共同去描述 X_i 的效果就差。

（3）因子负荷矩阵中的任何一列元素的平方和

$$S_j = \sum_{i=1}^{m} a_{ij}^2 \qquad (j=1,2,\cdots,p)$$

表示第 j 个公共因子 $F_j(j=1,2,\cdots,p)$ 的方差贡献。

第 j 个公共因子 F_j 的方差贡献率为 F_j 的方差贡献与 m 个变量 $X_1,X_2,\cdots,X_m$ 的总方差之比

$$\frac{S_j}{S} = \frac{\sum_{i=1}^{m} a_{ij}^2}{\sum_{i=1}^{m} DX_i} \tag{10-29}$$

方差贡献率越大，该因子就越重要。

10.5 判别分析

判别分析（Distinguish Analysis，DA）是根据所研究个体的观测指标来推断该个体所属类型的一种统计方法，在自然科学和社会科学的研究中经常会碰到这种统计问题。例如在工程质量管理中，检查了一定数量的质量指标后，要求做出该项工程是否属于优良、合格或不合格的判断。在工程管理应用中，传统方法主要靠经验归纳，凭直观来判断，结果往往只能进行定性的分类，粗略判定其归属问题。这种方法已经远远不能适应现代工程管理的要求，采用判别分析，可以通过对从工程或企业中获取的大量数据进行定量分析。

根据隶属组数的不同，判别分析可分为两组判别或多组判别，其中，两组判别是要判别一个样本究竟属于已知两组 X_1 与 X_2 中的哪一组；当组数大于 2 时，就是多组判别。

10.5.1 判别分析基本思想

进行判别分析必须是已知观测对象的分类和若干表明观测对象特征的变量值。判别分析

就是要从中选出能提供较多信息的变量并建立判别函数，利用推导出的判别函数对观测量判别其所属类别时的错判率最小。

对于两个总体 X_1、X_2，假设有 p 个判别变量，采用 $Y_1,Y_2,\cdots,Y_p$ 构成一个综合的判别指标，可以提高判别概率的正确性。

判别函数记作

$$Z=Z(Y_1,Y_2,\cdots,Y_p) \tag{10–30}$$

（1）总体 X_1 的判别。

在 n_1 个样本的每个样本（设为第 j 个）中均可以分析出 p 个判别变量的值，代入到判别函数中，就可以求出判别值是

$$Z_j(X_1) \quad (j=1,2,\cdots,n_1) \tag{10–31}$$

均值为

$$\bar{Z}(X_1)=\frac{1}{n_1}\sum_{j=1}^{n_1}Z_j(X_1) \tag{10–32}$$

（2）总体 X_2 的判别。

在 n_2 个样本的每个样本（设为第 j 个）中均可以分析出 p 个判别变量的值，代入到判别函数中，就可以求出判别值是

$$Z_j(X_2) \quad (j=1,2,\cdots,n_2) \tag{10–33}$$

均值为

$$\bar{Z}(X_2)=\frac{1}{n_2}\sum_{j=1}^{n_2}Z_j(X_2) \tag{10–34}$$

通过判别分析的方法，构造一个介于 $\bar{Z}(X_1)$ 与 $\bar{Z}(X_2)$ 之间的判别指标，设为某个待判别样本的判别值。

若 $\bar{Z}(X_1)\geqslant Z_c\geqslant\bar{Z}(X_2)$，则

当 $Z\geqslant Z_c$ 时，判断它属于 X_1；

当 $Z<Z_c$ 时，判断它属于 X_2。

若 $\bar{Z}(X_1)<Z_c<\bar{Z}(X_2)$，则

当 $Z\geqslant Z_c$ 时，判断它属于 X_2；

当 $Z<Z_c$ 时，判断它属于 X_1。

10.5.2 线性判别函数

假设由 p 个判别变量构成的线性函数，其判别函数的一般形式为

$$Z=\sum_{t=1}^{p}C_tY_y \tag{10–35}$$

式中：$C_1,C_2,\cdots,C_p$ 是待定系数，采用 Fisher 准则的思想进行求解。

（1）Fisher 准则。基本思想是：使两组样本的 p 个变量经过线性变换后形成一个新的变量，若要达到每个样本的新变量的值使两组样本能区分得更好，关键是要使两组样本的新变量的均值之差最大，且使各组组内的离差平方和最小。

（2）构造判别值。设有 n_1 个样本属于 X_1 组，n_2 个样本属于 X_2 组。对于 X_1 组中的 n_1 个样

本，可以测得变量$Y_1,Y_2,\cdots,Y_p$的值，代入判别函数式，得到一个判别值

$$Z_j(X_1)\ (j=1,2,\cdots,n_2)\text{，且}\ \bar{Z}(X_1)=\frac{1}{n_1}\sum_{j=1}^{n_1}Z_j(X_1) \tag{10–36}$$

对于X_2组中的n_2个样本，也得到一个判别值

$$Z_j(X_2)\ (j=1,2,\cdots,n_2)\ \text{且}\ \bar{Z}(X_2)=\frac{1}{n_2}\sum_{j=1}^{n_2}Z_j(X_2) \tag{10–37}$$

通过判别分析的方法，可确定判别指标Z，能把$Z_j(X_1)$与$Z_j(X_2)$区分开。故要求使得$Z_j(X_1)$与$Z_j(X_2)$差别大，或使得$[\bar{Z}(X_1)-\bar{Z}(X_2)]^2$差别小而同类的判别值小，即使得

$$\sum_{j=1}^{n_1}[Z_j(X_1)-\bar{Z}(X_1)]^2+\sum_{j=1}^{n_2}[Z_j(X_2)-\bar{Z}(X_2)]^2 \tag{10–38}$$

达到最小。

综合以上，即要求

$$I=\frac{Q}{f}=\frac{[\bar{Z}(X_1)-\bar{Z}(X_2)]^2}{\sum_{j=1}^{n_1}[Z_j(X_1)-\bar{Z}(X_1)]^2+\sum_{j=1}^{n_2}[Z_j(X_2)-\bar{Z}(X_2)]^2} \tag{10–39}$$

为最大。

（3）求解待定系数。根据微积分求极值的方法，对式（10–39）两边取对数得

$$\ln I=\ln Q-\ln F \tag{10–40}$$

令

$$\frac{\partial\ln I}{\partial C_t}=\frac{\partial\ln Q}{\partial C_t}-\frac{\partial\ln F}{\partial C_t}=0 \tag{10–41}$$

可得

$$\frac{1}{I}\bullet\frac{\partial Q}{\partial C_t}=\frac{\partial F}{\partial C_t} \tag{10–42}$$

为求出$\dfrac{\partial Q}{\partial C_t}$，$\dfrac{\partial F}{\partial C_t}$，先将$Q$，$F$表示为$C_t$的函数。

因为

$$\begin{cases}Z=\sum_{t=1}^{p}C_tY_t\\ Z_j(X_1)=\sum_{t=1}^{p}C_tY_{jt}(X_1)\\ Z_j(X_2)=\sum_{t=1}^{p}C_tY_{jt}(X_2)\end{cases}\text{且}\begin{cases}\bar{Z}(X_1)=\frac{1}{n_1}\sum_{j=1}^{n_1}Z_j(X_1)=\sum_{t=1}^{p}C_t\bar{Y}_t(X_1)\\ \bar{Z}(X_2)=\frac{1}{n_2}\sum_{j=1}^{n_2}Z_j(X_2)=\sum_{t=1}^{p}C_t\bar{Y}_t(X_2)\end{cases}$$

所以

$$Q=[\bar{Z}(X_1)-\bar{Z}(X_2)]^2=(\sum_{t=1}^{p}C_td_t)^2$$

$$F=\sum_{j=1}^{n_1}[Z_j(X_1)-\bar{Z}(X_1)]^2+\sum_{j=1}^{n_1}[Z_j(X_2)-\bar{Z}(X_2)]^2$$

$$=\sum_{j=1}^{n_1}\{C_1[Y_{j1}(X_1)-\bar{Y}_1(X_1)]+\cdots+C_p[Y_{jp}(X_1)-\bar{Y}_p(X_1)]\}^2$$

$$=\sum_{j=1}^{n_2}\{C_1[Y_{j1}(X_2)-\bar{Y}_1(X_2)]+\cdots+C_p[Y_{jp}(X_2)-\bar{Y}_p(X_2)]\}^2$$

接下来求Q和F对C_t的偏导数。最后我们得到下面的计算公式

$$\frac{2}{I}(\sum_{l=1}^{p}C_l d_l)d_t=2\sum_{l=1}^{p}C_l S_{tl}$$

令

$$\sum_{l=1}^{p}\frac{C_l d_l}{I}=B$$

可得

$$\sum_{l=1}^{p}C_l S_{tl}=Bd_t \qquad (10\text{–}43)$$

即可得到一个p阶线性方程组。式中B不依赖于t，它对t来说是个常因子，不影响所求解的C_t之间的相对比例关系，因而对判别效果没有影响，故可令$B=n_1+n_2-2$。于是得到

$$\sum_{l=1}^{p}C_l S_{tl}=(n_1+n_2-2)d_t\text{，其中}t=1,2,\cdots,p\text{。}$$

上式即为所求的方程组，求解得$C_1,C_2,\cdots,C_p$，便可得到线性判别函数

$$Z=C_1Y_1+C_2Y_2+\cdots+C_pY_p \qquad (10\text{–}44)$$

10.5.3 判别指标与评价

（1）判别指标。

当求出判别函数后，我们可以求出$\bar{Z}(X_1)$、$\bar{Z}(X_2)$。这里$\bar{Z}(X_1)$是由n_1个样本求得的，$\bar{Z}(X_2)$是由n_2个样本求得的。通常可以用$\bar{Z}(X_1)$、$\bar{Z}(X_2)$的加权平均作为判别指标，即

$$Z_c=\frac{n_1\bar{Z}(X_1)+n_2\bar{Z}(X_2)}{n_1+n_2} \qquad (10\text{–}45)$$

其中

$$\bar{Z}(X_1)=\sum_{t=1}^{p}C_t\bar{Y}_t(X_1)=\sum_{t=1}^{p}C_t[\frac{1}{n_1}\sum_{j=1}^{n_1}Y_{jt}(X_1)] \qquad (10\text{–}46)$$

$$\bar{Z}(X_2)=\sum_{t=1}^{p}C_t\bar{Y}_t(X_2)=\sum_{t=1}^{p}C_t[\frac{1}{n_2}\sum_{j=1}^{n_2}Y_{jt}(X_2)] \qquad (10\text{–}47)$$

（2）判别法则。

设Z为某一待判样本的判别值，则可以分两个层面进行讨论：

若$\bar{Z}(X_1)\geqslant Z_c\geqslant\bar{Z}(X_2)$，

当$Z\geqslant Z_c$时，判断它属于X_1；

当$Z<Z_c$时，判断它属于X_2。

若$\bar{Z}(X_1) < Z_c \leqslant \bar{Z}(X_2)$，

当$Z \geqslant Z_c$时，判断它属于X_2；

当$Z < Z_c$时，判断它属于X_1。

（3）判别函数评价。

需要对方程组的判别函数（10–44）进行有效性检验。

$$Z = C_1Y_1 + C_2Y_2 + \cdots + C_pY_p \tag{10–48}$$

判别的有效性需要进行检验。

判别函数的有效性检验，就是看d_t是否足够大。其中d_t是判别变量$Y_1,Y_2,\cdots,Y_p$在X_1中的平均值与在X_2的平均值之差

$$d_t = \bar{Y}_t(X_1) - \bar{Y}_t(X_2) \tag{10–49}$$

采用统计学中马哈拉诺比斯（Mahalanobis）统计量D^2进行检验

$$D^2 = \sum_{t=1}^{p} | c_t d_t | \tag{10–50}$$

定义综合距离函数为总体X_1，X_2之间的距离，可证明统计量

$$F = \left[\frac{n_1n_2}{(n_1+n_2)(n_1+n_2-2)}\right]\left(\frac{n_1+n_2-p-1}{p}\right)D^2 \sim F(p, n_1+n_2-p-1)$$

服从第一自由度为p，第二自由度为n_1+n_2-p-1的F分布，可以通过查F分布表进行检验并评价判别函数。

对于马哈拉诺比斯统计量，D^2是由p项构成的，因此第t项$|c_td_t|$在D^2中所占的比重就反映了第t个判别变量对总距离所做的贡献的大小，即$\dfrac{|c_td_t|}{D^2}$取值大的判别变量Y对判别作用的贡献就大，反之贡献就小。贡献小的判别变量可根据实际情况排除。

10.6 本章小结

（1）相关分析是用来分析不同指标直接相关性的统计方法，通过相关系数测定两个变量之间是否存在线性相关关系，以及相关密切程度。

（2）聚类分析是根据样品的多个指标的数据，定量确定指标之间相似性，并通过对不同指标的归类操作构成分类谱系图，是一种常用的指标分类方法。

（3）主成分分析通过将多个相关变量转换为少数几个综合变量，综合变量能反映原来多个变量的大部分信息，且它们之间又是无关的。

（4）因子分析是用少数几个因子去解释多个可直接观测到的变量。先将可直接观测到的变量进行分类，使彼此间相关性较密切的变量分在同一类中，且使不同类的变量之间的相关性尽可能地小。

（5）判别分析是采用与总体有关的多个判别变量，构造一个适当的判别函数，再由总体的每个样本所分析出的多个判别变量的值，分别求得判别值，并构造判别指标，对判别样本做出判别。

思考与练习题

（1）为研究不同产业生产总值对人均生产总值的关系，收集了下表数据。

年份	生产总值（单位：亿元）			人均生产总值（单位：元/人）
	第一产业	第二产业	第三产业	
2000	44.65	277.13	324.35	9484
2001	45.87	312.90	376.09	10 628
2002	47.77	353.58	425.33	11 831
2003	50.72	407.38	488.56	13 341
2004	60.21	476.92	565.26	15 294
2005	66.01	540.50	707.42	16 406
2006	70.44	645.65	822.85	18 890
2007	82.51	781.94	992.18	22 463
2008	103.45	981.58	1233.11	27 794
2009	110.38	1144.75	1468.95	32 411
2010	140.06	1406.72	1694.91	38 343
2011	173.14	1674.31	2015.13	45 475
2012	195.59	1881.75	2288.76	51 166
2013	217.76	2117.66	2548.71	56 988

要求：绘制上述数据的散点图，计算不同产业生产总值与人均生产总值的相关系数，并分析不同产业生产总值对人均生产总值影响的差异。

（2）说明 *K*–Means 聚类分析的基本步骤。

（3）讨论针对样本数据和总体数据进行主成分分析的差异。

（4）因子分析正交因子模型与回归分析的线性回归模型存在什么差别？

（5）判别分析的核心思想是什么？

11 Excel 和 SPSS 在统计学中的应用

11.1 常用的统计软件

11.1.1 常用统计软件简介

常用软件包括 SAS、SPSS、S–plus、R、Stata、Minitab 等，不同的软件在功能、易用性、扩展性等方面又各具特色。

（1）SAS。

SAS 过去是“Statistical Analysis System”的简称，由于现在其功能已远远超出统计分析的范围，SAS 已经变成了一个单纯的商标，其强大的功能和可编程性使其成为一些超级用户的首选。

SAS 软件的主要特点包括：可以同时处理多个数据集，有很多模块，功能非常全面；虽然也提供了许多菜单操作模式，但仍以编程为主，学习起来有一定难度，是最难掌握的统计软件之一。

SAS 的绘图功能是所有软件中最强大的，但同时也是最难掌握的，虽然 SAS 也提供了一些交互式的制图界面，但与其他软件相比还不够方便。

（2）SPSS。

SPSS 是“Statistical Product and Service Solutions”的简称，它也是最早的统计软件之一。许多初学者都喜欢使用 SPSS，因为它非常容易使用，用鼠标点击下拉菜单中的命令就能完成分析工作。当然，SPSS 也提供了编程的操作方式。

SPSS 的数据编程窗口与 Excel 类似，并且可以自己定义数据的属性，最多允许有 4096 个变量。但其数据管理工程相对较弱，一个 SPSS 过程只允许同时打开一个数据文件，这对于有些分析工作来说可能不够方便。SPSS 是一个模块式的软件，可以根据需要选择购买不同的功能模块。SPSS 在方差分析和多元统计分析方面的功能比较突出。

SPSS 也有强大的图形功能，可以做出高质量的图形，并且可以比较方便地进行编辑。

（3）S–plus。

许多人认为 S–plus 是介于 SAS 和 SPSS 之间的一个软件，它也可以完成绝大部分统计分析，具有菜单式的操作界面，同时提供了强大的编程语言。可以很容易地把自己编写的函数集成到 S–plus 中去。S–plus 的绘图能力特别出色，灵活性强。

（4）R。

R 是一套很像 S–plus 的免费统计软件，其语法与图形功能几乎跟 S–plus 一样，大多数的 S–plus 程序也可在 R 上顺利执行，R 可以在 r-project 的网页免费取得，不足之处是没有实现菜单式的图形用户界面，对于初学者来说学习起来较为困难。

（5）Stata。

经济学和社会科学领域的许多学者喜欢使用 Stata 软件。这一软件也有菜单式的操作界面，同时提供了强大的编程能力，易学易用，扩展性强，更新速度快，很容易将自己编写或者网上下载的程序加入软件中。

Stata 的回归分析和回归诊断方面的功能非常强大，几乎能估计统计学和计量经济学中的所有回归模型，而在多元统计分析方面的功能稍弱，Stata 可以用菜单或程序做出高质量的图形，但完成后的图形不能进行编辑。

（6）Minitab。

Minitab 也是一个简单易学的统计软件，其统计功能和图形功能都比较全面，在统计学的教学中应用广泛。这一软件的突出特色是提供的质量改进分析工具非常全面易用。

11.1.2 统计软件的选择

每个软件都有自己的优势和劣势。就统计学原理涉及的统计方法而言，几乎所有的统计软件都可以胜任，但对于一些具体的实际问题，可能有的软件会比其他软件更合适。例如，在进行一些多元统计分析时可能会选择 SAS，处理抽样调查数据可能会选择 Stata，做方差分析时可能会选择 SPSS，进行质量改进统计分析时可能会选择 Minitab，希望进行统计应用开发时可能会选择 SAS 或 S–plus。因此，如果需要经常进行统计分析，可以把这些软件都纳入到自己的工具箱中。

作为入门的软件，易学易用的 SPSS 或者 Minitab 可能是较好的选择，一开始就学习复杂的统计软件可能令人沮丧。

Excel 为处理数据和对数据进行初步的分析提供了良好的条件，但 Excel 的统计功能有限，如果分析工作牵涉重大的决策，对计算结果的准确性有很高的要求，建议采用专门的统计软件。通常可以用 Excel 准备数据，然后用专门的软件进行统计分析，也可以把结果转回 Excel 中作图。

11.2 Excel 在统计学中的应用

11.2.1 数据汇总和图表

在讨论收集到的重要数据时，首先要把它汇总，并做成图表以便把握数据的特征。数据有什么样的特征，能够看出什么样的趋势，明白这些之后才能够进行各种各样的分析，得到更多的信息。

Excel 可以根据用户的要求，尽快地完成对工作表的数据进行横向、纵向以及多维的统计分析。

（1）分类汇总。

利用 Excel 可以按数据清单中某个字段的值进行分类，并且按这些不同的类进行汇总。分类汇总前必须先对数据按分类的字段进行排序，如图 11–1 所示是一个年终津贴分配表，先对该表按“部门”分类，再对“津贴”汇总，即可统计出各部门的津贴总和。

操作步骤：

1）首先进行分类，按要分类的字段进行排序。本例中以“部门”为关键字排序，排序结果如图 11–2 所示。

2）在要分类的数据清单区域中的分类字段下方任意选取单元格。本例选取津贴下方的任意单元格。

3）选取【数据】选项卡中的“分类汇总”命令，出现汇总对话框，如图 11–3 所示。

4）单击【分类字段】列表框的下拉按钮，在下拉列表框中选择分类汇总依据的字段。本例中选“部门”。

	A	B	C	D	E	F
1	年终津贴分配表					
2	姓名	性别	职工号	部　门	职称	津贴
3	孙大力	男	1002	教研室1	教授	24000
4	李　琳	女	1012	教研室1	副教授	18000
5	白　俊	男	1005	教研室3	副教授	17500
6	徐　娟	女	1007	教研室1	讲师	12000
7	陈　蓓	女	1021	教研室3	副教授	21000
8	王　明	男	1009	教研室3	副教授	18000
9	蔡晓琳	女	1032	教研室2	教授	25000
10	王欣力	男	1066	教研室1	讲师	11000
11	江　湖	男	1011	教研室2	副教授	16000
12	高　勇	男	1058	教研室2	讲师	12500

图 11–1　排序前的数据清单

	A	B	C	D	E	F
1	年终津贴分配表					
2	姓名	性别	职工号	部　门	职称	津贴
3	孙大力	男	1002	教研室1	教授	24000
4	李　琳	女	1012	教研室1	副教授	18000
5	徐　娟	女	1007	教研室1	讲师	12000
6	王欣力	男	1066	教研室1	讲师	11000
7	蔡晓琳	女	1032	教研室2	教授	25000
8	江　湖	男	1011	教研室2	副教授	16000
9	高　勇	男	1058	教研室2	讲师	12500
10	白　俊	男	1005	教研室3	副教授	17500
11	陈　蓓	女	1021	教研室3	副教授	21000
12	王　明	男	1009	教研室3	副教授	18000

图 11–2　按“部门”排序后的数据清单

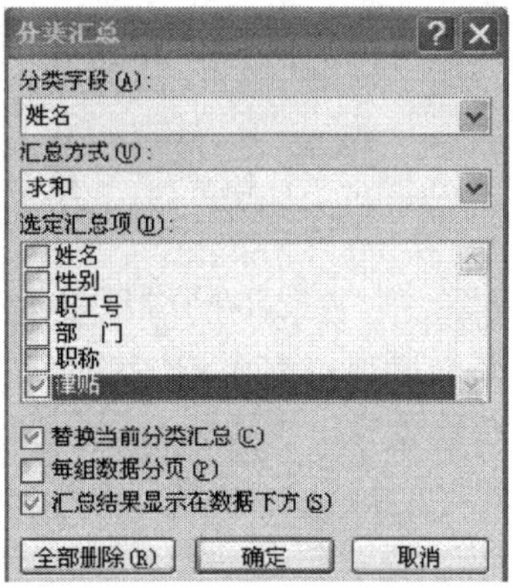

图 11–3　“分类汇总”对话框

5）单击【汇总方式】列表框的下拉按钮，在下拉列表框中选择所需的统计函数，如求和、平均值、最大值、计数等。本例中选“求和”。

6）在【选定汇总项】列表框中选择汇总的对象。本例中选“津贴”。

7）选取【替换当前分类汇总】复选框，表示以新计算的分类汇总数据替换原来的分类汇总数据。

8）选取【汇总结果显示在数据下方】复选框，使每类数据的分类汇总结果插在每类数据组的下一行。

9）单击【确定】按钮。分类汇总后的工作表如图 11–4 所示。

若需要同时选择几种汇总方式，则在第 7）步骤中清除“替换当前分类汇总”复选框，以保留上次的分类汇总结果。如本例中同时汇总不同部门津贴的“平均值”和“求和”，如图 11–5 所示。

	A	B	C	D	E	F
1	年终津贴分配表					
2	姓名	性别	职工号	部　门	职称	津贴
3	孙大力	男	1002	教研室1	教授	24000
4	李　琳	女	1012	教研室1	副教授	18000
5	徐　娟	女	1007	教研室1	讲师	12000
6	王欣力	男	1066	教研室1	讲师	11000
7				**教研室1 汇总**		65000
8	蔡晓琳	女	1032	教研室2	教授	25000
9	江　湖	男	1011	教研室2	副教授	16000
10	高　勇	男	1058	教研室2	讲师	12500
11				**教研室2 汇总**		53500
12	白　俊	男	1005	教研室3	副教授	17500
13	陈　蓓	女	1021	教研室3	副教授	21000
14	王　明	男	1009	教研室3	副教授	18000
15				**教研室3 汇总**		56500
16				**总计**		175000

图 11–4　分类汇总表

	A	B	C	D	E	F
1	年终津贴分配表					
2	姓名	性别	职工号	部　门	职称	津贴
3	孙大力	男	1002	教研室1	教授	24000
4	李　琳	女	1012	教研室1	副教授	18000
5	徐　娟	女	1007	教研室1	讲师	12000
6	王欣力	男	1066	教研室1	讲师	11000
7				**教研室1 平均值**		16250
8				**教研室1 汇总**		65000
9	蔡晓琳	女	1032	教研室2	教授	25000
10	江　湖	男	1011	教研室2	副教授	16000
11	高　勇	男	1058	教研室2	讲师	12500
12				**教研室2 平均值**		17833.3
13				**教研室2 汇总**		53500
14	白　俊	男	1005	教研室3	副教授	17500
15	陈　蓓	女	1021	教研室3	副教授	21000
16	王　明	男	1009	教研室3	副教授	18000
17				**教研室3 平均值**		18833.3
18				**教研室3 汇总**		56500
19				**总计平均值**		17500
20				**总计**		175000

图 11–5　多种统计分析分类汇总后工作表

（2）数据透视表。

数据透视表是一种交互报表，主要用于快速汇总大量数据。可以通过选择行和列的不同组合来查看对源数据的汇总，也可通过显示不同的页来筛选数据，还可以根据需要显示区域中的明细数据。

以图 11–1 所示的年终津贴分配表为例，要求统计各部门的津贴总和以及各部门男女教师各自的津贴总和。操作步骤如下：

1）单击数据清单中的任一单元。

2）单击【插入】选项卡中【数据透视表】，出现“数据透视表字段列表”，如图 11–6 所示。

3）选择要添加到报表的字段，本例选“性别”“部门”“津贴”，得到数据透视表，如图 11–7 所示。

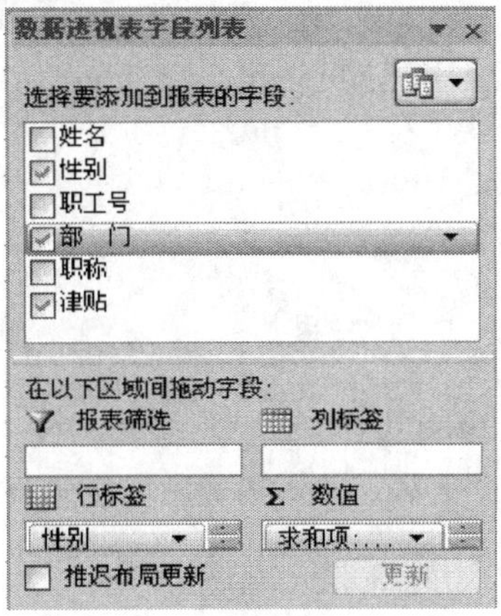

图 11–6　数据透视表对话框

	A	B
1		
2		
3	行标签	求和项:津贴
4	⊟男	99000
5	教研室1	35000
6	教研室2	28500
7	教研室3	35500
8	⊟女	76000
9	教研室1	30000
10	教研室2	25000
11	教研室3	21000
12	总计	175000

图 11–7　添加了字段的透视表

（3）图表。

柱形图和折线图是具有代表性的图表。原则上，连续变量用折线图、离散变量用柱形图来表示。在【插入】选项卡中选择图表类型，将上例中图 11–6 数据绘制成柱形图，本例中选“簇状柱形图”，如图 11–8 所示。

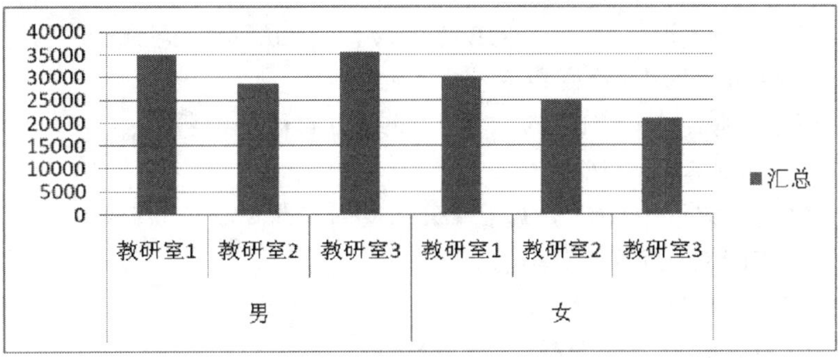

图 11–8　津贴汇总柱形图

想要调整图表的布局，只需要用鼠标右击要改动的部分，进行各种设定。其他图表也用同样的方法绘制。

11.2.2 Excel 的常用统计函数

（1）计数函数

通常需要在某一数据区域内满足某条件的数据个数。可以用两种函数实现：

1）COUNT（range）。

适合用于已排序的数据区域，将要计数的数据区域赋给函数，如 COUNT（B5：B32），返回从 B5 到 B32 单元格数量。

2）COUNTIF（range，criteria）。

是条件计数函数，适合任何数据区域，只是条件编写格式有严格要求。range：要计算其中非空单元格数目的区域，criteria：以数字、表达式或文本形式定义的条件。例如 COUNTIF（DATA，12）：返回包含值 12 的单元格数量；COUNTIF（DATA，"<0"）：返回包含负值的单元格数量。

（2）特征数函数。

在调查数据整理和分析过程中经常用到以下几种统计量（特征数）函数。

1）算术平均数：AVERAGE（number1，number2，…）。

2）几何平均数：GEOMEAN（number1，number2，…）。

3）调和平均数：HARMEAN（number1，number2，…）。

4）众数：MODE（number1，number2，…）。

5）中位数：MEDIAN（number1，number2，…）。

6）百分比排位：PERCENTRANK（array，x，significance）。

7）百分比数值点：PERCENTILE（array，k）。

8）平均差：AVEDEV（number1，number2，…）。

9）方差：VAR（number1，number2，…）。

10）标准差：STDEVP（number1，number2，…）。

（3）分布函数。

经常用到的分布函数有：

1）正态分布函数——NORMDIST，返回密度函数值或概率值。

2）正态分布函数逆函数——NORMINV，返回正态分布的百分位数。

3）标准正态分布函数 NORMSDIST，返回概率值。

4）标准正态分布函数逆函数——NORMSINV，返回标准正态分布的百分位数。

5）χ^2 分布函数 CHIDIST，返回概率值。

6）χ^2 分布函数逆函数——CHIINV，返回 χ^2 分布的百分位数。

7）t 分布函数 TDIST，返回概率值。

8）t 分布函数逆函数——TINV，返回 t 分布的百分位数。

9）F 分布函数 FDIST，返回概率值。

10）F 分布函数逆函数——FINV，返回 F 分布的百分位数。

11.2.3 利用 Excel 进行方差分析

Excel 提供了三种方差分析的工具：单因素方差分析、可重复双因素方差分析和无重复双因素方差分析。下面通过一个例子来说明方差分析的过程。

【例 11–1】两个实验室分别对三种材料的技术性能进行测试，数据如图 11–9 所示。试检验实验室、材料以及它们的相互作用对实验数据是否具有显著影响（α=0.05）。

操作步骤：

1）输入数据

	A	B	C	D
1		材料		
2	实验室	B1	B2	B3
3		4.1	3.1	3.5
4	A1	3.9	2.8	3.2
5		4.3	3.3	3.6
6		2.7	1.9	2.7
7	A2	3.1	2.2	2.3
8		2.6	2.3	2.5

图 11–9　输入数据

2）在【数据】选项卡中单击【数据分析】，弹出“数据分析”对话框如图 11–10 所示。如果“数据”选项卡中没有“数据分析”，则单击【Microsoft office】按钮，然后单击【Excel 选项】，单击【加载项】，然后在“管理”框中选取“Excel 加载项”，单击【转到】，在“可加载宏”框中选中“分析工具库”复选框，然后单击【确定】。如果“可加载宏”框中未列出“分析工具库”，则单击【浏览】找到它。如果系统提示计算机当前未安装分析工具库，请单击【是】以安装它。加载分析工具库之后，“数据分析”命令将出现在【数据】选项卡中的“分析”组中。

3）选择“方差分析：可重复双因素分析”，单击【确定】，弹出【方差分析】对话框，如图 11–11 所示。

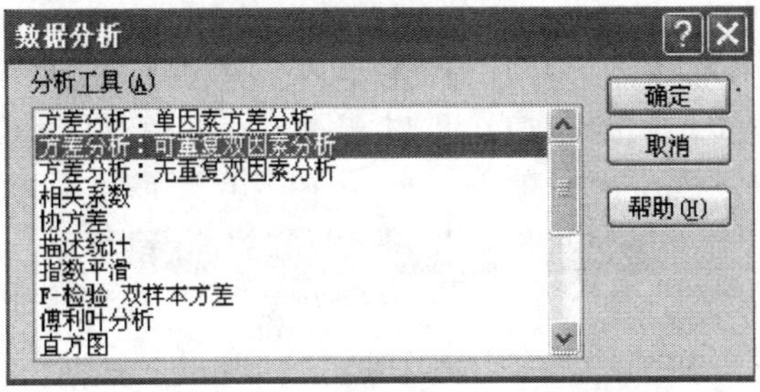

图 11–10　“数据分析”对话框

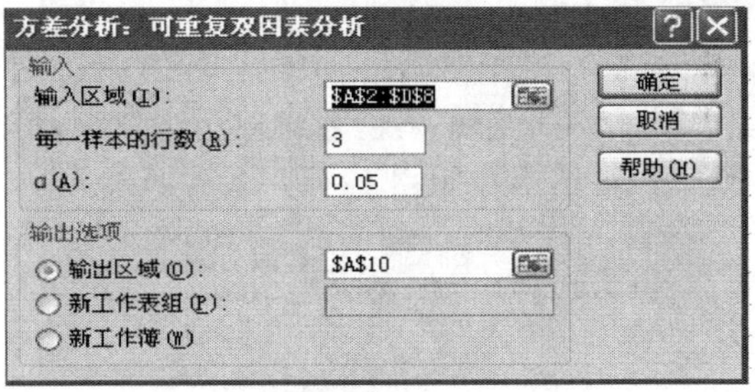

图 11–11　“方差分析”对话框

4）填写对话框，单击【确定】，输出结果如图 11–12 所示。

方差分析：可重复双因素分析						
SUMMAR	B1	B2	B3	总计		
A1						
观测数	3	3	3	9		
求和	12.3000	9.2000	10.3000	31.8000		
平均	4.1000	3.0667	3.4333	0.5000		
方差	0.0400	0.0633	0.0433	0.2425		
A2						
观测数	3	3	3	9		
求和	8.4000	6.4000	7.5000	22.3000		
平均	2.8000	2.1333	2.5000	2.4778		
方差	0.0700	0.0433	0.0400	0.1219		
总计						
观测数	6	6	6			
求和	20.7000	15.6000	17.8000			
平均	3.4500	2.6000	2.9667			
方差	0.5510	0.3040	0.2947			
方差分析						
差异源	SS	df	MS	F	P-value	F crit
样本	5.0139	1	5.0139	100.2778	0.0000	4.7472
列	2.1811	2	1.0906	21.8111	0.0001	3.8853
交互	0.1344	2	0.0672	1.3444	0.2973	3.8853
内部	0.6000	12	0.0500			
总计	7.9294	17				

图 11–12　Excel 输出的可重复双因素方差分析结果

输出结果中给出的方差分析表与第六章的方差分析表是一致的。其中 *SS* 表示离差平方和，*df* 表示自由度，*MS* 表示平均平方和，*F* 表示统计量，*Fcrit* 表示在一定的显著水平下的临界值，*P–value* 是单尾概率值，表示原假设成立时得到上述样本的概率。

在本例中，*FA* 统计量约为 100.3，大于临界值 4.7；*FB* 统计量约为 21.8，大于临界值 3.9；*FAB* 统计量约为 1.3，小于临界值 3.9。说明实验室和材料类型对实验数据有显著影响，数据分析中没有反映出它们的交互作用对实验结果有显著影响。

按类似的方法可以进行单因素方差分析和无重复双因素方差分析。

11.2.4 利用 Excel 进行回归分析

Excel 提供的回归分析工具可用于一元线性回归和多元线性回归。下面通过一个例子来说明回归分析的过程。

【例 11–2】在房产交易中，成交价与面积、评估价有一定的内在联系。现收集了 12 处房产的面积、评估价和成交价数据，试用多元线性回归方法来分析成交价与房产面积和评估价之间的关系。

操作步骤：

1）输入原始数据，如图 11–13 所示。注意样本数据要按列存放，否则分析中会识别错误。

2）在【数据】选项卡中单击【数据分析】命令，然后选择“回归”，单击【确定】。弹出“回归”对话框，如图 11–14 所示。

	A	B	C
1	面积	评估价	成交价
2	98.31	108701	132718
3	75.31	95066	123089
4	112.31	210368	220083
5	173.82	287705	305408
6	76.58	101698	130186
7	72.89	85015	105690
8	110.91	112723	144183
9	73.89	107140	116140
10	81.39	121879	142422
11	85.03	119454	121592
12	48.02	65000	71000
13	55.8	75022	81032

图 11–13 原始数据

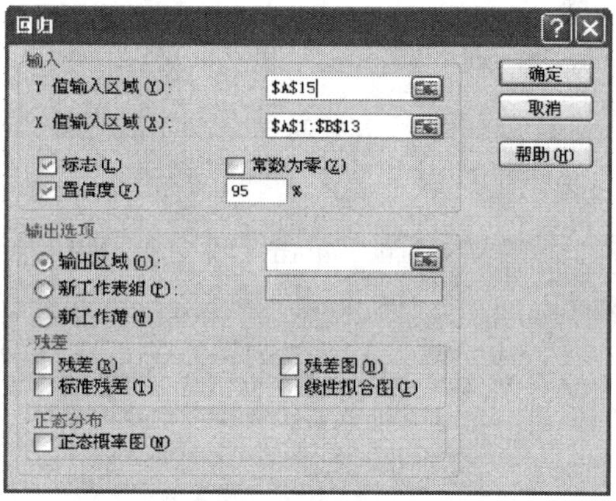

图 11–14 “回归”对话框

3）如图 11–14 所示填写对话框，单击【确定】，输出结果如图 11–15 所示。

回归统计								
Multiple R	0.9932							
R Square	0.9864							
Adjusted R Square	0.9834							
标准误差	8206.2070							
观测值	12							
方差分析								
	df	SS	MS	F	Significance F			
回归分析	2	4.39E+10	2.20E+10	3.26E+02	4.00E-09			
残差	9	6.06E+08	6.73E+07					
总计	11	4.45E+10						
	Coefficients	标准误差	t Stat	P-value	Lower 95%	Upper 95%	下限 95.0%	上限 95.0%
Intercep	1872.7021	7797.7112	0.2402	0.8156	-15766.9460	19512.3502	-15766.9460	19512.3502
面积	540.8174	196.1979	2.7565	0.0222	96.9870	984.6479	96.9870	984.6479
评估价	0.7353	0.1028	7.1529	0.0001	0.5028	0.9679	0.5028	0.9679

图 11–15 回归分析输出结果

分析结果分为三部分：第一部分是回归统计结果，包括复相关系数（Multiple R）、判定系数（R Square）、修正判定系数（Adjusted R Square）、标准误差和样本数；第二部分是方差分析结果，包括自由度（df）、离差（SS）、均方 MS、F 统计量和 P 值（Significance F）；第三部分是回归方程结果，包括回归系数估计值（Coefficients）、估计标准误差、回归系数的显著性水平（t Stat）、t 分布的双尾概率（P–value）和估计值的上下界。

从图 11–14 中，可以得到回归方程：

成交价=1872.70+540.82×面积+0.74×评估价。

面积的 t 统计量为 2.76，大于临界值 $T_{0.025}$（12–2）=2.23；评估价的 t 统计量为 7.15，大于临界值 2.23。因此可以得出面积、评估价对成交价的影响都显著的结论。

另外，从回归统计结果中可以得到，该多元线性回归的标准误差为 8206.21，判定系数（R Square）为 98.64%。方差分析结果显示 F 统计量为 326.20，大于临界值 $F_{0.05}$（1，12–2）=4.96，说明成交价与面积、评估价之间存在显著的线性关系。

11.3 SPSS 在统计学中的应用

11.3.1 SPSS 软件介绍

统计产品与服务解决方案（Statistical Product and Service Solutions，简称 SPSS）软件是世界上最早的统计分析软件，是由美国 SPSS 公司于 20 世纪 80 年代开发的大型统计学软件系列。最早在社会科学中应用较广，又称为社会科学统计软件包 Statistical Package for the Social Sciences。2009 年 7 月 28 日，IBM 公司宣布将用 12 亿美元现金收购统计分析软件供应商 SPSS 公司。如今 SPSS 已出至版本 22.0，而且更名为 IBM SPSS。

本章实例采用 IBM SPSS 19.0 版本，其用户界面较为友善，结果输出支持多个国家的语言。

（1）IBM SPSS Statistics 19.0 的启动和退出。

启动计算机后，单击左下角【开始】→【所有程序】→【IBM SPSS Statistics】→【IBM SPSS Statistics 19】可启动，或者直接双击桌面的 IBM SPSS 19 的快捷方式，并出现下面的对话框，如图 11–16 所示。

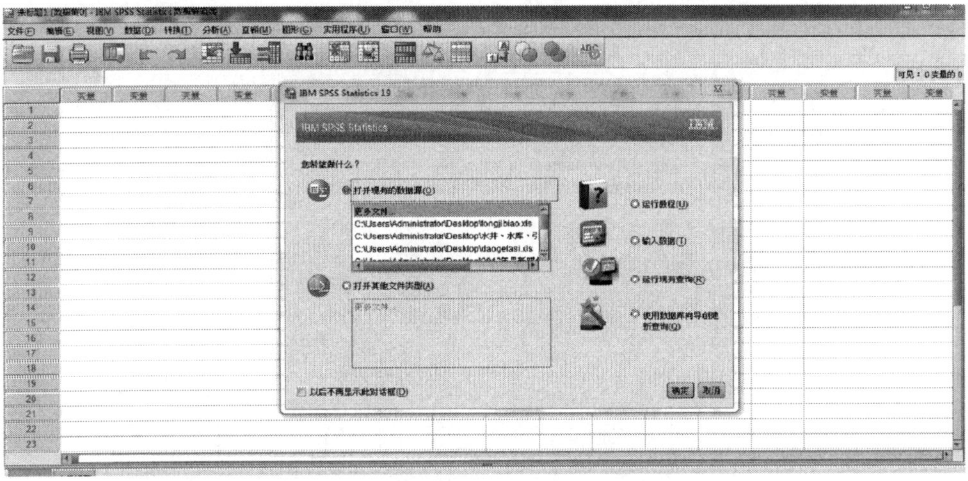

图 11–16　SPSS 启动主界面

退出操作与其他 Windows 系统的软件一样，直接单击右上角的“×”即可退出，或者在数据编辑状态下单击【文件（File)】→【退出（Exit)】即可退出 SPSS 软件。

（2）IBM SPSS Statistics 19.0 的界面。

① 中文版面的设置。

单击【Edit（编辑)】→【Options（选项)】，打开 Options（选项）对话框，如图 11–17 所示。

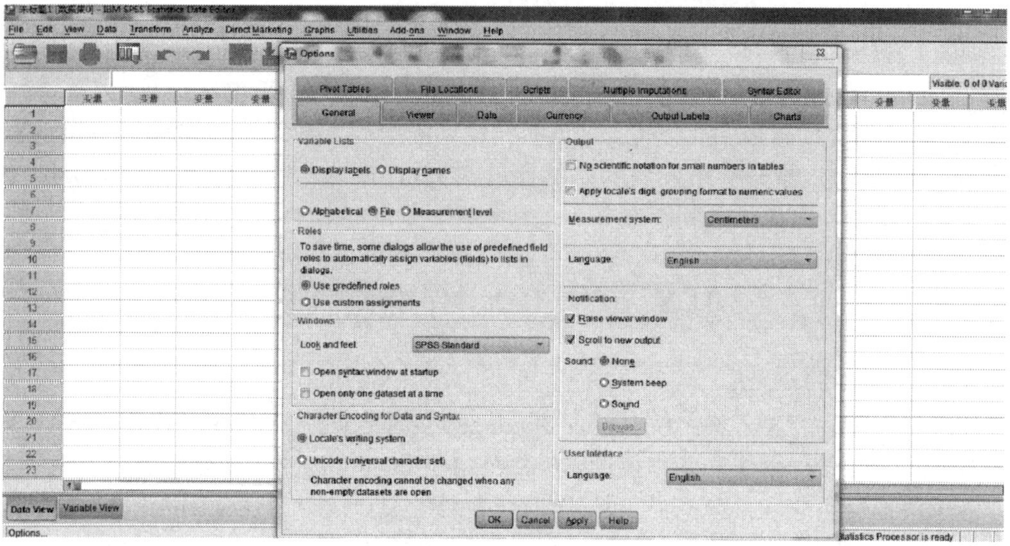

图 11–17　中文版面设置

在图 11–17 中，黄色区域的 General（常规）选项卡，右下角有一个 User Interface（用户界面栏）中可设置语言，系统默认为 English（英语），选择“Simplified Chinese（简体中文)”即可；同理在右上角有一个 Output（输出栏）中设置语言，选择“Simplified Chinese（简体中文)”即可。如图 11–18 所示。

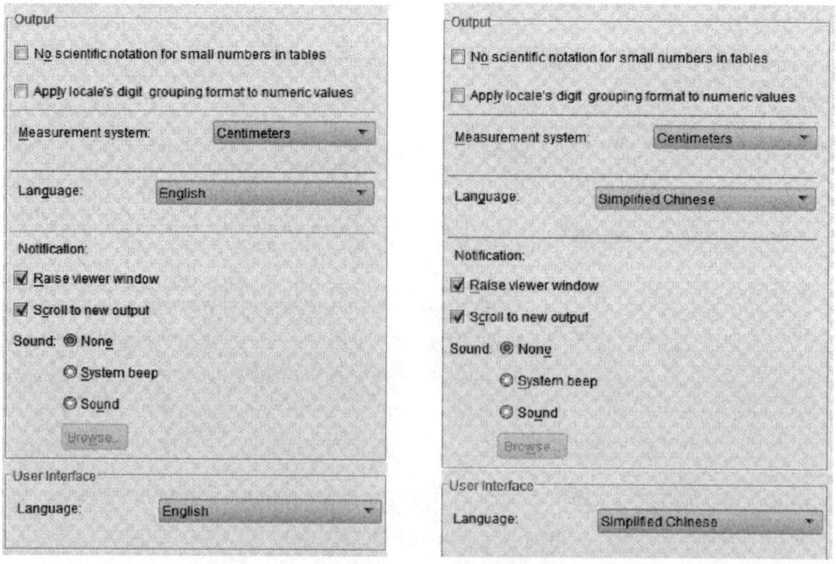

图 11–18　语言设置

最后单击 General（常规）选项卡底下的【Apply（应用）】或者【OK】按钮，弹出如下图提示框，再点击【OK】即可，最后输出的就是中文的结果界面。

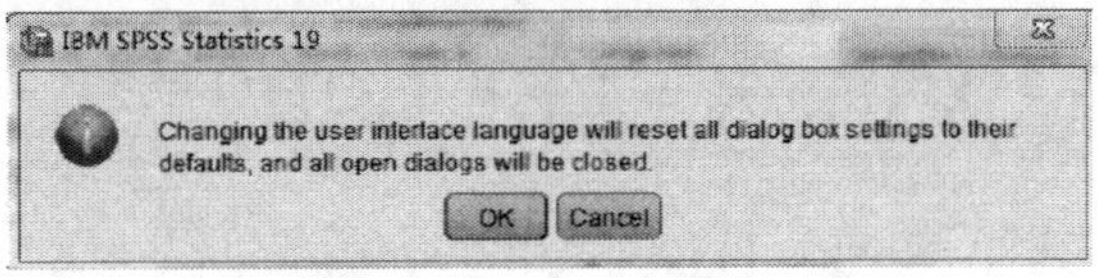

② 数据编辑器（Data Editor）界面。

主要由菜单栏、工具栏、数据编辑区、窗口标签栏、系统默认栏组成，如图 11–19 所示。

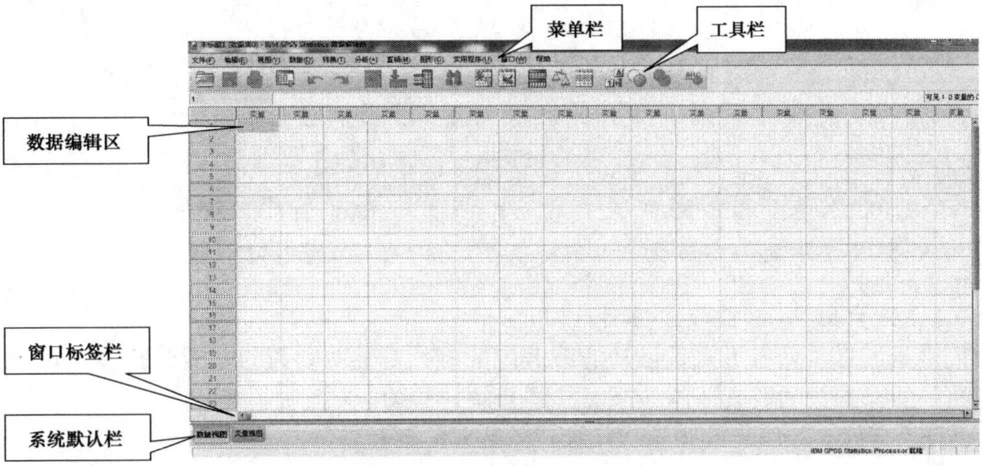

图 11–19 数据编辑器界面

③ 结果输出查看器。

主要由菜单栏、工具栏、内容窗格、概要窗格、状态显示栏组成，如图 11–20 所示。

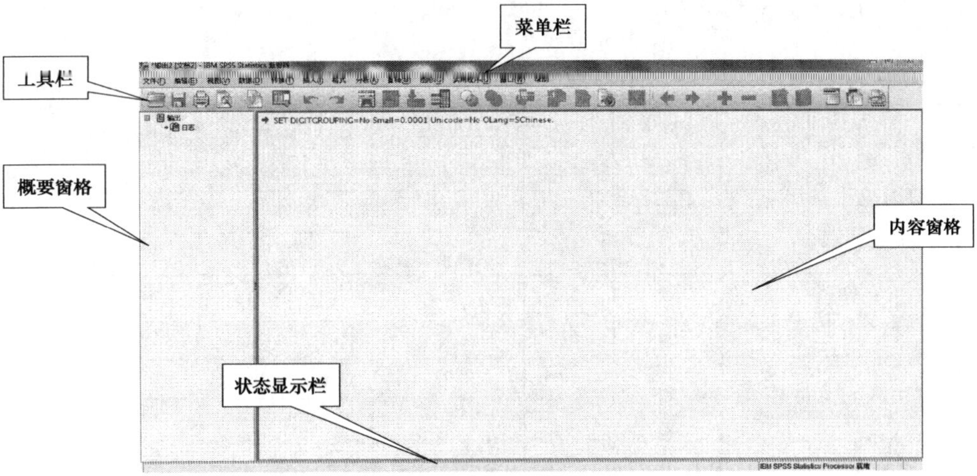

图 11–20 结果输出查看器

（3）IBM SPSS Statistics 19.0 的数据录入与保存。

① 数据录入。

选择【文件（File）】→【打开（Open）】→【数据（Data）】，出现如图 11–21 所示的对

话框，在“文件类型”中选择数据所对应的文件格式，或者直接打开事先已经保存的 SPSS Statistics 的.sav 格式的数据文件。

② 数据的保存。

选择【文件（File）】→【保存（Save）】或者【文件（File）】→【保存（Save as）】，如图 11–22 所示。

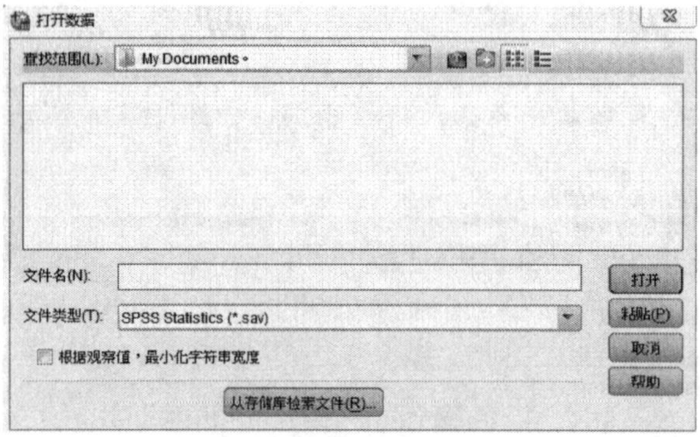

图 11–21 数据打开界面

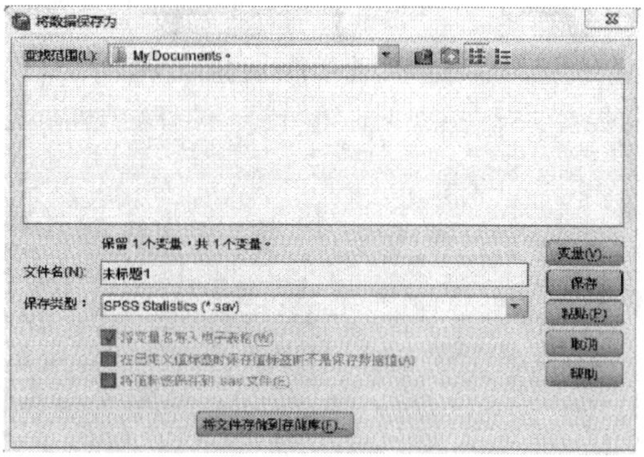

图 11–22 数据存储界面

11.3.2 基于 SPSS 的参数检验

参数检验的总体分布形式是已知的或假定的，只是一些参数的取值或范围未知，分析的主要目的是估计参数的取值范围，或对其进行统计检验。

本节所介绍的 t 检验过程都可以用 SPSS 来实现，主要包括：单样本 t 检验，检验单个变量的均值与假设检验指定值之间是否存在差异；独立样本 t 检验，检验两组来自独立总体的样本，其独立总体的均值或中心位置是否一样；配对样本 t 检验，检验两个相关的样本是否来自具有相同均值的总体。

【例 11–3】已知西安市经开区空气质量观测站 7 种污染物在 2013 年 12 月 8 日—2013 年 12 月 23 日之间的实测数据，见表 11–1，采用 SPSS 对其进行 t 检验。

表 11–1 2013 年 12 月 8 日—2013 年 12 月 23 日经开区观测站 7 种污染物的数据

观测时间	SO_2	NO_2	PM10	CO	O_3_1h	O_3_8h	PM2.5	首要污染物
2013/12/8	31	30	91	58	7	6	87	良
2013/12/9	32	37	65	37	10	11	39	良
2013/12/10	39	49	95	48	6	6	85	良
2013/12/11	39	55	92	55	11	13	84	良
2013/12/12	60	68	90	67	8	7	98	良
2013/12/13	54	63	95	64	7	7	109	轻度
2013/12/14	57	68	87	64	8	6	75	良
2013/12/15	55	50	66	49	12	13	52	良
2013/12/16	47	63	99	60	8	5	99	良
2013/12/17	50	74	299	83	3	3	279	重度
2013/12/18	38	75	482	94	1	1	406	严重
2013/12/19	41	73	457	94	1	1	397	严重

续表

观测时间	SO_2	NO_2	PM10	CO	O_3_1h	O_3_8h	PM2.5	首要污染物
2013/12/20	47	77	500	99	3	4	408	严重
2013/12/21	51	74	401	98	4	5	370	严重
2013/12/22	53	82	471	102	3	5	381	严重
2013/12/23	56	99	500	107	4	5	461	严重
均值	46.9	64.8	243.1	73.7	6	6.125	214.4	

（1）单样本 *t* 检验。

分析中选取 CO 作为总体对象，以经开区 2013 年 12 月 8 日—2013 年 12 月 23 日测出的污染物 CO 为总体，从上表可知平均值为 73.7。这里选取 2013 年 12 月 11 日—2013 年 12 月 20 日测得的 CO 为样本，估计平均值为 73.7 是否合理。操作步骤如下：

① 导入已建好的 Excel 数据文件，如下图所示。

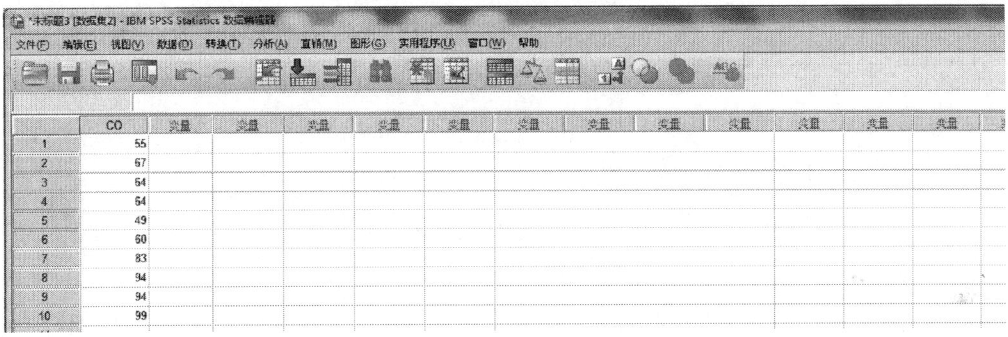

② 选择【分析（Analyze）】→【比较均值（Compare Means）】→【单样本 T 检验】，打开对话框，如下图所示（左）。

③ 单击【选项（Options）】，打开选项对话框，如下图所示（右）。

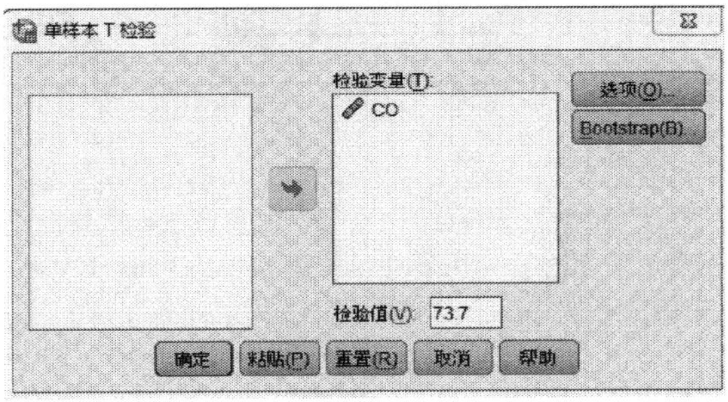

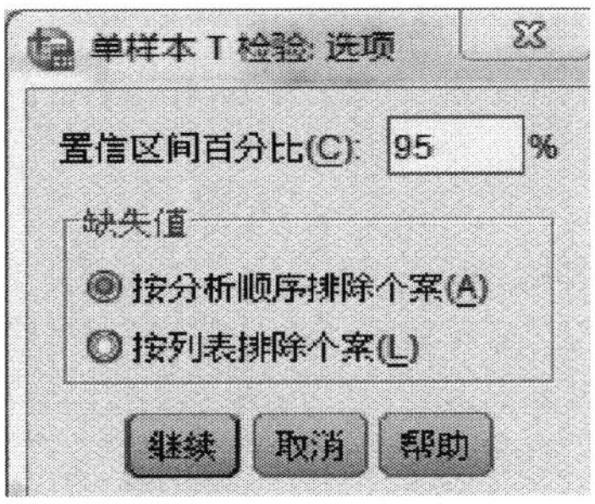

④ 单击【继续】→【确定】按钮，得到结果见表 11–2 和表 11–3。

表 11–2 **单 个 样 本 统 计 量**

污染物	*N*	均值	标准差	均值的标准差
CO	10	72.90	18.027	5.701

表 11–3　　单个样本检验

污染物	检验值 =0					
	t	df	Sig.（双侧）	均值差值	差分的 95% 置信区间	
					下限	上限
CO	12.788	9	0.000	–0.800	60.00	85.80

由表 11–2 可知，CO 的均值为 72.9，标准差为 18.027。表 11–3 中样本和总体的均值差值是–0.8，T 统计量为 $t=12.788$，自由度是 $df=9$，在 $\alpha=0.05$ 水平下，$P=0.000<0.05$。故选取 2013 年 12 月 11 日—2013 年 12 月 20 日测得的 CO 的样本均值对总体均值的估计结果是比较合理的。

（2）独立样本 t 检验。

选取 2013 年 12 月 11 日—2013 年 12 月 21 日测得的 CO 为样本，根据首要污染物的程度将样本分为两组，第一组的首要污染物属于良或者轻度，第二组的首要污染物属于重度或者严重，见表 11–4。

表 11–4　　CO 分组情况

CO	首要污染物	观测时间	分组
55	良	2013/12/11	1
67	良	2013/12/12	1
64	轻度	2013/12/13	1
64	良	2013/12/14	1
49	良	2013/12/15	1
60	良	2013/12/16	1
83	重度	2013/12/17	2
94	严重	2013/12/18	2
94	严重	2013/12/19	2
99	严重	2013/12/20	2
98	严重	2013/12/21	2

① 导入已建好的 Excel 数据文件，如下图所示。

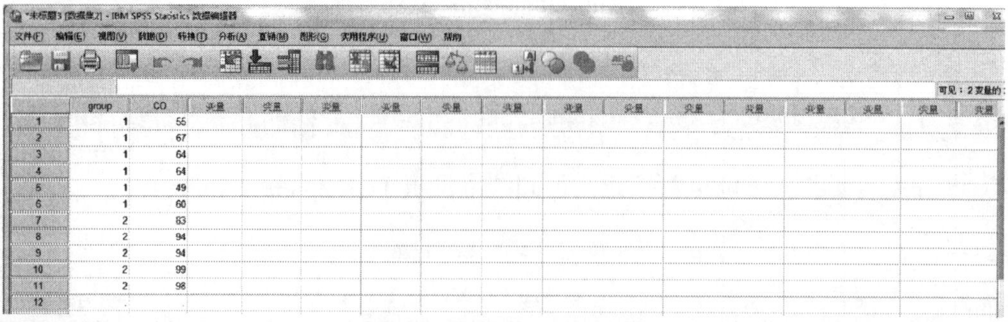

② 选择【分析（Analyze）】→【比较均值（Compare Means）】→【独立样本 T 检验】，

打开对话框，如下图所示（左）。

③ 单击【选项（Options）】，打开选项对话框，如下图所示（中）。

④ 单击【继续】→【定义组】，打开对话框，指定“1”表示的是第一组，“2”表示的是第二组，如下图所示（右）。

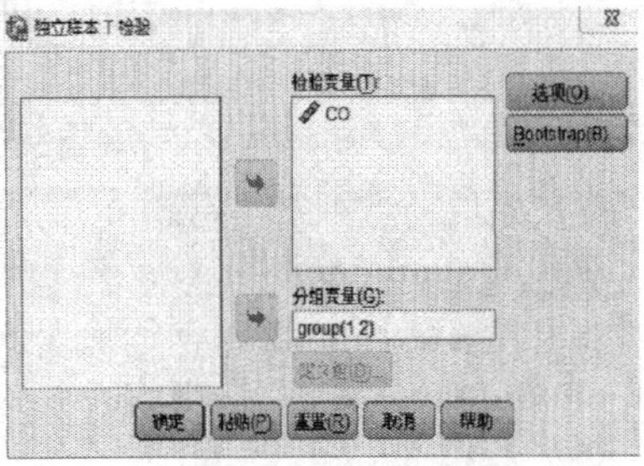

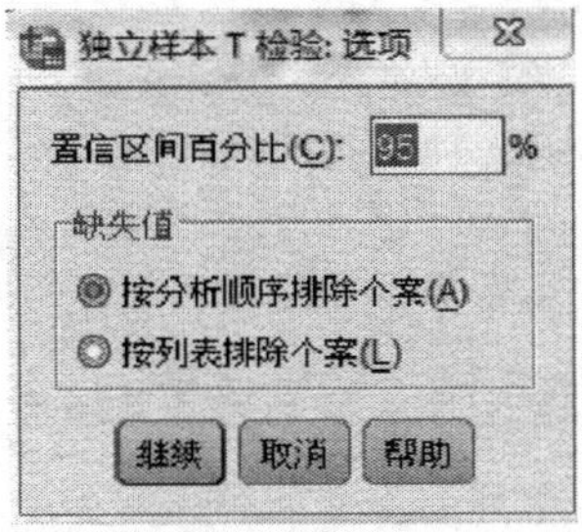

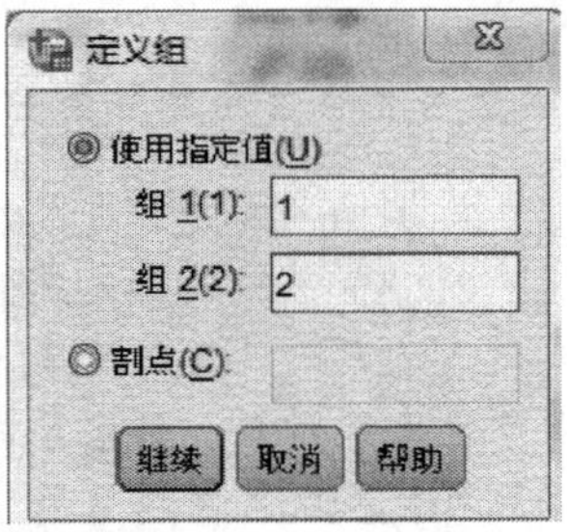

⑤ 单击【继续】→【确定】按钮，得到结果见表 11–5 和表 11–6。

表 11–5　　组 统 计 量

污染物分组	N	均值	标准差	均值的标准差
1	6	59.83	6.735	2.750
2	5	93.60	6.348	2.839

由上表可知，第一组的均值为 59.83，第二组的均值为 93.6，显然第二组的均值大于第一组的均值。

表 11–6　　独 立 样 本 检 验

假设	Levene 检验		均值方程的 t 检验						
	F	Sig.	t	df	Sig.（双侧）	均值差值	标准误差值	置信区间	
								下限	上限
假设方差相等	0.176	0.685	–8.493	9	0.000	–33.767	3.976	–42.761	–24.772
假设方差不相等			–8.543	8.817	0.000	–33.767	3.952	–42.736	–24.798

由表 11–6 可知，F 统计量为 $F=0.176$，$P=0.685>0.1$，故认为第一组和第二组的方差是相等的，选择表 11–6 中“假设方差相等的那一行”，有 $t=-8.493$，$p=0.000<0.05$，故可认为这两组的均值是不同的，第二组的污染程度显然大于第一组的污染程度。

（3）配对样本 t 检验。选取 2013 年 12 月 11 日—2013 年 12 月 22 日测得的 CO 为样本，根据首要污染物的程度将样本分为两组，第一组的首要污染物属于良或者轻度，第二组的首要污染物属于重度或者严重，具体操作如下。

① 导入已建好的 Excel 数据文件，如下图所示。

② 选择【分析（Analyze）】→【比较均值（Compare Means）】→【配对样本 T 检验】，打开对话框，如下图所示（左）。

③ 单击【选项（Options）】，打开选项对话框，如下图所示（右）。

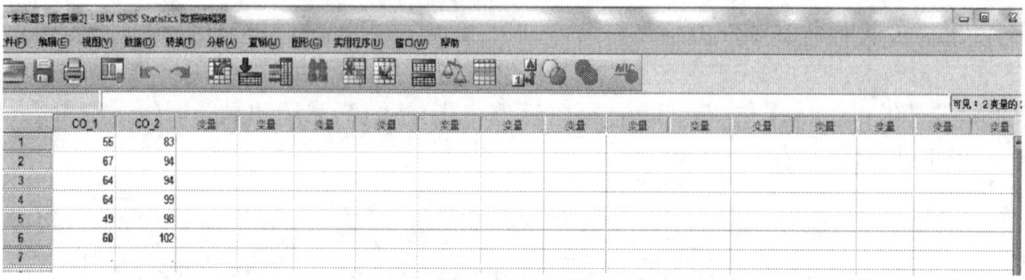

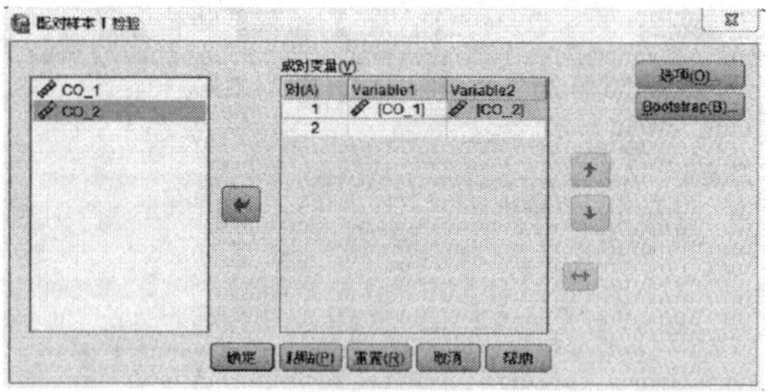

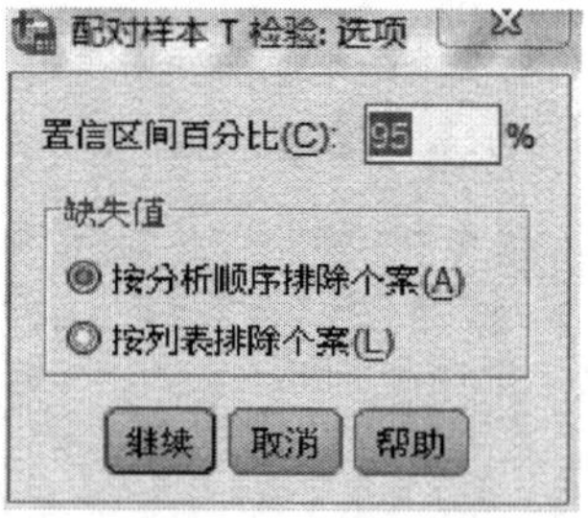

④ 单击【继续】→【确定】按钮，结果见表 11–7～表 11–9。

表 11–7　　成对样本统计量

配对样本		均值	*N*	标准差	均值的标准差
对 1	CO_1	59.83	6	6.735	2.750
	CO_2	95.00	6	6.633	2.708

表 11–8　　成对样本相关系数

配对样本		*N*	相关系数	Sig.
对 1	CO_1 & CO_2	6	0.143	0.787

表 11–9　　成对样本检验

配对样本		成对差分					*t*	*df*	Sig.（双侧）
		均值	标准差	均值标准差	95% 置信区间				
					下限	上限			
对 1	CO_1–CO_2	–35.167	8.750	3.572	–44.349	–25.984	–9.844	5	0.000

由表 11–7 可知，第一组的均值为 59.83，即前 6 天的 CO 排放均值是 59.83；第二组的均值为 95，即后 6 天的 CO 排放均值是 95，说明后面几天的污染排放增加了，空气质量变差了。

由表 11–8 可得到 CO 配对样本相关系数为 0.143。表 11–9 表明前 6 天 CO 排放量与后 6 天的 CO 排放量的均值相差–35.167，显然后 6 天的污染程度增加了，前 6 天的污染物排放对后 6 天的污染物排放有基础作用。

11.3.3　基于 SPSS 的方差分析

方差分析最早是由英国统计学家罗纳德·费雷（R.A.Fisher）于 1920 年前后对农业试验做统计分析时提出来的。由于它可以由较少的试验有效地获得大量的信息，所以已广泛应用于农业、工业、生物及工程等领域。

方差分析包括单因素方差分析、多因素方差分析、协方差分析。本节以单因素方差分析为例，介绍 SPSS 软件在方差分析中的应用。

【例 11–4】已知经开区观测站 PM2.5 污染物的数据，这些数据都是 2013 年 12 月 14 日–2013 年 12 月 23 以及 2014 年 1 月 14 日—2014 年 1 月 23 测出的。试采用方差分析法对 PM2.5 污染物在这两个月排放程度的影响进行比较。

表 11–10　　经开区观测站 PM2.5 污染物 20 天的数据

PM2.5	首要污染物	观测时间	PM2.5	首要污染物	观测时间
75	良	2013/12/14	205	重度	2014/1/14
52	良	2013/12/15	270	重度	2014/1/15
99	良	2013/12/16	337	严重	2014/1/16
279	重度	2013/12/17	276	重度	2014/1/17
406	严重	2013/12/18	119	轻度	2014/1/18
397	严重	2013/12/19	100	轻度	2014/1/19
408	严重	2013/12/20	75	轻度	2014/1/20
370	严重	2013/12/21	118	轻度	2014/1/21
381	严重	2013/12/22	217	重度	2014/1/22
461	严重	2013/12/23	334	严重	2014/1/23

（1）导入事先建好的 Excel 数据文件。

选择【文件（File】→【打开（Open）】→【数据（Data）】，如下图所示。

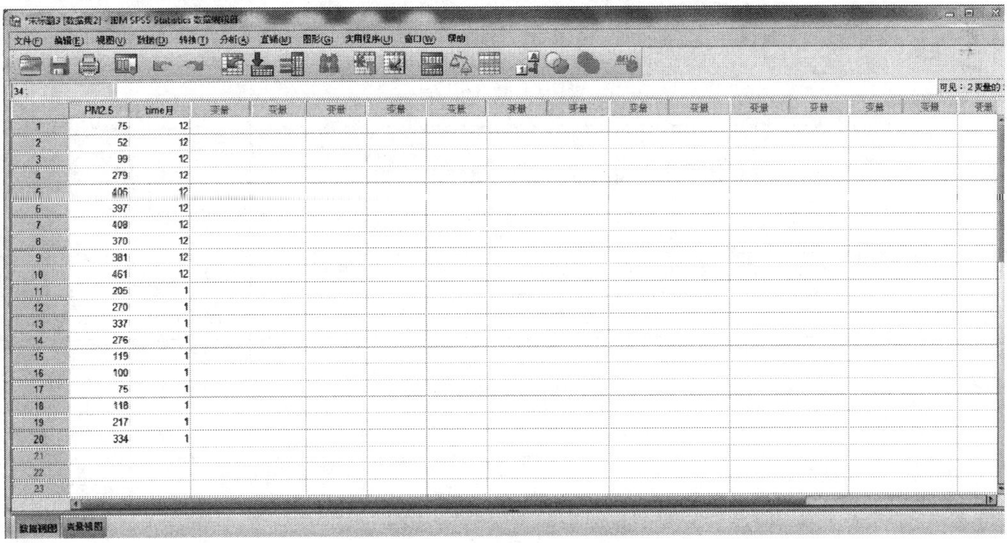

说明：时间采用“12”表示的是 2013 年 12 月 PM2.5 污染物的数据，“1”表示的是 2014 年 1 月 PM2.5 污染物的数据。

（2）选择【分析（Analyze）】→【比较均值（Compare Means）】→【单因素 ANOVA】，打开对话框，如下图所示（左）。

（3）单击【对比（Contrasts）】，打开对比对话框，如下图所示（右）。

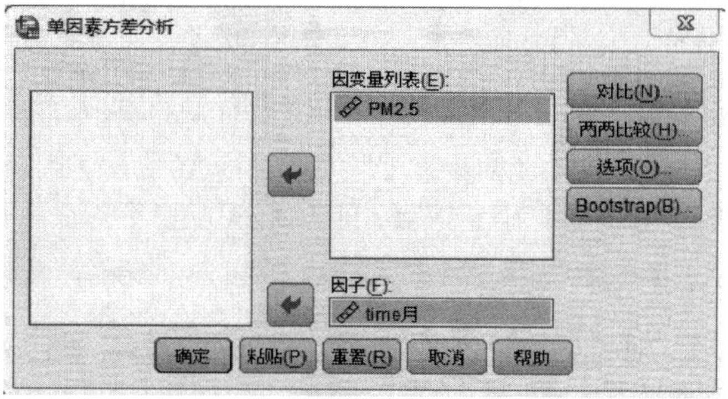

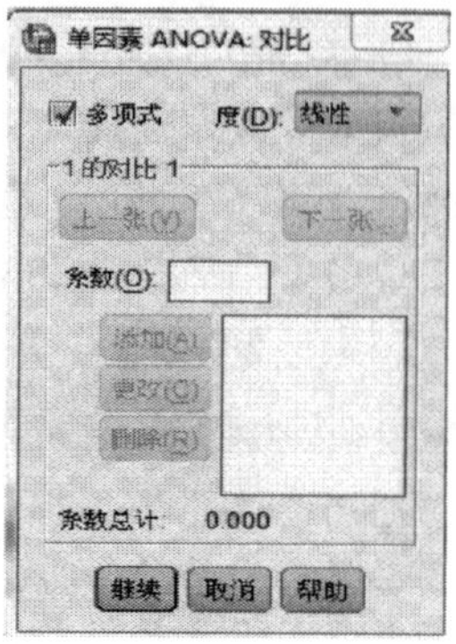

（4）单击【继续】→【两两比较】，打开对话框，如下图所示（左）。

（5）单击【继续】→【选项】，打开对话框，如下图所示（右）。

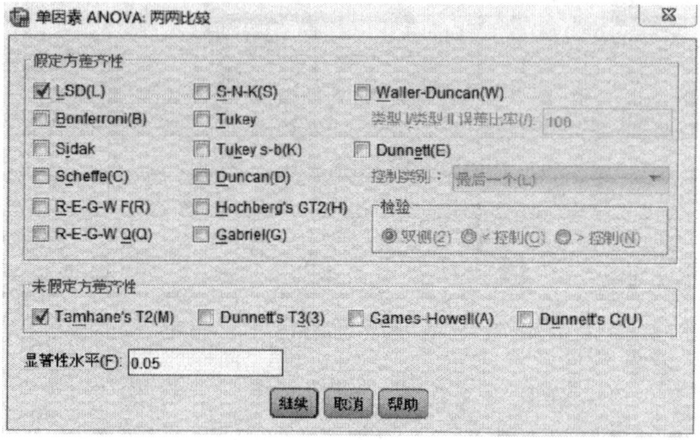

（6）单击【继续】→【确定】，得到结果，见表 11–11～表 11–14。

表 11–11　　基 本 属 性 值

	N	均值	标准差	标准差	均值的 95% 置信区间		极小值	极大值
					下限	上限		
1	10	205.10	97.960	30.978	135.02	275.18	75	337
12	10	292.80	157.107	49.682	180.41	405.19	52	461
总数	20	248.95	135.134	30.217	185.71	312.19	52	461

表 11–12　　方 差 齐 性 检 验

Levene 统计量	df_1	df_2	Sig.
3.722	1	18	0.070

表 11–13　　ANOVA

			平方和	df	均方	F	Sig.
组间	（组合）		38 456.450	1	38 456.450	2.244	0.151
	线性项	对比	38 456.450	1	38 456.450	2.244	0.151
	组内		308 508.500	18	17 139.361		
	总数		346 964.950	19			

表 11–14 均值相等性的健壮性检验

	统计量	df_1	df_2	Sig.
Welch	2.244	1	15.079	0.155
Brown–Forsythe	2.244	1	15.079	0.155

（7）结果分析

由表 11–11 可知，2013 年 12 月 PM2.5 污染物的均值为 292.80，2014 年 1 月 PM2.5 污染物的均值为 205.10，说明污染物 PM2.5 排放在减少。

由表 11–12 方差齐性检验可知，Levene 统计量为 3.722，$p = 0.07 > 0.05$，可认为这两个月的总体方差存在差异。

由表 11–13 可知其组间平方和为 38 456.450，组内平方和为 308 508.500，F 统计量为 $F = 2.244$，$p = 0.151 > 0.05$，可以认为这两个月的总体均值不同。

由表 11–14 可知，Brown–Forsythe 和 Welch 的统计量都为 2.244。可推测 2013 年 12 月 PM2.5 排放量与 2014 年 1 月 PM2.5 排放量具有显著性差异。

11.3.4 基于 SPSS 的相关分析

相关分析（Correlation Analysis）是研究变量间密切程度的一种统计方法，包括双变量相关分析、偏相关分析和距离相关分析等。下面主要介绍使用 SPSS 进行双变量相关分析的步骤，涉及 Pearson 相关分析、Kendall 相关分析和 Spearman 相关分析。

在分析多个事物之间的关系时，往往是分析变量之间的数量关系，可用双变量相关分析方法做出统计学推断。

【例 11–5】已知西安市空气质量经开区观测站 7 种污染物在 2013 年 12 月 8 日—2013 年 12 月 23 日期间的数据。试对 SO_2、NO_2、CO 等 7 种污染物变量进行相关分析。

表 11–15 2013 年 12 月 8 日—2013 年 12 月 23 日经开区测站 7 种污染物的数据

SO_2	NO_2	PM10	CO	O_3_1 小时	O_3_8 小时	PM2.5	首要污染物	观测时间
31	30	91	58	7	6	87	良	2013/12/8
32	37	65	37	10	11	39	良	2013/12/9
39	49	95	48	6	6	85	良	2013/12/10
39	55	92	55	11	13	84	良	2013/12/11
60	68	90	67	8	7	98	良	2013/12/12
54	63	95	64	7	7	109	轻度	2013/12/13
57	68	87	64	8	6	75	良	2013/12/14
55	50	66	49	12	13	52	良	2013/12/15
47	63	99	60	8	5	99	良	2013/12/16
50	74	299	83	3	3	279	重度	2013/12/17
38	75	482	94	1	1	406	严重	2013/12/18
41	73	457	94	1	1	397	严重	2013/12/19
47	77	500	99	3	4	408	严重	2013/12/20
51	74	401	98	4	5	370	严重	2013/12/21
53	82	471	102	3	5	381	严重	2013/12/22
56	99	500	107	4	5	461	严重	2013/12/23

（1）导入已建好的 Excel 数据文件。

选择【文件（File】→【打开（Open)】→【数据（Data)】，导入数据如下图所示。

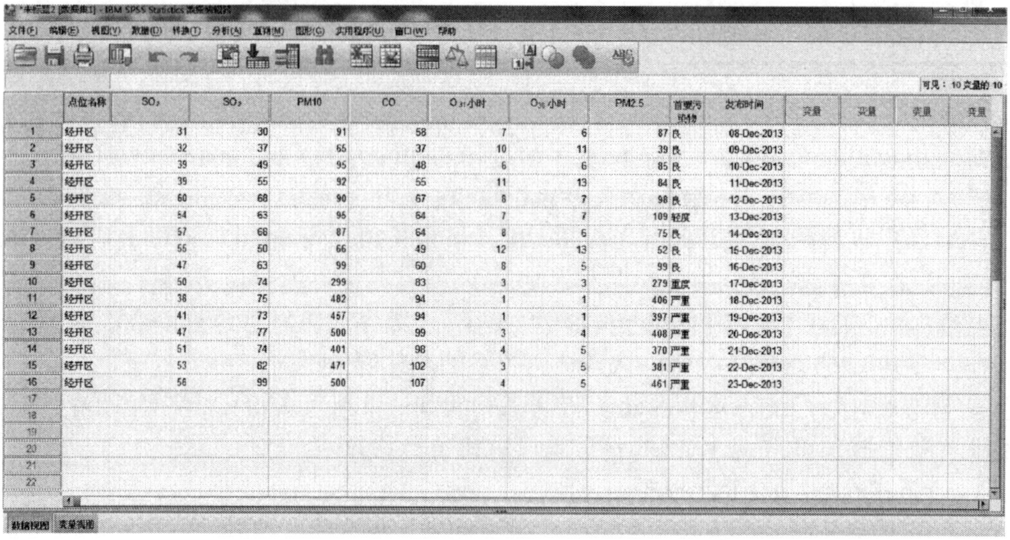

（2）选择【分析（Analyze)】→【相关分析（Correlate)】→【双变量（Bivariate)】，打开双变量相关对话框，在“相关系数”中选择“Pearson”，如下图所示（左）。

（3）单击【选项（Options)】打开选项对话框，如下图所示（右）。

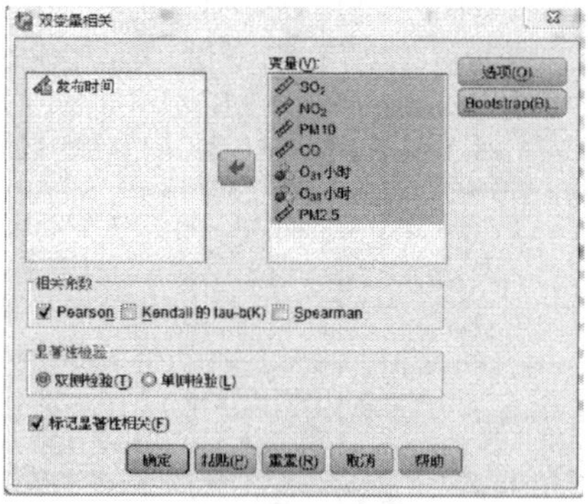

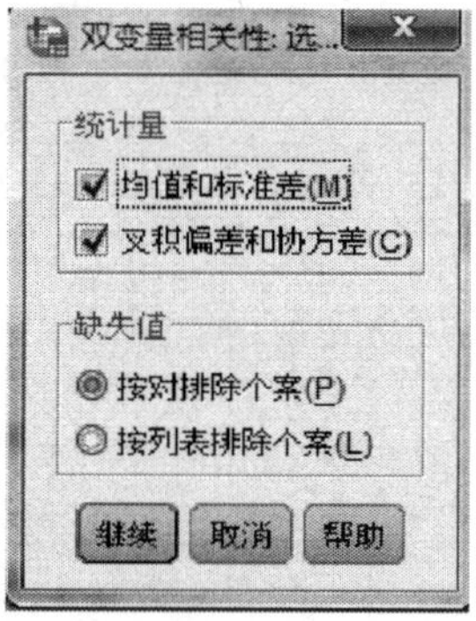

（4）单击【继续】→【确定】按钮，得到主要分析结果见表 11–16。

表 11–16 **Pearson 相关性分析**

		SO_2	NO_2	PM10	CO	O_{3}_1	O_{3}_8	PM2.5
SO_2	Pearson 相关性	1	0.612	0.098	0.322	0.015	–0.016	0.137
	显著性（双侧）		0.012	0.718	0.224	0.956	0.954	0.613
	平方与叉积的和	1249.750	1455.625	2539.250	997.375	7.000	–7.750	3018.750
	协方差	83.317	97.042	169.283	66.492	0.467	–0.517	201.250
	N	16	16	16	16	16	16	16

续表

		SO_2	NO_2	PM10	CO	O_3_1	O_3_8	PM2.5
NO_2	Pearson 相关性	0.612	1	0.775	0.869	–0.639	–0.550	0.804
	显著性（双侧）	0.012		0.000	0.000	0.008	0.027	0.000
	平方与叉积的和	1455.625	4530.438	38 220.375	5128.063	–571.000	–512.625	33 753.125
	协方差	97.042	302.029	2548.025	341.871	–38.067	–34.175	2250.208
	N	16	16	16	16	16	16	16
PM10	Pearson 相关性	0.098	0.775	1	0.949	–0.870	–0.684	0.994
	显著性（双侧）	0.718	0.000		0.000	0.000	0.003	0.000
	平方与叉积的和	2539.250	38 220.375	536 305.750	60 933.625	–8453.000	–6933.250	454 132.250
	协方差	169.283	2548.025	35 753.717	4062.242	–563.533	–462.217	30 275.483
	N	16	16	16	16	16	16	16
CO	Pearson 相关性	0.322	0.869	0.949	1	–0.843	–0.706	0.965
	显著性（双侧）	0.224	0.000	0.000		0.000	0.002	0.000
	平方与叉积的和	997.375	5128.063	60 933.625	7685.438	–981.000	–857.375	52 750.875
	协方差	66.492	341.871	4062.242	512.363	–65.400	–57.158	3516.725
	N	16	16	16	16	16	16	16
O_3_1 小时	Pearson 相关性	0.015	–0.639	–0.870	–0.843	1	0.925	–0.877
	显著性（双侧）	0.956	0.008	0.000	0.000		0.000	0.000
	平方与叉积的和	7.000	–571.000	–8453.000	–981.000	176.000	170.000	–7253.000
	协方差	0.467	–38.067	–563.533	–65.400	11.733	11.333	–483.533
	N	16	16	16	16	16	16	16
O_3_8 小时	Pearson 相关性	–0.016	–0.550	–0.684	–0.706	0.925	1	–0.701
	显著性（双侧）	0.954	0.027	0.003	0.002	0.000		0.002
	平方与叉积的和	–7.750	–512.625	–6933.250	–857.375	170.000	191.750	–6053.750
	协方差	–0.517	–34.175	–462.217	–57.158	11.333	12.783	–403.583
	N	16	16	16	16	16	16	16
PM2.5	Pearson 相关性	0.137	0.804	0.994	0.965	–0.877	–0.701	1
	显著性（双侧）	0.613	0.000	0.000	0.000	0.000	0.002	
	平方与叉积的和	3018.750	33 753.125	454 132.250	52 750.875	–7253.000	–6053.750	389 011.750
	协方差	201.250	2250.208	30 275.483	3516.725	–483.533	–403.583	25 934.117
	N	16	16	16	16	16	16	16

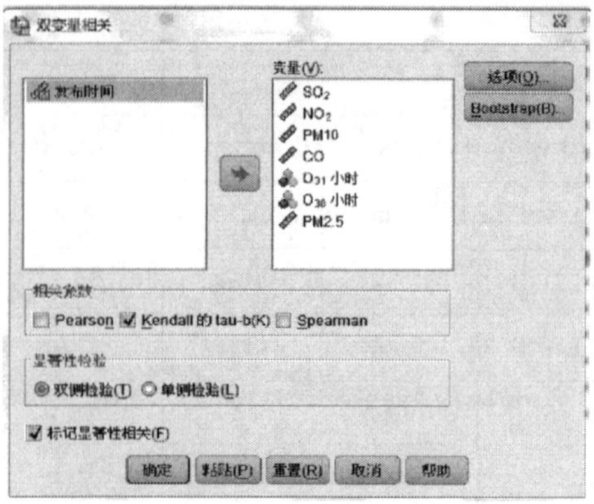

（5）结果分析。由表 11–16 可知，变量 PM10 与 CO、PM2.5 之间的相关系数分别是 0.949、0.994，说明 PM10 与 CO、PM2.5 之间存在着正相关关系；变量 O_3_1 小时与 O_3_8 小时之间的相关系数分别是 0.925，说明变量 O_3_1 小时与 O_3_8 小时之间存在着正相关关系。

经过分析观测站数据，可推测 PM10 的排放量与 CO、PM2.5 有着密切关系。

（6）Kendall 相关分析。步骤同上，只是在第（2）步选择【分析（Analyze）】→【相关分析（Correlate）】→【双变量（Bivariate）】，打开双变量相关对话框，在“相关系数”中选择“Kendall 的 tau–b（K）”，操作如下图。

结果见表 11–17。

表 11–17　　Kendall 相关性分析

		SO_2	NO_2	PM10	CO	O_3_1 小时	O_3_8 小时	PM2.5
	Sig.（双侧）		0.078	0.857	0.124	0.438	0.409	0.718
	N	16	16	16	16	16	16	16
NO_2	相关系数	0.332	1.000	0.672	0.877	–0.483	–0.471	0.684
	Sig.（双侧）	0.078		0.000	0.000	0.012	0.015	0.000
	N	16	16	16	16	16	16	16
PM10	相关系数	0.034	0.672	1.000	0.678	–0.673	–0.638	0.874
	Sig.（双侧）	0.857	0.000		0.000	0.000	0.001	0.000
	N	16	16	16	16	16	16	16
CO	相关系数	0.288	0.877	0.678	1.000	–0.524	–0.487	0.773
	Sig.（双侧）	0.124	0.000	0.000		0.006	0.012	0.000
	N	16	16	16	16	16	16	16
O_3_1 小时	相关系数	0.149	–0.483	–0.673	–0.524	1.000	0.849	–0.667
	Sig.（双侧）	0.438	0.012	0.000	0.006	.	0.000	0.000
	N	16	16	16	16	16	16	16
O_3_8 小时	相关系数	0.159	–0.471	–0.638	–0.487	0.849	1.000	–0.615
	Sig.（双侧）	0.409	0.015	0.001	0.012	0.000		0.001
	N	16	16	16	16	16	16	16
PM2.5	相关系数	0.067	0.684	0.874	0.773	–0.667	–0.615	1.000
	Sig.（双侧）	0.718	0.000	0.000	0.000	0.000	0.001	
	N	16	16	16	16	16	16	16

由表 11–17 可知变量 CO 和 NO_2 的 Kendall 相关系数 tau_b=0.877，故认为它们之间呈正相关关系；变量 PM2.5 与 PM10 的 Kendall 相关系数 tau_b=0.874，故认为它们之间呈正相关关系；变量 O_3_1 小时和 O_3_8 小时的 Kendall 相关系数 tau_b=0.849，故认为它们之间呈正相关关系。

（7）Spearman 相关分析。步骤同上，只是在第（2）步选择【分析（Analyze）】→【相关分析（Correlate）】→【双变量（Bivariate）】，打开双变量相关对话框，在“相关系数”中选择“Spearman”，如下图所示。

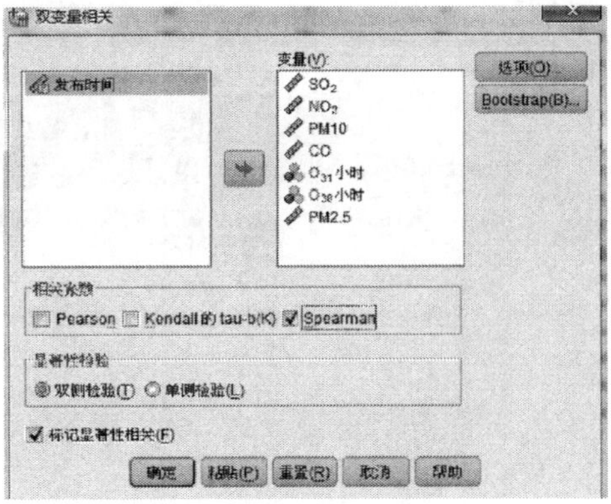

11.3.5　基于 SPSS 的回归分析

回归是研究一个或多个自变量与一个因变量之间是否存在某种线性关系或非线性关系的一种统计学分析方法。包括线性回归、曲线参数估计法、二值 Logistic 回归等。

本例题利用 SPSS 软件进行线性回归分析，线性回归是基于最小二乘法原理产生统计假设下的最优线性无偏估计，是研究一个或多个自变量与一个因变量之间是否存在某种线性关系的统计学方法。

【例 11–6】已知西安市空气质量经开区观测站 4 种污染物 2013 年 12 月 8 日—2013 年 12 月 23 日期间观测的数据。建立 PM10、O_3_8 小时、CO 对 PM2.5 的线性回归方程。

表 11–18　2013 年 12 月 8 日—2013 年 12 月 23 日经开区观测站 4 种污染物的数据

PM10	O_3_8 小时	CO	PM2.5	首要污染物	观测时间
91	6	58	87	良	2013/12/8
65	11	37	39	良	2013/12/9
95	6	48	85	良	2013/12/10
92	13	55	84	良	2013/12/11
90	7	67	98	良	2013/12/12
95	7	64	109	轻度	2013/12/13
87	6	64	75	良	2013/12/14
66	13	49	52	良	2013/12/15
99	5	60	99	良	2013/12/16
299	3	83	279	重度	2013/12/17
482	1	94	406	严重	2013/12/18
457	1	94	397	严重	2013/12/19
500	4	99	408	严重	2013/12/20
401	5	98	370	严重	2013/12/21
471	5	102	381	严重	2013/12/22
500	5	107	461	严重	2013/12/23

（1）导入已建好的 Excel 数据文件。

选择【文件（File）】→【打开（Open）】→【数据（Data）】，导入数据如下图所示。

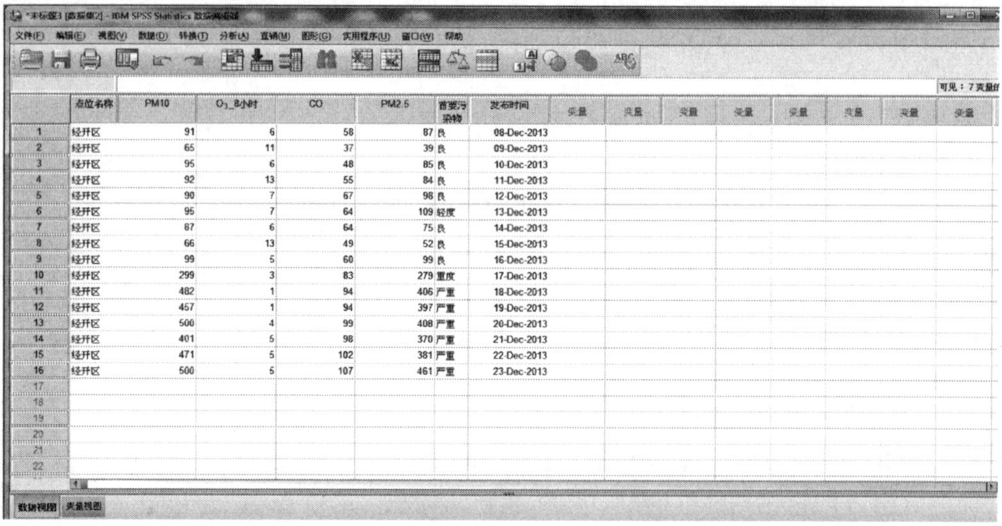

（2）选择【分析（Analyze）】→【回归（Regression）】→【线性（Linear）】，打开线性回归对话框，将 PM2.5 移入因变量方框，将 PM10、O_3_8 小时、CO 移入因变量方框，如下图所示（左）。

（3）单击【统计量（Statistics）】，打开统计量对话框，如下图所示（右）。

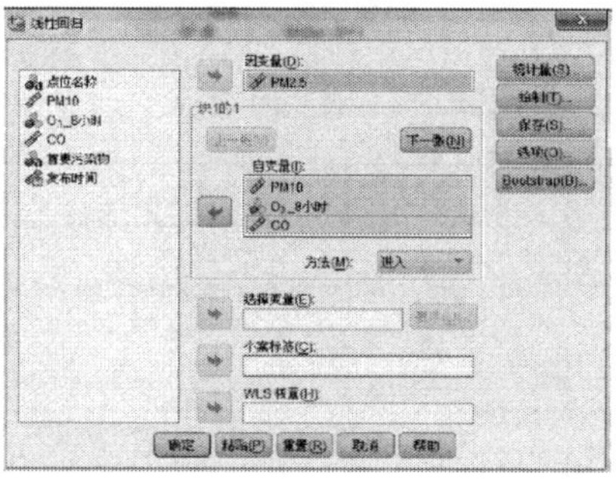

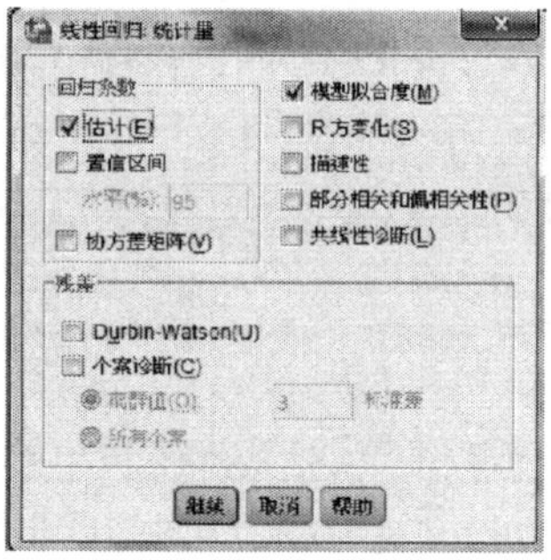

（4）单击【继续】→【绘制（Plots）】，打开图对话框，如下图所示（左）。

（5）单击【继续】→【保存（Save）】，打开保存对话框，如下图所示（中）。

（6）单击【继续】→【选项（Options）】，打开选项对话框，如下图所示（右）。

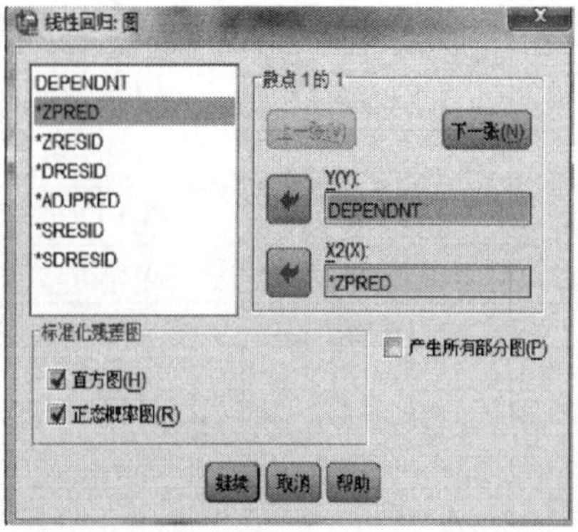

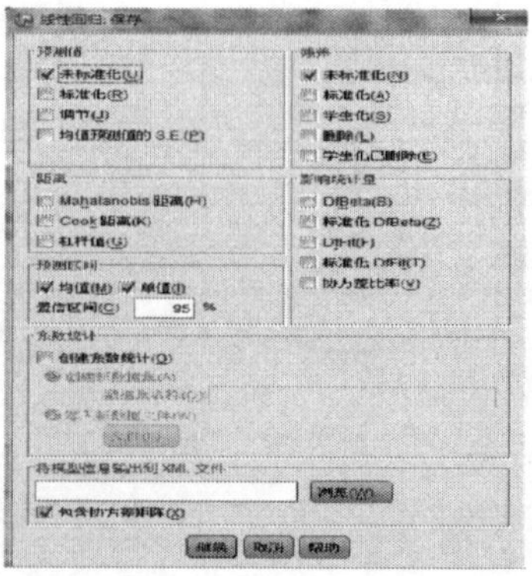

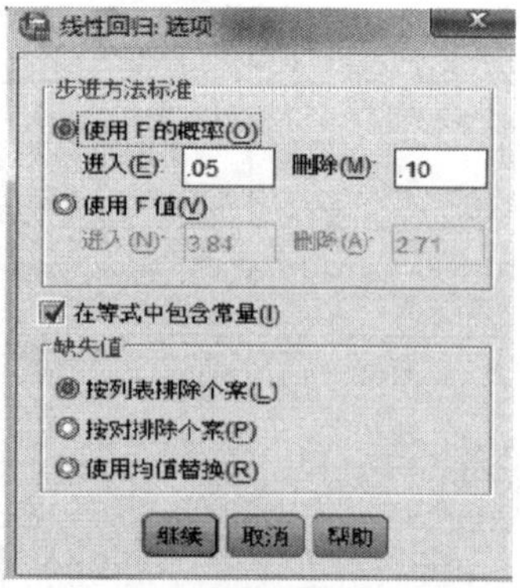

（7）单击【继续】→【确定】按钮，得到结果见表 11–19～表 11–21。

表 11–19 模 型 汇 总

模型	R	R^2	调整 R^2	标准估计的误差
1	0.997	0.993	0.991	14.872

已输入所有请求的变量。因变量：PM2.5。

表 11–20 Anova

模型		平方和	df	均方	F	Sig.
1	回归	386 357.777	3	128 785.926	582.308	0.000
	残差	2653.973	12	221.164		
	总计	389 011.750	15			

表 11–21 模 型 系 数

模型		非标准化系数		标准系数	t	Sig.
		B	标准误差	试用版		
1	（常量）	–50.306	32.760		–1.536	0.151
	PM10	0.673	0.065	0.790	10.415	0.000
	O_3_8 小时	–0.809	1.520	–0.018	–0.532	0.604
	CO	1.439	0.556	0.202	2.588	0.024

（8）结果分析

由表 11–19 可知，模型拟合 R^2 为 0.993，接近于 1，故本例中模型对数据的拟合程度较好，表明 PM2.5 可以由 PM10、O_3_8 小时、CO 的变化进行解释。

由表 11–20 可得到模型拟合过程的方差分析结果，回归平方和为 386 357.777，残差平方和为 2653.973，回归平方和远大于残差平方和，说明拟合效果较好。对回归模型进行 F 检验，F 统计量是 582.308，且 $p < 0.01$，故本例对 PM2.5 拟合效果较好。

由表 11–21，可构造因变量和自变量之间回归方程，如下，

$$Y = -50.306 + 0.673X_1 - 0.809X_2 + 1.439X_3$$

式中，Y 表示 PM2.5，X_1、X_2 和 X_3 分别表示 PM10、O_3_8 小时和 CO。

从回归方程可以看到，每 1 个单位的 CO 排放，就会伴随着 1.439 个单位的 PM2.5 排放，因此，CO 排放对于 PM2.5 排放的作用较大。

11.3.6 基于 SPSS 的聚类分析

采用 SPSS 进行聚类分析，因聚类分析有很多种方法，本节主要介绍的常用的逐步聚类分析（K–Means Cluster），K–Means 聚类法又称快速聚类分析，它先对数据进行初始分类，然后逐步调整，得到最终分类数。当聚类成的类数已知时，使用 K–Means 聚类的处理速度快，占用的计算机内存小。

【例 11–7】已知西安市高压开关厂、兴庆小区、纺织城等 13 个空气质量观测站 7 种污染物于 2014 年 1 月 22 日测得的数据。试根据 SO_2、NO_2、CO 等 7 种污染物的排放对这 13 个

观测站的污染程度进行聚类分析，分成若干类。

表 11–22　　13 个观测站 7 种污染物的数据

SO_2	NO_2	PM10	CO	O_3_1 小时	O_3_8 小时	PM2.5	首要污染物
106	125	186	41	13	17	268	重度
70	74	157	72	22	24	219	重度
91	121	145	83	6	8	199	中度
83	109	158	70	7	11	214	重度
32	117	174	75	7	7	235	重度
69	97	164	68	6	9	138	中度
50	115	141	99	16	14	217	重度
68	104	148	46	11	15	221	重度
105	103	125	71	18	19	139	轻度
102	109	125	101	6	8	189	中度
61	124	124	66	5	5	158	中度
52	93	124	101	14	14	158	中度
93	49	114	106	15	17	198	中度
77	109	148	75	22	24	201	重度

（1）导入已建好的 Excel 数据文件。

选择【文件（File)】→【打开（Open)】→【数据（Data)】，导入数据如下图所示。

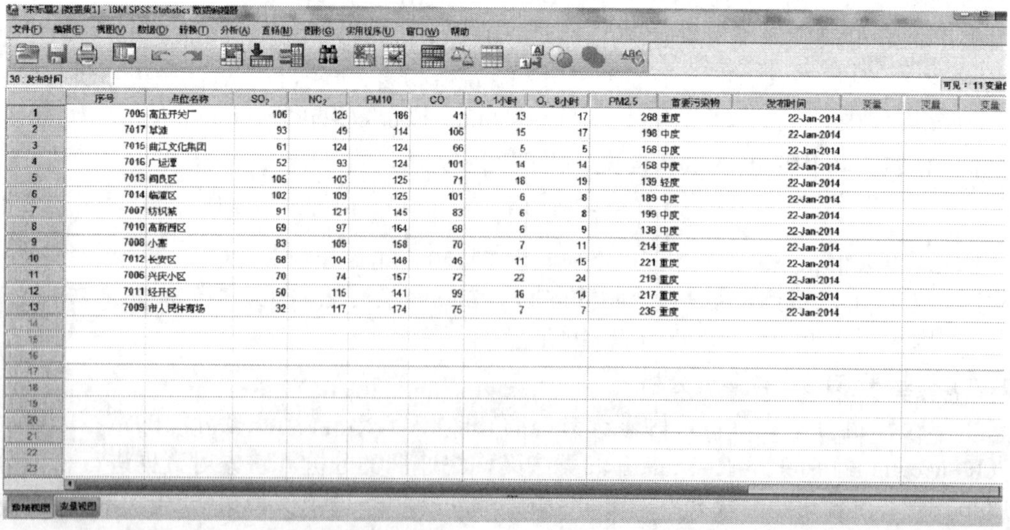

	序号	点位名称	SO_2	NO_2	PM10	CO	O_3_1小时	O_3_8小时	PM2.5	首要污染物	发布时间
1	7005	高压开关厂	106	126	186	41	13	17	268	重度	22-Jan-2014
2	7017	草滩	93	49	114	106	15	17	198	中度	22-Jan-2014
3	7015	曲江文化集团	61	124	124	66	5	5	158	中度	22-Jan-2014
4	7016	广运潭	52	93	124	101	14	14	158	中度	22-Jan-2014
5	7013	阎良区	105	103	125	71	18	19	139	轻度	22-Jan-2014
6	7014	临潼区	102	109	125	101	6	8	189	中度	22-Jan-2014
7	7007	纺织城	91	121	145	83	6	8	199	中度	22-Jan-2014
8	7010	高新西区	69	97	164	68	6	9	138	中度	22-Jan-2014
9	7008	小寨	83	109	158	70	7	11	214	重度	22-Jan-2014
10	7012	长安区	68	104	148	46	11	15	221	重度	22-Jan-2014
11	7006	兴庆小区	70	74	157	72	22	24	219	重度	22-Jan-2014
12	7011	经开区	50	115	141	99	16	14	217	重度	22-Jan-2014
13	7009	市人民体育场	32	117	174	75	7	7	235	重度	22-Jan-2014

（2）选择【分析（Analyze)】→【分类（Classify)】→【K 均值聚类（K–means Cluster)】，打开 K 均值聚类分析对话框，将 SO_2 、NO_2 、CO 等 7 个变量选入“变量”列表框，将“序

号”变量移入“个案标记依据”框中，将“聚类数”设为 4，即这里聚类分成 4 类。如下图所示。

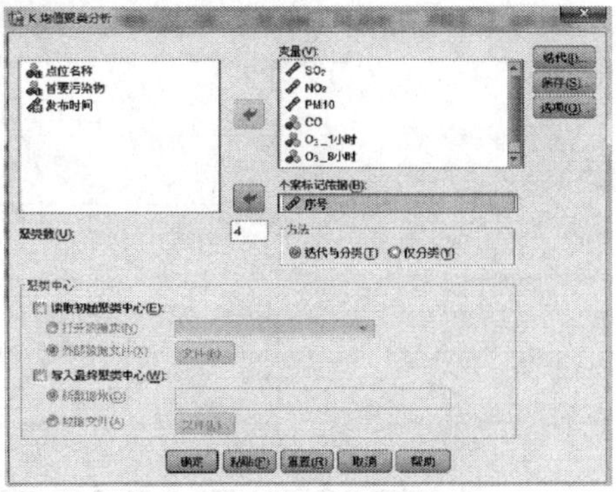

（3）单击【迭代（Iterate）】，打开迭代对话框，系统默认最大迭代次数为 10，收敛性标准默认为 0，如下图所示（左）。

（4）单击【继续】→【保存（Save）】，打开保存新变量（Save New Variables）对话框，如下图所示（中）。

（5）单击【继续】→【选项（Options）】，打开选项对话框，如下图所示（右）。

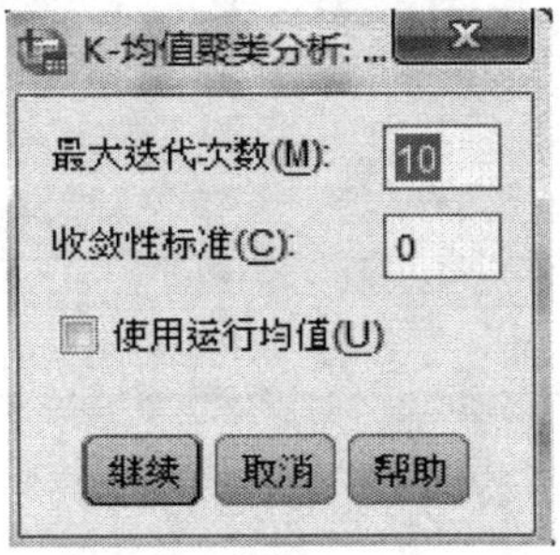

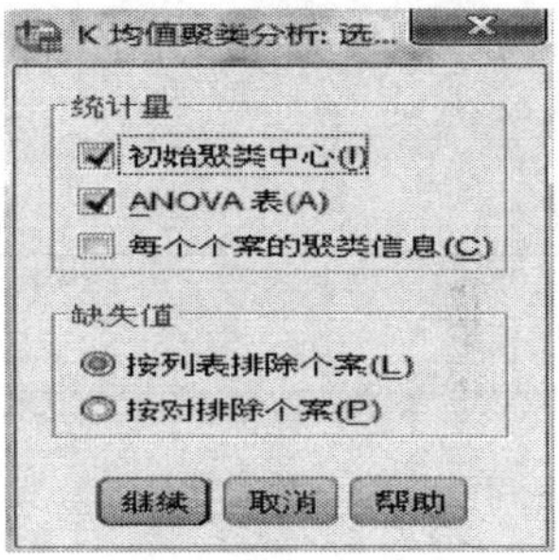

（6）单击【继续】→【确定】按钮，得到结果见表 11–23～表 11–27。

表 11–23　　初始聚类中心（Initial Cluster Centers）

污染物	聚类			
	1	2	3	4
SO_2	106	93	69	32
NO_2	125	49	97	117
PM10	186	114	164	174
CO	41	106	68	75
O_3_1 小时	13	15	6	7
O_3_8 小时	17	17	9	7
PM2.5	268	198	138	235

表 11–24　　迭代历史记录（Iteration History）

迭代	聚类中心内的更改			
	1	2	3	4
1	0.000	31.898	38.057	40.139
2	0.000	0.000	11.698	7.490
3	0.000	0.000	0.000	0.000

备注：由于聚类中心内没有改动或改动较小而达到收敛。任何中心的最大绝对坐标更改为 0.000。当前迭代为 3。初始中心间的最小距离为 89.805。

表 11–25 最终聚类中心（Final Cluster Centers）

污染物	聚类			
	1	2	3	4
SO_2	106	98	72	66
NO_2	125	79	104	107
PM10	186	120	134	154
CO	41	104	77	74
O_3_1 小时	13	11	11	12
O_3_8 小时	17	13	12	13
PM2.5	268	194	148	218

表 11–26 方差分析（ANOVA）

污染物	聚类		误差		*F*	Sig.
	均方	d*f*	均方	d*f*		
SO_2	844.882	3	444.954	9	1.899	0.200
NO_2	574.280	3	425.787	9	1.349	0.319
PM10	1303.972	3	216.898	9	6.012	0.016
CO	916.453	3	259.593	9	3.530	0.062
O_3_1 小时	1.853	3	40.083	9	0.046	0.986
O_3_8 小时	7.613	3	38.009	9	0.200	0.894
PM2.5	5696.109	3	121.861	9	46.743	0.000

表 11–27 每个聚类中的案例数

聚类	1	1.000
	2	2.000
	3	4.000
	4	6.000
有效		13.000
缺失		0.000

（7）经过以上的操作后，最终的分类结果会自动的在 SPSS 中显示出来，如下所示。QCL–1 列是最后的具体分类结果，显然分成了 4 类。

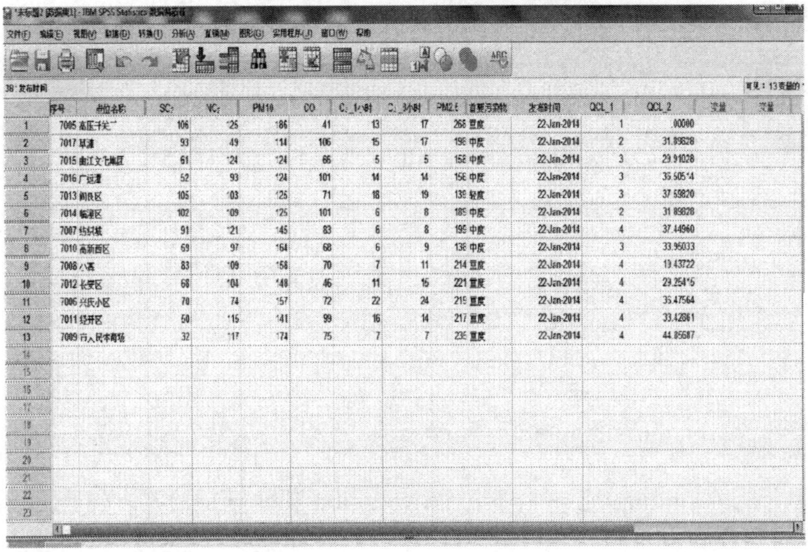

	序号	单位名称	SO2	NO2	PM10	CO	O3_1小时	O3_8小时	PM2.5	首要污染物	发布时间	QCL_1	QCL_2
1	7005	高压开关厂	106	125	186	41	13	17	268	重度	22-Jan-2014	1	.00000
2	7017	草滩	93	49	114	106	15	17	196	中度	22-Jan-2014	2	31.89828
3	7015	曲江文化集团	61	124	124	66	5	5	158	中度	22-Jan-2014	3	29.91028
4	7016	广运潭	52	93	124	101	14	14	156	中度	22-Jan-2014	3	35.50514
5	7013	阎良区	105	103	125	71	18	19	139	轻度	22-Jan-2014	3	37.59820
6	7014	临潼区	102	109	125	101	6	8	185	中度	22-Jan-2014	2	31.89828
7	7007	纺织城	91	121	145	83	6	8	195	中度	22-Jan-2014	4	37.44960
8	7010	高新西区	69	97	164	68	6	9	136	中度	22-Jan-2014	3	33.95033
9	7008	小寨	83	109	158	70	7	11	214	重度	22-Jan-2014	4	19.43722
10	7012	长安区	68	104	148	46	11	15	221	重度	22-Jan-2014	4	29.25415
11	7006	兴庆小区	70	74	157	72	22	24	219	重度	22-Jan-2014	4	35.47564
12	7011	经开区	50	115	141	99	16	14	217	重度	22-Jan-2014	4	33.42861
13	7009	市人民体育场	32	117	174	75	7	7	235	重度	22-Jan-2014	4	44.85687

（8）结果分析。

例题中，设定的聚类数为 4，表 11–23 是初始聚类中心表，由 SO_2 所在行的数据 106、93、69、32 与原 SO_2 所在行的数据作比较，发现初始聚类中心是高压开关厂、草滩、高新西区、市人民体育场；表 11–24 是本例的迭代历史记录，当进行第 3 次迭代时，就达到了聚类的结果要求，故聚类结束；表 11–25 是最终聚类中心表，显然两次聚类中心是不同的，从表中可以看出第 1 类的 PM2.5 值最大为 268，第 1–4 类中 PM2.5 值最大，其次是 NO_2 和 PM10；表 11–26 是方差分析表，表示的是聚类间的差别，对变量进行 F 检验较好；表 11–27 是聚类后的个案例数，即每类中包含的样本数，显然第 1、2、3、4 类分别包含 1、2、4、6 个样本。

由图 QCL–1 列，可以看出高压开关厂被聚到第一类，表示污染程度最严重，西安的高压开关厂是我国高压开关设备研发的重要工程基地，污染很严重；草滩临潼区被聚到第二类，表示污染程度较为严重，上述两个区域工业较为集中，使得污染相对较为严重；曲江文化集团、光运潭、阎良区和高新小区被聚到第三类，表示污染严重程度较小；纺织城、小寨、长安区、兴庆小区、经开区和市人民体育场被聚到第四类，表示空气质量较好。

11.3.7　基于 SPSS 的因子分析

下面主要介绍利用 SPSS 进行因子分析，因子分析是从多个变量（指标）中选择出少数几个综合变量以达到数据简化目的的一种多元降维统计分析方法。因子分析过程提供了高度灵活的处理方法，包括 7 种因子提取方法、5 种旋转方法以及 3 种计算因子得分的方法。

【例 11–8】已知西安市高压开关厂、兴庆小区、纺织城等 13 个空气质量观测站 7 种污染物于 2014 年 1 月 22 日测得的数据（数据同表 11–22）。试根据 13 个观测站的 SO_2、NO_2、CO 等 7 种污染物的排放数据对西安市污染进行因子分析，讨论有哪些污染物因子影响西安市空气质量的程度比较高。

（1）导入已建好的 Excel 数据文件。

选择【文件（File）】→【打开（Open）】→【数据（Data）】，导入数据如下图所示。

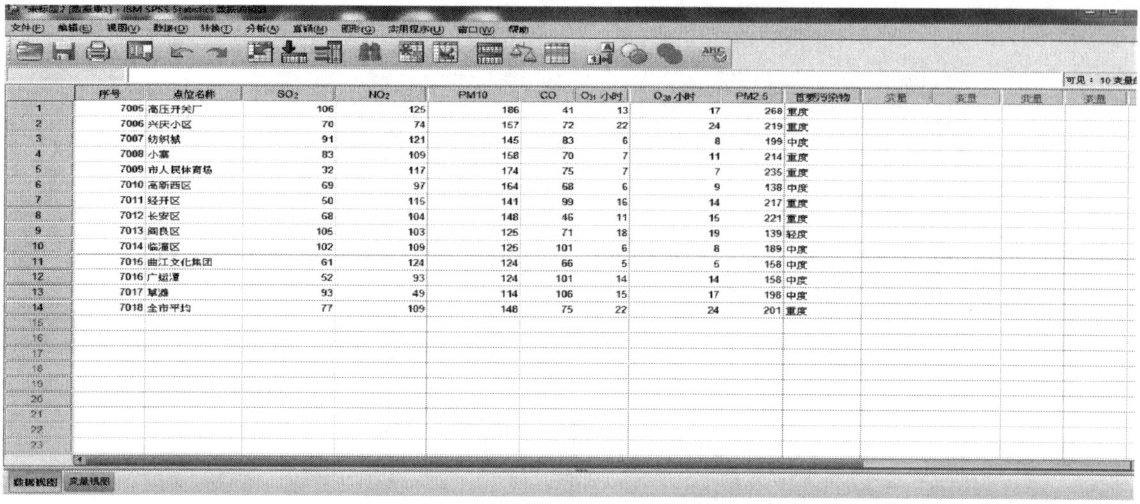

	序号	点位名称	SO_2	NO_2	PM10	CO	O_{31} 小时	O_{38} 小时	PM2.5	首要污染物
1	7005	高压开关厂	106	125	186	41	13	17	268	重度
2	7006	兴庆小区	70	74	157	72	22	24	219	重度
3	7007	纺织城	91	121	145	83	6	8	199	中度
4	7008	小寨	83	109	158	70	7	11	214	重度
5	7009	市人民体育场	32	117	174	75	7	7	235	重度
6	7010	高新西区	69	97	164	68	6	9	138	中度
7	7011	经开区	50	115	141	99	16	14	217	重度
8	7012	长安区	68	104	148	46	11	15	221	重度
9	7013	阎良区	105	103	125	71	18	19	139	轻度
10	7014	临潼区	102	109	125	101	6	8	189	中度
11	7015	曲江文化集团	61	124	124	66	5	5	158	中度
12	7016	广运潭	52	93	124	101	14	14	158	中度
13	7017	草滩	93	49	114	106	15	17	198	中度
14	7018	全市平均	77	109	148	75	22	24	201	重度

（2）选择【分析（Analyze）】→【降维（Dimension Reduction）】→【因子分析（Factor）】，打开因子分析对话框，将 SO_2、NO_2、CO 等 7 个变量选入“变量”列表框，如下图所示（左）。

（3）单击【描述（Descriptives】，打开描述统计对话框，如下图所示（中）。

（4）单击【继续】→【抽取（Extraction）】，打开抽取对话框，如下图所示（右）。

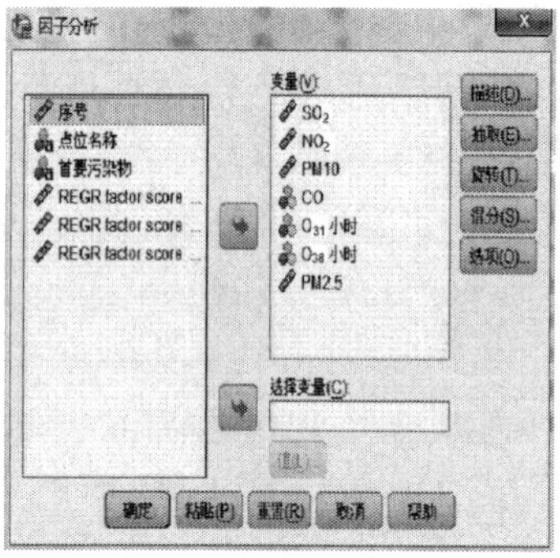

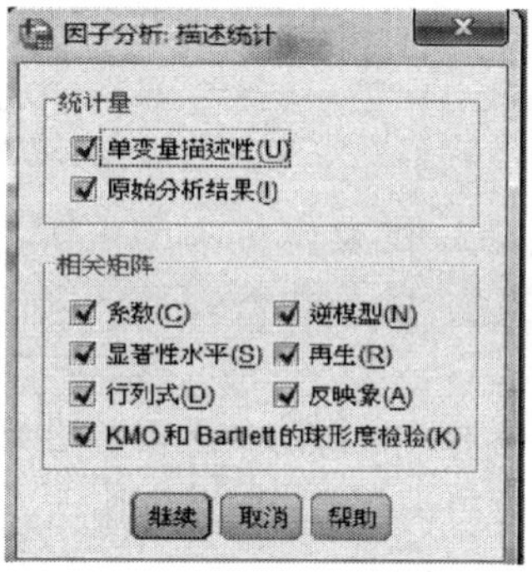

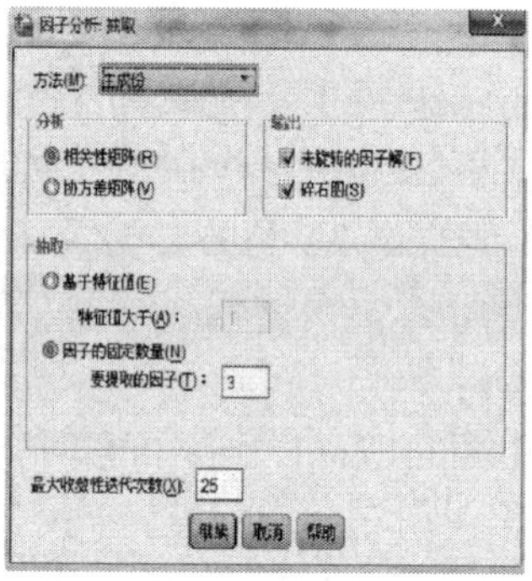

（5）单击【继续】→【旋转（Rotation）】，如下图所示（左）。

（6）单击【继续】→【得分（Scores）】，打开因子得分对话框，如下图所示（中）。

（7）单击【继续】→【选项（Options）】，打开选项对话框，如下图所示（右）。

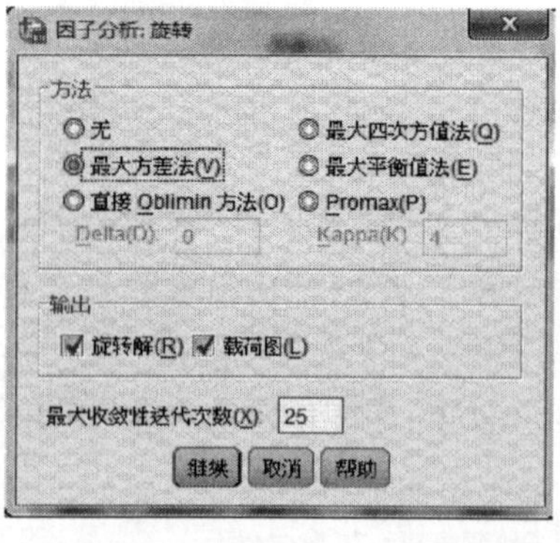

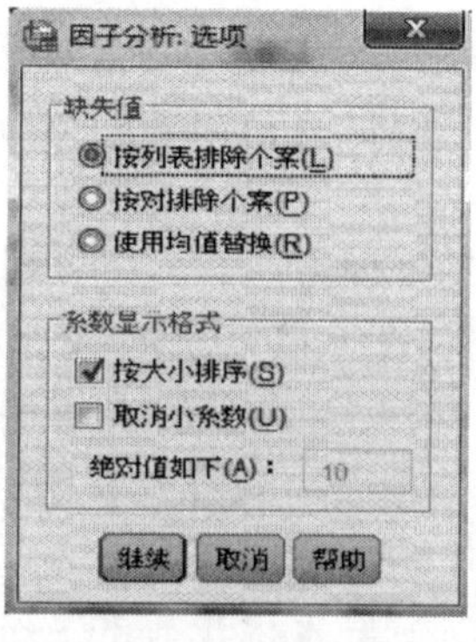

（8）单击【继续】→【确定】，得到分析结果，见表 11-28～表 11-33 和图 11-22。

表 11–28 描述统计量

污染物	均值	标准差	分析 N
SO_2	75.64	22.431	14
NO_2	103.50	20.732	14
PM10	145.21	21.254	14
CO	76.71	19.785	14
O_3_1 小时	12.00	6.038	14
O_3_8 小时	13.71	6.069	14
PM2.5	196.71	37.422	14

表 11–29 相关矩阵

污染物		SO_2	NO_2	PM10	CO	O_3_1 小时	O_3_8 小时	PM2.5
相关	SO_2	1.000	–0.095	–0.143	–0.113	0.083	0.247	–0.016
	NO_2	–0.095	1.000	0.387	–0.417	–0.429	–0.454	0.169
	PM10	–0.143	0.387	1.000	–0.654	–0.084	0.033	0.610
	CO	–0.113	–0.417	–0.654	1.000	0.070	–0.099	–0.307
	O_3_1 小时	0.083	–0.429	–0.084	0.070	1.000	0.957	0.120
	O_3_8 小时	0.247	–0.454	0.033	–0.099	0.957	1.000	0.194
	PM2.5	–0.016	0.169	0.610	–0.307	0.120	0.194	1.000
Sig.（单侧）	SO_2		0.373	0.313	0.350	0.388	0.197	0.478
	NO_2	0.373		0.086	0.069	0.063	0.052	0.281
	PM10	0.313	0.086		0.006	0.388	0.455	0.010
	CO	0.350	0.069	0.006		0.407	0.368	0.143
	O_3_1 小时	0.388	0.063	0.388	0.407		0.000	0.342
	O_3_8 小时	0.197	0.052	0.455	0.368	0.000		0.253
	PM2.5	0.478	0.281	0.010	0.143	0.342	0.253	

表 11–30 KMO 和 Bartlett 的检验

取样足够度的 Kaiser–Meyer–Olkin 度量。		0.344
Bartlett 的球形度检验	近似 x^2	56.782
	df	21
	Sig.	0.000

表 11–31 解释的总方差

成分	初始特征值			提取平方和载入			旋转平方和载入		
	合计	方差的 %	累积%	合计	方差%	累积 %	合计	方差%	累积%
1	2.463	35.183	35.183	2.463	35.183	35.183	2.178	31.117	31.117
2	2.153	30.754	65.937	2.153	30.754	65.937	1.717	24.532	55.649
3	1.037	14.810	80.747	1.037	14.810	80.747	1.365	19.497	75.146
4	0.660	9.429	90.176	0.660	9.429	90.176	1.052	15.030	90.176
5	0.472	6.743	96.919						
6	0.207	2.956	99.875						
7	0.009	0.125	100.000						

表 11-32　成分矩阵

污染物	成分			
	1	2	3	4
NO_2	–0.796	–0.013	0.133	–0.219
O_3_1 小时	0.708	0.619	–0.156	–0.197
PM10	–0.651	0.636	–0.145	0.024
O_3_8 小时	0.650	0.738	0.009	–0.149
PM2.5	–0.339	0.675	–0.214	0.579
CO	0.561	–0.578	–0.292	0.384
SO_2	0.226	0.173	0.918	0.261

表 11-33　成分得分系数矩阵

污染物	成分			
	1	2	3	4
SO_2	–0.091	–0.022	0.062	0.971
NO_2	–0.152	0.422	–0.166	–0.043
PM10	0.022	0.247	0.318	–0.126
CO	–0.145	–0.671	0.257	–0.067
O_3_1 小时	0.486	0.085	–0.101	–0.153
O_3_8 小时	0.469	0.124	–0.052	0.019
PM2.5	–0.095	–0.321	0.897	0.108

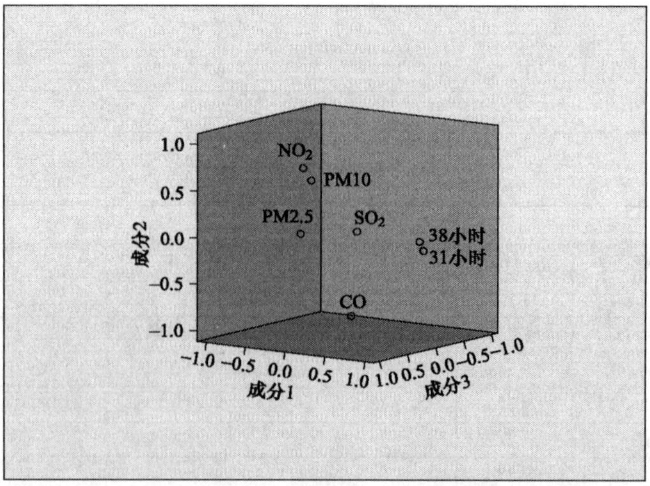

图 11-23　旋转空间的成分图

（9）结果分析。

图 11–23 是旋转后的因子载荷散点图，从图中可以看到 NO_2 和 PM10 的距离比较近，可以归于同一个因子解释；PM2.5 和 SO_2 的距离比较近，可以归于同一个因子解释；O_3_1 小时和 O_3_8 小时的距离比较近，可以归于同一个因子解释；而 CO 单独由一个因子解释。

由表 11–28 可知，描述统计量表展现了 7 个变量的均值、标准差，可以看到污染物 PM2.5 的均值为 196.71，标准差为 37.422，均值和标准差是 7 个污染物变量中最大的变量，由此可见 2014 年 1 月 22 日主要的排放污染物是 PM2.5。

表 11–29 是相关矩阵表，反映的是 7 个变量之间的相关性，相关系数高的变量之间的联系程度比较密切。从表中看出，污染物变量 O_3_1 小时和 O_3_8 小时之间的相关系数比较大，相关系数是 0.957，CO 和 PM10 的相关系数是–0.654，另外 PM10 和 PM2.5 的相关系数是 0.610。

表 11–30 是关于 KMO 和 Bartlett 的检验表，一般认为 KMO 值越逼近于 1，表明对这些变量进行因子分析的效果越好，本例中 KMO 值为 0.344，且近似 $\chi^2 = 56.782$，$p = 0.000 < 0.001$，按 $\alpha = 0.05$ 水准，即意味着变量高度相关，足够为因子分析提供足够的合理性，故可进行因子分析。

表 11–31 是解释的总方差表，从表中可以看到 4 个因子的方差累计贡献率是 90.176%，我们认为总体的信息可以由这 4 个因子反映出来，即可以发现西安市 2014 年 1 月 22 日的主要污染物是由 4 种排放污染物组成的。

表 11–32 是成分矩阵表，是初始的未经旋转的因子载荷，显示了 4 个主成分，进一步说明提取 4 个主成分就可以反映总体的信息了。

表 11–33 是成分得分系数矩阵，可得到最终的得分方程，4 个公因子和 7 个污染物变量之间的关系如下

$$F_1 = -0.091x_1 - 0.152x_2 + 0.022x_3 - 0.145x_4 + 0.486x_5 + 0.469x_6 - 0.095x_7$$

$$F_2 = -0.022x_1 + 0.422x_2 + 0.247x_3 - 0.671x_4 + 0.085x_5 + 0.124x_6 - 0.321x_7$$

$$F_3 = 0.062x_1 - 0.166x_2 + 0.318x_3 + 0.257x_4 - 0.101x_5 - 0.052x_6 + 0.897x_7$$

$$F_4 = 0.971x_1 - 0.043x_2 - 0.126x_3 - 0.067x_4 - 0.153x_5 + 0.019x_6 + 0.108x_7$$

从上述分析可以得出，第 1 公因子基本支配了变量 5 和 6（绝对值较大的系数），即污染物 O_3_1 小时和 O_3_8 小时；第 2 公因子基本支配了变量 4，即污染物 CO；第 3 公因子基本支配了变量 7，即污染物 PM2.5；第 4 公因子基本支配了变量 1，即污染物 SO_2。

由此可以推断：该日空气质量主要的污染物有 O_3、CO、PM2.5 和 SO_2。

思考与练习题

（1）Excel 平台中有哪些计数函数，各自适用哪些情况？

（2）Excel 平台中有哪些分布函数及其逆函数？

（3）方差分析计算机输出结果如下界面。

4.　设有3台同样型号的机器，用于加工厚度为2.5mm的铝板，现分别从每台机器生产的产品中随机抽取5张铝板测试，测试数据如表所示。问这3台机器生产的铝板厚度有无显著性差异（α=0.05）？

机器1	机器2	机器3
2.36	2.53	2.58
2.43	2.54	2.56
2.48	2.56	2.59
2.47	2.52	2.61
2.44	2.58	2.62

方差分析：单因素方差分析

SUMMARY

组	计数	求和	平均	方差
机器1	5	12.18	2.436	0.00223
机器2	5	12.73	2.546	0.00058
机器3	5	12.96	2.592	0.00057

方差分析

差异源	SS	df	MS	F	P-value	F crit
组间	0.06425	2	0.03213	28.5148	2.8E-05	3.88529
组内	0.01352	12	0.00113			
总计	0.07777	14				

1）解释上表中每项的含义；2）并用表达式表示；3）对原假设 H_0 做出接受或拒绝的决定。

（4）西部某城市近五年来城市市政设施建设水平见下表。

指标＼年份	2009	2010	2011	2012	2013
一、道路长度（km）	2296	2662	2755	3119.30	3387.43
二、道路面积（万 m^2）	5057	5965	6259	7126.56	7931.80
三、人行道面积（万 m^2）	1517	1834	1867	2105.31	2259.29
四、桥梁数（座）	314	347	402	422	432
其中，#立交桥	71	71	91	97	97
五、路灯盏数（盏）	271 444	291 754	311 991	329 881	333 393
六、排水管道长度（km）	2848	3765	4043	4435.92	4629.7
七、污水年排放量（万 m^3）	31 394	34 706	36 673	40 302.7	46 186
八、污水处理厂处理能力（万 m^3/日）	80	106.5	111.6	128.1	153.1
九、污水年处理量（万 m^3）	20 386	25 088	31 512	35 463	41 898

求：1）利用 SPSS 软件对不同指标进行相关性分析；

2）利用 SPSS 软件对不同年份典型指标进行回归分析；

3）利用 SPSS 软件分析道路长度与路灯盏数是否存在差异性；

4）利用 SPSS 软件分析不同指标是否存在典型聚类；

5）利用 SPSS 软件分析排水管道长度与污水处理厂处理能力对污水年处理量是否有显著影响。

附录A　有限总体样本量表

表 A–1　　有限总体在一定置信水平及各种置信条件下所需的样本量表

（95%置信水平；总体假设百分比为 50%*）

总体数量	根据信度确定的样本量				
	±1%	±2%	±3%	±4%	±5%
1000	#	#	#	375	278
2000	#	#	696	462	322
3000	#	1334	787	500	341
4000	#	1500	842	522	350
5000	#	1622	879	536	357
10 000	4899	1936	964	566	370
20 000	6489	2144	1013	583	377
50 000	8057	2291	1045	593	381
100 000	8763	2345	1056	597	383
500 000 以上	9423	2390	1065	600	384

* 本表仅适用于无法估计预期出现率最大值（或最小值）的情况。本表采用的数据计算方法偏于保守，导致所需样本量高于其他表格中根据估计的预期出现率而得到的样本量。

\# 所需样本量超过总体数量的 50%。因为此时对超几何分布的常态近似值估计效果不好，故不给出样本量的具体数值。

表 A–2　　样本量（95%置信水平；预期出现率不超过 5%，或者不低于 95%）

总体数量	根据信度确定的样本量			
	±0.5%	±1%	±2%	±3%
1000	*	*	313	169
2000	*	954	371	184
3000	*	1134	396	190
4000	*	1253	409	192
5000	*	1336	418	195
10 000	4220	1543	436	199
20 000	5348	1672	446	201
50 000	6370	1760	452	202
100 000	6803	1791	454	202
500 000 以上	7196	1818	456	203

* 所需样本量超过总体数量的 50%。因为此时对超几何分布的常态近似值估计效果不好，故不给出样本量的具体数值。

表 A–3　　样本量（99%置信水平；总体假设百分比为 50%*）

总体数量	根据信度确定的样本量				
	±1%	±2%	±3%	±4%	±5%
1000	#	#	#	#	400
2000	#	#	959	683	498
3000	#	#	1142	771	544
4000	#	#	1262	824	569
5000	#	2267	1347	859	586
10 000	#	2932	1556	939	622
20 000	9068	3435	1688	986	642
50 000	12 456	3830	1778	1016	655
100 000	14 229	3982	1810	1026	659
500 000 以上	16 056	4113	1836	1035	663

* 本表仅适用于无法估计预期出现率最大值（或最小值）的情况。本表采用的数据计算方法偏于保守，导致所需样本量高于其他表格中根据估计的预期出现率而得到的样本量。

\# 所需样本量超过总体数量的 50%。因为此时对超几何分布的常态近似值估计效果不好，故不给出样本量的具体数值。

表 A–4 样本量（95%置信水平；预期出现率不超过 15%，或者不低于 85%）

总体数量	根据信度确定的样本量			
	±1%	±2%	±3%	±5%
1000	*	*	353	235
2000	*	760	428	266
3000	*	870	461	278
4000	*	938	479	284
5000	2474	984	491	289
10 000	3288	1091	516	297
20 000	3935	1154	530	302
50 000	4461	1195	538	304
100 000	4669	1210	541	305
500 000 以上	4850	1222	544	306

* 所需样本量超过总体数量的 50%。因为此时对超几何分布的常态近似值估计效果不好，故不给出样本量的具体数值。

表 A–5 样本量（99%置信水平；预期出现率不超过 5%，或者不低于 95%）

总体数量	根据信度确定的样本量			
	±0.5%	±1%	±2%	±3%
1000	*	*	441	260
2000	*	*	565	298
3000	*	*	624	314
4000	*	1763	658	322
5000	*	1934	681	327
10 000	*	2397	731	338
20 000	7730	2721	758	344
50 000	10 063	2963	776	348
100 000	11 189	3056	782	349
500 000 以上	12 289	3132	787	350

* 所需样本量超过总体数量的 50%。因为此时对超几何分布的常态近似值估计效果不好，故不给出样本量的具体数值。

表 A–6 样本量（95%置信水平；预期出现率不超过 30%，或者不低于 70%）

总体数量	根据信度确定的样本量			
	±1%	±2%	±3%	±5%
1000	*	*	473	244
2000	*	*	619	278
3000	*	1206	690	291
4000	*	1341	732	299
5000	*	1437	760	303
10 000	4465	1678	823	313
20 000	5749	1832	858	318
50 000	6946	1939	881	321
100 000	7465	1977	888	321
500 000 以上	7939	2009	895	322

* 所需样本量超过总体数量的 50%。因为此时对超几何分布的常态近似值估计效果不好，故不给出样本量的具体数值。

表 A–7　样本量（99%置信水平；预期出现率不超过 15%，或者不低于 85%）

总体数量	根据信度确定的样本量			
	±1%	±2%	±3%	±4%
1000	*	*	485	346
2000	*	*	640	418
3000	*	1241	716	450
4000	*	1384	761	467
5000	*	1487	791	478
10 000	4583	1746	859	502
20 000	5946	1913	898	515
50 000	7237	2029	923	523
100 000	7801	2071	931	526
500 000 以上	8320	2106	938	528

* 所需样本量超过总体数量的 50%。因为此时对超几何分布的常态近似值估计效果不好，故不给出样本量的具体数值。

表 A–8　样本量（99%置信水平；预期出现率不超过 30%，或者不低于 70%）

总体数量	根据信度确定的样本量			
	±1%	±2%	±3%	±5%
1000	*	*	*	360
2000	*	*	873	436
3000	*	*	1021	470
4000	*	1862	1116	489
5000	*	2053	1182	502
10 000	*	2584	1341	527
20 000	8213	2967	1437	542
50 000	10 898	3257	1502	551
100 000	12 231	3367	1525	554
500 000 以上	13 557	3460	1544	557

* 所需样本量超过总体数量的 50%。因为此时对超几何分布的常态近似值估计效果不好，故不给出样本量的具体数值。

附录B 标准正态分布

$$\Phi(x)=\int_{-\infty}^{x}\frac{1}{\sqrt{2\pi}}e^{-\frac{1}{2x}}dx$$

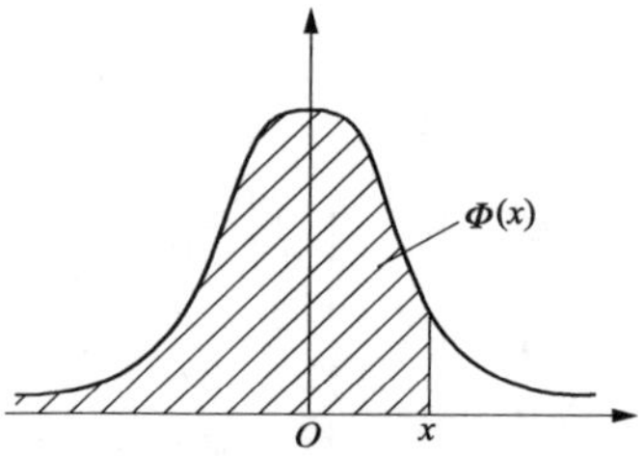

x	0	0.01	0.02	0.03	0.04	0.05	0.06	0.07	0.08	0.09
0.0	0.500 000	0.503 989	0.507 978	0.511 966	0.515 953	0.519 939	0.523 922	0.527 903	0.531 881	0.535 856
0.1	0.539 828	0.543 795	0.547 758	0.551 717	0.555 670	0.559 618	0.563 559	0.567 495	0.571 424	0.575 345
0.2	0.579 260	0.583 166	0.587 064	0.590 954	0.594 835	0.598 706	0.602 568	0.606 420	0.610 261	0.614 092
0.3	0.617 911	0.621 720	0.625 516	0.629 300	0.633 072	0.636 831	0.640 576	0.644 309	0.648 027	0.651 732
0.4	0.655 422	0.659 097	0.662 757	0.666 402	0.670 031	0.673 645	0.677 242	0.680 822	0.684 386	0.687 933
0.5	0.691 462	0.694 974	0.698 468	0.701 944	0.705 401	0.708 840	0.712 260	0.715 661	0.719 043	0.722 405
0.6	0.725 747	0.729 069	0.732 371	0.735 653	0.738 914	0.742 154	0.745 373	0.748 571	0.751 748	0.754 903
0.7	0.758 036	0.761 148	0.764 238	0.767 305	0.770 350	0.773 373	0.776 373	0.779 350	0.782 305	0.785 236
0.8	0.788 145	0.791 030	0.793 892	0.796 731	0.799 546	0.802 337	0.805 105	0.807 850	0.810 570	0.813 267
0.9	0.815 940	0.818 589	0.821 214	0.823 814	0.826 391	0.828 944	0.831 472	0.833 977	0.836 457	0.838 913
1.0	0.841 345	0.843 752	0.846 136	0.848 495	0.850 830	0.853 141	0.855 428	0.857 690	0.859 929	0.862 143
1.1	0.864 334	0.866 500	0.868 643	0.870 762	0.872 857	0.874 928	0.876 976	0.879 000	0.881 000	0.882 977
1.2	0.884 930	0.886 861	0.888 768	0.890 651	0.892 512	0.894 350	0.896 165	0.897 958	0.899 727	0.901 475
1.3	0.903 200	0.904 902	0.906 582	0.908 241	0.909 877	0.911 492	0.913 085	0.914 657	0.916 207	0.917 736
1.4	0.919 243	0.920 730	0.922 196	0.923 641	0.925 066	0.926 471	0.927 855	0.929 219	0.930 563	0.931 888
1.5	0.933 193	0.934 478	0.935 745	0.936 992	0.938 220	0.939 429	0.940 620	0.941 792	0.942 947	0.944 083
1.6	0.945 201	0.946 301	0.947 384	0.948 449	0.949 497	0.950 529	0.951 543	0.952 540	0.953 521	0.954 486
1.7	0.955 435	0.956 367	0.957 284	0.958 185	0.959 070	0.959 941	0.960 796	0.961 636	0.962 462	0.963 273
1.8	0.964 070	0.964 852	0.965 620	0.966 375	0.967 116	0.967 843	0.968 557	0.969 258	0.969 946	0.970 621
1.9	0.971 283	0.971 933	0.972 571	0.973 197	0.973 810	0.974 412	0.975 002	0.975 581	0.976 148	0.976 705
2.0	0.977 250	0.977 784	0.978 308	0.978 822	0.979 325	0.979 818	0.980 301	0.980 774	0.981 237	0.981 691
2.1	0.982 136	0.982 571	0.982 997	0.983 414	0.983 823	0.984 222	0.984 614	0.984 997	0.985 371	0.985 738
2.2	0.986 097	0.986 447	0.986 791	0.987 126	0.987 455	0.987 776	0.988 089	0.988 396	0.988 696	0.988 989
2.3	0.989 276	0.989 556	0.989 830	0.990 097	0.990 358	0.990 613	0.990 863	0.991 106	0.991 344	0.991 576
2.4	0.991 802	0.992 024	0.992 240	0.992 451	0.992 656	0.992 857	0.993 053	0.993 244	0.993 431	0.993 613
2.5	0.993 790	0.993 963	0.994 132	0.994 297	0.994 457	0.994 614	0.994 766	0.994 915	0.995 060	0.995 201
2.6	0.995 339	0.995 473	0.995 604	0.995 731	0.995 855	0.995 975	0.996 093	0.996 207	0.996 319	0.996 427
2.7	0.996 533	0.996 636	0.996 736	0.996 833	0.996 928	0.997 020	0.997 110	0.997 197	0.997 282	0.997 365
2.8	0.997 445	0.997 523	0.997 599	0.997 673	0.997 744	0.997 814	0.997 882	0.997 948	0.998 012	0.998 074

续表

x	0	0.01	0.02	0.03	0.04	0.05	0.06	0.07	0.08	0.09
2.9	0.998 134	0.998 193	0.998 250	0.998 305	0.998 359	0.998 411	0.998 462	0.998 511	0.998 559	0.998 605
3.0	0.998 650	0.998 694	0.998 736	0.998 777	0.998 817	0.998 856	0.998 893	0.998 930	0.998 965	0.998 999
3.1	0.999 032	0.999 065	0.999 096	0.999 126	0.999 155	0.999 184	0.999 211	0.999 238	0.999 264	0.999 289
3.2	0.999 313	0.999 336	0.999 359	0.999 381	0.999 402	0.999 423	0.999 443	0.999 462	0.999 481	0.999 499
3.3	0.999 517	0.999 534	0.999 550	0.999 566	0.999 581	0.999 596	0.999 610	0.999 624	0.999 638	0.999 651
3.4	0.999 663	0.999 675	0.999 687	0.999 698	0.999 709	0.999 720	0.999 730	0.999 740	0.999 749	0.999 758
3.5	0.999 767	0.999 776	0.999 784	0.999 792	0.999 800	0.999 807	0.999 815	0.999 822	0.999 828	0.999 835
3.6	0.999 841	0.999 847	0.999 853	0.999 858	0.999 864	0.999 869	0.999 874	0.999 879	0.999 883	0.999 888
3.7	0.999 892	0.999 896	0.999 900	0.999 904	0.999 908	0.999 912	0.999 915	0.999 918	0.999 922	0.999 925
3.8	0.999 928	0.999 931	0.999 933	0.999 936	0.999 938	0.999 941	0.999 943	0.999 946	0.999 948	0.999 950
3.9	0.999 952	0.999 954	0.999 956	0.999 958	0.999 959	0.999 961	0.999 963	0.999 964	0.999 966	0.999 967
4.0	0.999 968	0.999 970	0.999 971	0.999 972	0.999 973	0.999 974	0.999 975	0.999 976	0.999 977	0.999 978
4.1	0.999 979	0.999 980	0.999 981	0.999 982	0.999 983	0.999 983	0.999 984	0.999 985	0.999 985	0.999 986
4.2	0.999 987	0.999 987	0.999 988	0.999 988	0.999 989	0.999 989	0.999 990	0.999 990	0.999 991	0.999 991
4.3	0.999 991	0.999 992	0.999 992	0.999 993	0.999 993	0.999 993	0.999 993	0.999 994	0.999 994	0.999 994
4.4	0.999 995	0.999 995	0.999 995	0.999 995	0.999 996	0.999 996	0.999 996	0.999 996	0.999 996	0.999 996
4.5	0.999 997	0.999 997	0.999 997	0.999 997	0.999 997	0.999 997	0.999 997	0.999 998	0.999 998	0.999 998
4.6	0.999 998	0.999 998	0.999 998	0.999 998	0.999 998	0.999 998	0.999 998	0.999 998	0.999 999	0.999 999
4.7	0.999 999	0.999 999	0.999 999	0.999 999	0.999 999	0.999 999	0.999 999	0.999 999	0.999 999	0.999 999
4.8	0.999 999	0.999 999	0.999 999	0.999 999	0.999 999	0.999 999	0.999 999	0.999 999	0.999 999	0.999 999
4.9	1.000 000	1.000 000	1.000 000	1.000 000	1.000 000	1.000 000	1.000 000	1.000 000	1.000 000	1.000 000

附录C 标准正态分布分位数表

$$\int_{-\infty}^{x}\frac{1}{\sqrt{2\pi}}e^{-\frac{1}{2x}}dx=p$$

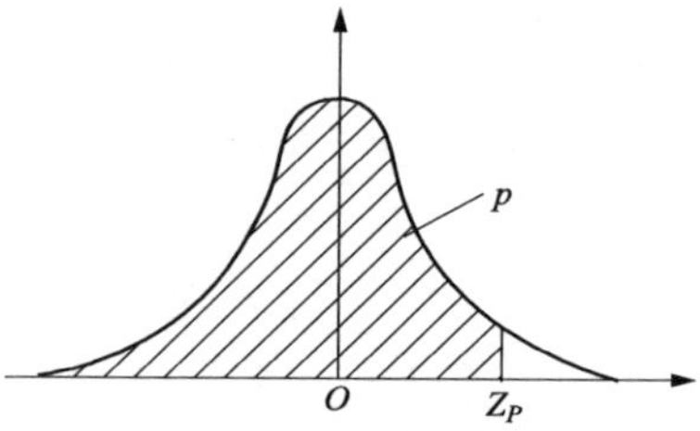

p	0	0.001	0.002	0.003	0.004	0.005	0.006	0.007	0.008	0.009
0.50	0.000 000	0.002 507	0.005 013	0.007 520	0.010 027	0.012 533	0.015 040	0.017 547	0.020 054	0.022 562
0.51	0.025 069	0.027 576	0.030 084	0.032 592	0.035 100	0.037 608	0.040 117	0.042 626	0.045 135	0.047 644
0.52	0.050 154	0.052 664	0.055 174	0.057 684	0.060 195	0.062 707	0.065 219	0.067 731	0.070 243	0.072 756
0.53	0.075 270	0.077 784	0.080 298	0.082 813	0.085 329	0.087 845	0.090 361	0.092 879	0.095 396	0.097 915
0.54	0.100 434	0.102 953	0.105 474	0.107 995	0.110 516	0.113 039	0.115 562	0.118 085	0.120 610	0.123 135
0.55	0.125 661	0.128 188	0.130 716	0.133 245	0.135 774	0.138 304	0.140 835	0.143 367	0.145 900	0.148 434
0.56	0.150 969	0.153 505	0.156 042	0.158 580	0.161 119	0.163 658	0.166 199	0.168 741	0.171 285	0.173 829
0.57	0.176 374	0.178 921	0.181 468	0.184 017	0.186 567	0.189 118	0.191 671	0.194 225	0.196 780	0.199 336
0.58	0.201 893	0.204 452	0.207 013	0.209 574	0.212 137	0.214 702	0.217 267	0.219 835	0.222 403	0.224 973
0.59	0.227 545	0.230 118	0.232 693	0.235 269	0.237 847	0.240 426	0.243 007	0.245 590	0.248 174	0.250 760
0.60	0.253 347	0.255 936	0.258 527	0.261 120	0.263 714	0.266 311	0.268 909	0.271 508	0.274 110	0.276 714
0.61	0.279 319	0.281 926	0.284 536	0.287 147	0.289 760	0.292 375	0.294 992	0.297 611	0.300 232	0.302 855
0.62	0.305 481	0.308 108	0.310 738	0.313 369	0.316 003	0.318 639	0.321 278	0.323 918	0.326 561	0.329 206
0.63	0.331 853	0.334 503	0.337 155	0.339 809	0.342 466	0.345 126	0.347 787	0.350 451	0.353 118	0.355 787
0.64	0.358 459	0.361 133	0.363 810	0.366 489	0.369 171	0.371 856	0.374 543	0.377 234	0.379 926	0.382 622
0.65	0.385 320	0.388 022	0.390 726	0.393 433	0.396 142	0.398 855	0.401 571	0.404 289	0.407 011	0.409 735
0.66	0.412 463	0.415 194	0.417 928	0.420 665	0.423 405	0.426 148	0.428 895	0.431 644	0.434 397	0.437 154
0.67	0.439 913	0.442 676	0.445 443	0.448 212	0.450 985	0.453 762	0.456 542	0.459 326	0.462 113	0.464 904
0.68	0.467 699	0.470 497	0.473 299	0.476 104	0.478 914	0.481 727	0.484 544	0.487 365	0.490 189	0.493 018
0.69	0.495 850	0.498 687	0.501 527	0.504 372	0.507 221	0.510 073	0.512 930	0.515 792	0.518 657	0.521 527
0.70	0.524 401	0.527 279	0.530 161	0.533 049	0.535 940	0.538 836	0.541 737	0.544 642	0.547 551	0.550 466
0.71	0.553 385	0.556 308	0.559 237	0.562 170	0.565 108	0.568 051	0.570 999	0.573 952	0.576 910	0.579 873
0.72	0.582 842	0.585 815	0.588 793	0.591 777	0.594 766	0.597 760	0.600 760	0.603 765	0.606 775	0.609 791
0.73	0.612 813	0.615 840	0.618 873	0.621 912	0.624 956	0.628 006	0.631 062	0.634 124	0.637 192	0.640 266
0.74	0.643 345	0.646 431	0.649 524	0.652 622	0.655 727	0.658 838	0.661 955	0.665 079	0.668 209	0.671 346
0.75	0.674 490	0.677 640	0.680 797	0.683 961	0.687 131	0.690 309	0.693 493	0.696 685	0.699 884	0.703 089
0.76	0.706 303	0.709 523	0.712 751	0.715 986	0.719 229	0.722 479	0.725 737	0.729 003	0.732 276	0.735 558
0.77	0.738 847	0.742 144	0.745 450	0.748 763	0.752 085	0.755 415	0.758 754	0.762 101	0.765 456	0.768 820
0.78	0.772 193	0.775 575	0.778 966	0.782 365	0.785 774	0.789 192	0.792 619	0.796 055	0.799 501	0.802 956

续表

p	0	0.001	0.002	0.003	0.004	0.005	0.006	0.007	0.008	0.009
0.79	0.806 421	0.809 896	0.813 380	0.816 875	0.820 379	0.823 894	0.827 418	0.830 953	0.834 499	0.838 055
0.80	0.841 621	0.845 199	0.848 787	0.852 386	0.855 996	0.859 617	0.863 250	0.866 894	0.870 550	0.874 217
0.81	0.877 896	0.881 587	0.885 290	0.889 006	0.892 733	0.896 473	0.900 226	0.903 991	0.907 770	0.911 561
0.82	0.915 365	0.919 183	0.923 014	0.926 859	0.930 717	0.934 589	0.938 476	0.942 376	0.946 291	0.950 221
0.83	0.954 165	0.958 124	0.962 099	0.966 088	0.970 093	0.974 114	0.978 150	0.982 203	0.986 271	0.990 356
0.84	0.994 458	0.998 576	1.002 712	1.006 864	1.011 034	1.015 222	1.019 428	1.023 651	1.027 893	1.032 154
0.85	1.036 433	1.040 732	1.045 050	1.049 387	1.053 744	1.058 122	1.062 519	1.066 938	1.071 377	1.075 837
0.86	1.080 319	1.084 823	1.089 349	1.093 897	1.098 468	1.103 063	1.107 680	1.112 321	1.116 987	1.121 677
0.87	1.126 391	1.131 131	1.135 896	1.140 687	1.145 505	1.150 349	1.155 221	1.160 120	1.165 047	1.170 002
0.88	1.174 987	1.180 001	1.185 044	1.190 118	1.195 223	1.200 359	1.205 527	1.210 727	1.215 960	1.221 227
0.89	1.226 528	1.231 864	1.237 235	1.242 641	1.248 085	1.253 565	1.259 084	1.264 641	1.270 238	1.275 874
0.90	1.281 552	1.287 271	1.293 032	1.298 837	1.304 685	1.310 579	1.316 519	1.322 505	1.328 539	1.334 622
0.91	1.340 755	1.346 939	1.353 174	1.359 463	1.365 806	1.372 204	1.378 659	1.385 172	1.391 744	1.398 377
0.92	1.405 072	1.411 830	1.418 654	1.425 544	1.432 503	1.439 531	1.446 632	1.453 806	1.461 056	1.468 384
0.93	1.475 791	1.483 280	1.490 853	1.498 513	1.506 262	1.514 102	1.522 036	1.530 068	1.538 199	1.546 433
0.94	1.554 774	1.563 224	1.571 787	1.580 467	1.589 268	1.598 193	1.607 248	1.616 436	1.625 763	1.635 234
0.95	1.644 854	1.654 628	1.664 563	1.674 665	1.684 941	1.695 398	1.706 043	1.716 886	1.727 934	1.739 198
0.96	1.750 686	1.762 410	1.774 382	1.786 613	1.799 118	1.811 911	1.825 007	1.838 424	1.852 180	1.866 296
0.97	1.880 794	1.895 698	1.911 036	1.926 837	1.943 134	1.959 964	1.977 368	1.995 393	2.014 091	2.033 520
0.98	2.053 749	2.074 855	2.096 927	2.120 072	2.144 411	2.170 090	2.197 286	2.226 212	2.257 129	2.290 368
0.99	2.326 348	2.365 618	2.408 916	2.457 263	2.512 144	2.575 829	2.652 070	2.747 781	2.878 162	3.090 232

附录D t 分布表

$P\{t(n) > t_\alpha(n)\} = \alpha$

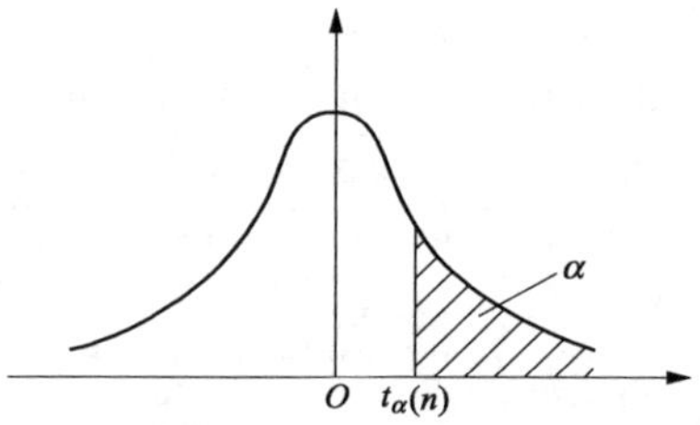

n \ α	0.250	0.100	0.050	0.025	0.010	0.005
1	1.000 0	3.077 7	6.313 8	12.706 2	31.820 5	63.656 7
2	0.816 5	1.885 6	2.920 0	4.302 7	6.964 6	9.924 8
3	0.764 9	1.637 7	2.353 4	3.182 4	4.540 7	5.840 9
4	0.740 7	1.533 2	2.131 8	2.776 4	3.746 9	4.604 1
5	0.726 7	1.475 9	2.015 0	2.570 6	3.364 9	4.032 1
6	0.717 6	1.439 8	1.943 2	2.446 9	3.142 7	3.707 4
7	0.711 1	1.414 9	1.894 6	2.364 6	2.998 0	3.499 5
8	0.706 4	1.396 8	1.859 5	2.306 0	2.896 5	3.355 4
9	0.702 7	1.383 0	1.833 1	2.262 2	2.821 4	3.249 8
10	0.699 8	1.372 2	1.812 5	2.228 1	2.763 8	3.169 3
11	0.697 4	1.363 4	1.795 9	2.201 0	2.718 1	3.105 8
12	0.695 5	1.356 2	1.782 3	2.178 8	2.681 0	3.054 5
13	0.693 8	1.350 2	1.770 9	2.160 4	2.650 3	3.012 3
14	0.692 4	1.345 0	1.761 3	2.144 8	2.624 5	2.976 8
15	0.691 2	1.340 6	1.753 1	2.131 4	2.602 5	2.946 7
16	0.690 1	1.336 8	1.745 9	2.119 9	2.583 5	2.920 8
17	0.689 2	1.333 4	1.739 6	2.109 8	2.566 9	2.898 2
18	0.688 4	1.330 4	1.734 1	2.100 9	2.552 4	2.878 4
19	0.687 6	1.327 7	1.729 1	2.093 0	2.539 5	2.860 9
20	0.687 0	1.325 3	1.724 7	2.086 0	2.528 0	2.845 3
21	0.686 4	1.323 2	1.720 7	2.079 6	2.517 6	2.831 4
22	0.685 8	1.321 2	1.717 1	2.073 9	2.508 3	2.818 8
23	0.685 3	1.319 5	1.713 9	2.068 7	2.499 9	2.807 3
24	0.684 8	1.317 8	1.710 9	2.063 9	2.492 2	2.796 9
25	0.684 4	1.316 3	1.708 1	2.059 5	2.485 1	2.787 4
26	0.684 0	1.315 0	1.705 6	2.055 5	2.478 6	2.778 7
27	0.683 7	1.313 7	1.703 3	2.051 8	2.472 7	2.770 7
28	0.683 4	1.312 5	1.701 1	2.048 4	2.467 1	2.763 3
29	0.683 0	1.311 4	1.699 1	2.045 2	2.462 0	2.756 4

续表

n \ α	0.250	0.100	0.050	0.025	0.010	0.005
30	0.682 8	1.310 4	1.697 3	2.042 3	2.457 3	2.750 0
31	0.682 5	1.309 5	1.695 5	2.039 5	2.452 8	2.744 0
32	0.682 2	1.308 6	1.693 9	2.036 9	2.448 7	2.738 5
33	0.682 0	1.307 7	1.692 4	2.034 5	2.444 8	2.733 3
34	0.681 8	1.307 0	1.690 9	2.032 2	2.441 1	2.728 4
35	0.681 6	1.306 2	1.689 6	2.030 1	2.437 7	2.723 8
36	0.681 4	1.305 5	1.688 3	2.028 1	2.434 5	2.719 5
37	0.681 2	1.304 9	1.687 1	2.026 2	2.431 4	2.715 4
38	0.681 0	1.304 2	1.686 0	2.024 4	2.428 6	2.711 6
39	0.680 8	1.303 6	1.684 9	2.022 7	2.425 8	2.707 9
40	0.680 7	1.303 1	1.683 9	2.021 1	2.423 3	2.704 5
41	0.680 5	1.302 5	1.682 9	2.019 5	2.420 8	2.701 2
42	0.680 4	1.302 0	1.682 0	2.018 1	2.418 5	2.698 1
43	0.680 2	1.301 6	1.681 1	2.016 7	2.416 3	2.695 1
44	0.680 1	1.301 1	1.680 2	2.015 4	2.414 1	2.692 3
45	0.680 0	1.300 6	1.679 4	2.014 1	2.412 1	2.689 6

附录E χ^2 分布表

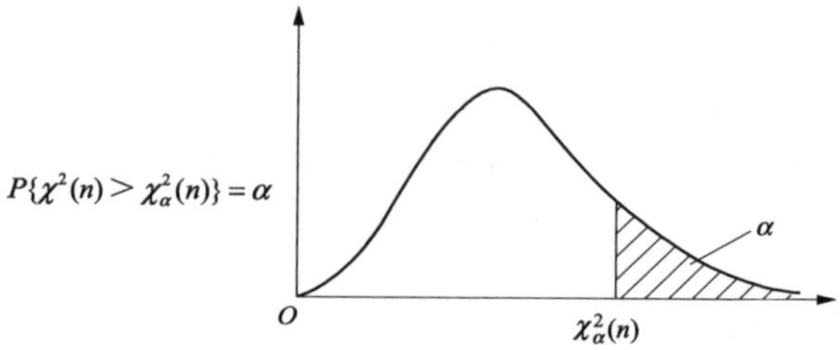

n \ α	0.995	0.990	0.975	0.950	0.900	0.750	0.250	0.100	0.050	0.025	0.010	0.005
1	0.000	0.000	0.001	0.004	0.016	0.102	1.323	2.706	3.841	5.024	6.635	7.879
2	0.010	0.020	0.051	0.103	0.211	0.575	2.773	4.605	5.991	7.378	9.210	10.597
3	0.072	0.115	0.216	0.352	0.584	1.213	4.108	6.251	7.815	9.348	11.345	12.838
4	0.207	0.297	0.484	0.711	1.064	1.923	5.385	7.779	9.488	11.143	13.277	14.860
5	0.412	0.554	0.831	1.145	1.610	2.675	6.626	9.236	11.070	12.833	15.086	16.750
6	0.676	0.872	1.237	1.635	2.204	3.455	7.841	10.645	12.592	14.449	16.812	18.548
7	0.989	1.239	1.690	2.167	2.833	4.255	9.037	12.017	14.067	16.013	18.475	20.278
8	1.344	1.646	2.180	2.733	3.490	5.071	10.219	13.362	15.507	17.535	20.090	21.955
9	1.735	2.088	2.700	3.325	4.168	5.899	11.389	14.684	16.919	19.023	21.666	23.589
10	2.156	2.558	3.247	3.940	4.865	6.737	12.549	15.987	18.307	20.483	23.209	25.188
11	2.603	3.053	3.816	4.575	5.578	7.584	13.701	17.275	19.675	21.920	24.725	26.757
12	3.074	3.571	4.404	5.226	6.304	8.438	14.845	18.549	21.026	23.337	26.217	28.300
13	3.565	4.107	5.009	5.892	7.042	9.299	15.984	19.812	22.362	24.736	27.688	29.819
14	4.075	4.660	5.629	6.571	7.790	10.165	17.117	21.064	23.685	26.119	29.141	31.319
15	4.601	5.229	6.262	7.261	8.547	11.037	18.245	22.307	24.996	27.488	30.578	32.801
16	5.142	5.812	6.908	7.962	9.312	11.912	19.369	23.542	26.296	28.845	32.000	34.267
17	5.697	6.408	7.564	8.672	10.085	12.792	20.489	24.769	27.587	30.191	33.409	35.718
18	6.265	7.015	8.231	9.390	10.865	13.675	21.605	25.989	28.869	31.526	34.805	37.156
19	6.844	7.633	8.907	10.117	11.651	14.562	22.718	27.204	30.144	32.852	36.191	38.582
20	7.434	8.260	9.591	10.851	12.443	15.452	23.828	28.412	31.410	34.170	37.566	39.997
21	8.034	8.897	10.283	11.591	13.240	16.344	24.935	29.615	32.671	35.479	38.932	41.401
22	8.643	9.542	10.982	12.338	14.041	17.240	26.039	30.813	33.924	36.781	40.289	42.796
23	9.260	10.196	11.689	13.091	14.848	18.137	27.141	32.007	35.172	38.076	41.638	44.181
24	9.886	10.856	12.401	13.848	15.659	19.037	28.241	33.196	36.415	39.364	42.980	45.559
25	10.520	11.524	13.120	14.611	16.473	19.939	29.339	34.382	37.652	40.646	44.314	46.928
26	11.160	12.198	13.844	15.379	17.292	20.843	30.435	35.563	38.885	41.923	45.642	48.290
27	11.808	12.879	14.573	16.151	18.114	21.749	31.528	36.741	40.113	43.195	46.963	49.645
28	12.461	13.565	15.308	16.928	18.939	22.657	32.620	37.916	41.337	44.461	48.278	50.993

续表

n \ α	0.995	0.990	0.975	0.950	0.900	0.750	0.250	0.100	0.050	0.025	0.010	0.005
29	13.121	14.256	16.047	17.708	19.768	23.567	33.711	39.087	42.557	45.722	49.588	52.336
30	13.787	14.953	16.791	18.493	20.599	24.478	34.800	40.256	43.773	46.979	50.892	53.672
31	14.458	15.655	17.539	19.281	21.434	25.390	35.887	41.422	44.985	48.232	52.191	55.003
32	15.134	16.362	18.291	20.072	22.271	26.304	36.973	42.585	46.194	49.480	53.486	56.328
33	15.815	17.074	19.047	20.867	23.110	27.219	38.058	43.745	47.400	50.725	54.776	57.648
34	16.501	17.789	19.806	21.664	23.952	28.136	39.141	44.903	48.602	51.966	56.061	58.964
35	17.192	18.509	20.569	22.465	24.797	29.054	40.223	46.059	49.802	53.203	57.342	60.275
36	17.887	19.233	21.336	23.269	25.643	29.973	41.304	47.212	50.998	54.437	58.619	61.581
37	18.586	19.960	22.106	24.075	26.492	30.893	42.383	48.363	52.192	55.668	59.893	62.883
38	19.289	20.691	22.878	24.884	27.343	31.815	43.462	49.513	53.384	56.896	61.162	64.181
39	19.996	21.426	23.654	25.695	28.196	32.737	44.539	50.660	54.572	58.120	62.428	65.476
40	20.707	22.164	24.433	26.509	29.051	33.660	45.616	51.805	55.758	59.342	63.691	66.766
41	21.421	22.906	25.215	27.326	29.907	34.585	46.692	52.949	56.942	60.561	64.950	68.053
42	22.138	23.650	25.999	28.144	30.765	35.510	47.766	54.090	58.124	61.777	66.206	69.336
43	22.859	24.398	26.785	28.965	31.625	36.436	48.840	55.230	59.304	62.990	67.459	70.616
44	23.584	25.148	27.575	29.787	32.487	37.363	49.913	56.369	60.481	64.201	68.710	71.893
45	24.311	25.901	28.366	30.612	33.350	38.291	50.985	57.505	61.656	65.410	69.957	73.166

附录F F 分 布 表

$P\{F(n_1, n_2) > F_\alpha(n_1, n_2)\} = \alpha$

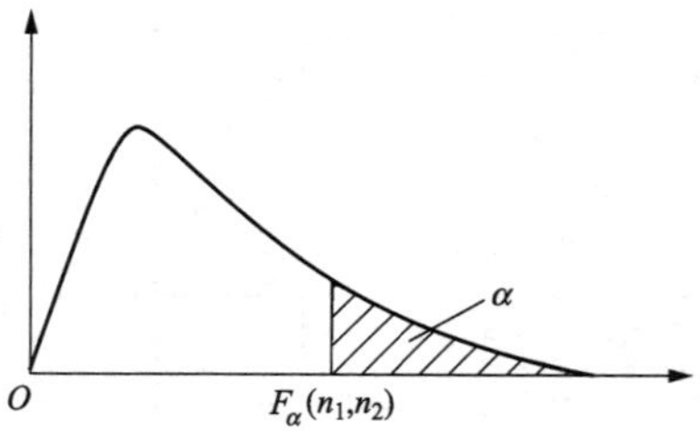

（α=0.1）

n_2 \ n_1	1	2	3	4	5	6	7	8	9	10	12	15	20	24	30	40	60	120	∞
1	39.86	49.50	53.59	55.83	57.24	58.20	58.91	59.44	59.86	60.19	60.71	61.22	61.74	62.00	62.26	62.53	62.79	63.06	63.33
2	8.53	9.00	9.16	9.24	9.29	9.33	9.35	9.37	9.38	9.39	9.41	9.42	9.44	9.45	9.46	9.47	9.47	9.48	9.49
3	5.54	5.46	5.39	5.34	5.31	5.28	5.27	5.25	5.24	5.23	5.22	5.20	5.18	5.18	5.17	5.16	5.15	5.14	5.13
4	4.54	4.32	4.19	4.11	4.05	4.01	3.98	3.95	3.94	3.92	3.90	3.87	3.84	3.83	3.82	3.80	3.79	3.78	3.72
5	4.06	3.78	3.62	3.52	3.45	3.40	3.37	3.34	3.32	3.30	3.27	3.24	3.21	3.19	3.17	3.16	3.14	3.12	3.10
6	3.78	3.46	3.29	3.18	3.11	3.05	3.01	2.98	2.96	2.94	2.90	2.87	2.84	2.82	2.80	2.78	2.76	2.74	2.72
7	3.59	3.26	3.07	2.96	2.88	2.83	2.78	2.75	2.72	2.70	2.67	2.63	2.59	2.58	2.56	2.54	2.51	2.49	2.47
8	3.46	3.11	2.92	2.81	2.73	2.67	2.62	2.59	2.56	2.54	2.50	2.46	2.42	2.40	2.38	2.36	2.34	2.32	2.29
9	3.36	3.01	2.81	2.69	2.61	2.55	2.51	2.47	2.44	2.42	2.38	2.34	2.30	2.28	2.25	2.23	2.21	2.18	2.16
10	3.29	2.92	2.73	2.61	2.52	2.46	2.41	2.38	2.35	2.32	2.28	2.24	2.20	2.18	2.16	2.13	2.11	2.08	2.06
11	3.23	2.86	2.66	2.54	2.45	2.39	2.34	2.30	2.27	2.25	2.21	2.17	2.12	2.10	2.08	2.05	2.03	2.00	1.97

续表

n_2 \ n_1	1	2	3	4	5	6	7	8	9	10	12	15	20	24	30	40	60	120	∞
12	3.18	2.81	2.61	2.48	2.39	2.33	2.28	2.24	2.21	2.19	2.15	2.10	2.06	2.04	2.01	1.99	1.96	1.93	1.90
13	3.14	2.76	2.56	2.43	2.35	2.28	2.23	2.20	2.16	2.14	2.10	2.05	2.01	1.98	1.96	1.93	1.90	1.88	1.85
14	3.10	2.73	2.52	2.39	2.31	2.24	2.19	2.15	2.12	2.10	2.05	2.01	1.96	1.94	1.91	1.89	1.86	1.83	1.80
15	3.07	2.70	2.49	2.36	2.27	2.21	2.16	2.12	2.09	2.06	2.02	1.97	1.92	1.90	1.87	1.85	1.82	1.79	1.76
16	3.05	2.67	2.46	2.33	2.24	2.18	2.13	2.09	2.06	2.03	1.99	1.94	1.89	1.87	1.84	1.81	1.78	1.75	1.72
17	3.03	2.64	2.44	2.31	2.22	2.15	2.10	2.06	2.03	2.00	1.96	1.91	1.86	1.84	1.81	1.78	1.75	1.72	1.69
18	3.01	2.62	2.42	2.29	2.20	2.13	2.08	2.04	2.00	1.98	1.93	1.89	1.84	1.81	1.78	1.75	1.72	1.69	1.66
19	2.99	2.61	2.40	2.27	2.18	2.11	2.06	2.02	1.98	1.96	1.91	1.86	1.81	1.79	1.76	1.73	1.70	1.67	1.63
20	2.97	2.59	2.38	2.25	2.16	2.09	2.04	2.00	1.96	1.94	1.89	1.84	1.79	1.77	1.74	1.71	1.68	1.64	1.61
21	2.96	2.57	2.36	2.23	2.14	2.08	2.02	1.98	1.95	1.92	1.87	1.83	1.78	1.75	1.72	1.69	1.66	1.62	1.59
22	2.95	2.56	2.35	2.22	2.13	2.06	2.01	1.97	1.93	1.90	1.86	1.81	1.76	1.73	1.70	1.67	1.64	1.60	1.57
23	2.94	2.55	2.34	2.21	2.11	2.05	1.99	1.95	1.92	1.89	1.84	1.80	1.74	1.72	1.69	1.66	1.62	1.59	1.55
24	2.93	2.54	2.33	2.19	2.10	2.04	1.98	1.94	1.91	1.88	1.83	1.78	1.73	1.70	1.67	1.64	1.61	1.57	1.53
25	2.92	2.53	2.32	2.18	2.09	2.02	1.97	1.93	1.89	1.87	1.82	1.77	1.72	1.69	1.66	1.63	1.59	1.56	1.52
26	2.91	2.52	2.31	2.17	2.08	2.01	1.96	1.92	1.88	1.86	1.81	1.76	1.71	1.68	1.65	1.61	1.58	1.54	1.50
27	2.90	2.51	2.30	2.17	2.07	2.00	1.95	1.91	1.87	1.85	1.80	1.75	1.70	1.67	1.64	1.60	1.57	1.53	1.49
28	2.89	2.50	2.29	2.16	2.06	2.00	1.94	1.90	1.87	1.84	1.79	1.74	1.69	1.66	1.63	1.59	1.56	1.52	1.48
29	2.89	2.50	2.28	2.15	2.06	1.99	1.93	1.89	1.86	1.83	1.78	1.73	1.68	1.65	1.62	1.58	1.55	1.51	1.47
30	2.88	2.49	2.28	2.14	2.05	1.98	1.93	1.88	1.85	1.82	1.77	1.72	1.67	1.64	1.61	1.57	1.54	1.50	1.46
40	2.84	2.44	2.23	2.09	2.00	1.93	1.87	1.83	1.79	1.76	1.71	1.66	1.61	1.57	1.54	1.51	1.47	1.42	1.38
60	2.79	2.39	2.18	2.04	1.95	1.87	1.82	1.77	1.74	1.71	1.66	1.60	1.54	1.51	1.48	1.44	1.40	1.35	1.29
120	2.75	2.35	2.13	1.99	1.90	1.82	1.77	1.72	1.68	1.65	1.60	1.55	1.48	1.45	1.41	1.37	1.32	1.26	1.19
∞	2.71	2.30	2.08	1.94	1.85	1.77	1.72	1.67	1.63	1.65	1.55	1.49	1.42	1.38	1.34	1.30	1.24	1.17	1.00

（α=0.05）

n_2 \ n_1	1	2	3	4	5	6	7	8	9	10	12	15	20	24	30	40	60	120	∞
1	161.4	199.5	215.7	224.6	230.2	234.0	236.8	238.9	240.6	241.9	243.9	246.0	248.0	249.1	250.1	251.1	252.2	253.3	254.3
2	18.51	19.00	19.16	19.25	19.30	19.33	19.35	19.37	19.38	19.40	19.41	19.43	19.45	19.45	19.46	19.47	19.48	19.49	19.50
3	10.13	9.55	9.28	9.12	9.01	8.94	8.89	8.85	8.81	8.79	8.74	8.70	8.66	8.64	8.62	8.59	8.57	8.55	8.53
4	7.71	6.94	6.59	6.39	6.26	6.16	6.09	6.04	6.00	5.96	5.91	5.86	5.80	5.77	5.75	5.72	5.69	5.66	5.63
5	6.61	5.79	5.41	5.19	5.05	4.95	4.88	4.82	4.77	4.74	4.68	4.62	4.56	4.53	4.50	4.46	4.43	4.40	4.36
6	5.99	5.14	4.76	4.53	4.39	4.28	4.21	4.15	4.10	4.06	4.00	3.94	3.87	3.84	3.81	3.77	3.74	3.70	3.67
7	5.59	4.74	4.35	4.12	3.97	3.87	3.79	3.73	3.68	3.64	3.57	3.51	3.44	3.41	3.38	3.34	3.30	3.27	3.23
8	5.32	4.46	4.07	3.84	3.69	3.58	3.50	3.44	3.39	3.35	3.28	3.22	3.15	3.12	3.08	3.04	3.01	2.97	2.93
9	5.12	4.26	3.86	3.63	3.48	3.37	3.29	3.23	3.18	3.14	3.07	3.01	2.94	2.90	2.86	2.83	2.79	2.75	2.71
10	4.96	4.10	3.71	3.48	3.33	3.22	3.14	3.07	3.02	2.98	2.91	2.85	2.77	2.74	2.70	2.66	2.62	2.58	2.54
11	4.84	3.98	3.59	3.36	3.20	3.09	3.01	2.95	2.90	2.85	2.79	2.72	2.65	2.61	2.57	2.53	2.49	2.45	2.40
12	4.75	3.89	3.49	3.26	3.11	3.00	2.91	2.85	2.80	2.75	2.69	2.62	2.54	2.51	2.47	2.43	2.38	2.34	2.30
13	4.67	3.81	3.41	3.18	3.03	2.92	2.83	2.77	2.71	2.67	2.60	2.53	2.46	2.42	2.38	2.34	2.30	2.25	2.21
14	4.60	3.74	3.34	3.11	2.96	2.85	2.76	2.70	2.65	2.60	2.53	2.46	2.39	2.35	2.31	2.27	2.22	2.18	2.13
15	4.54	3.68	3.29	3.06	2.90	2.79	2.71	2.64	2.59	2.54	2.48	2.40	2.33	2.29	2.25	2.20	2.16	2.11	2.07
16	4.49	3.63	3.24	3.01	2.85	2.74	2.66	2.59	2.54	2.49	2.42	2.35	2.28	2.24	2.19	2.15	2.11	2.06	2.01
17	4.45	3.59	3.20	2.96	2.81	2.70	2.61	2.55	2.49	2.45	2.38	2.31	2.23	2.19	2.15	2.10	2.06	2.01	1.96
18	4.41	3.55	3.16	2.93	2.77	2.66	2.58	2.51	2.46	2.41	2.34	2.27	2.19	2.15	2.11	2.06	2.02	1.97	1.92
19	4.38	3.52	3.13	2.90	2.74	2.63	2.54	2.48	2.42	2.38	2.31	2.23	2.16	2.11	2.07	2.03	1.98	1.93	1.88
20	4.35	3.49	3.10	2.87	2.71	2.60	2.51	2.45	2.39	2.35	2.28	2.20	2.12	2.08	2.04	1.99	1.95	1.90	1.84
21	4.32	3.47	3.07	2.84	2.68	2.57	2.49	2.42	2.37	2.32	2.25	2.18	2.10	2.05	2.01	1.96	1.92	1.87	1.81
22	4.30	3.44	3.05	2.82	2.66	2.55	2.46	2.40	2.34	2.30	2.23	2.15	2.07	2.03	1.98	1.94	1.89	1.84	1.78
23	4.28	3.42	3.03	2.80	2.64	2.53	2.44	2.37	2.32	2.27	2.20	2.13	2.05	2.01	1.96	1.91	1.86	1.81	1.76
24	4.26	3.40	3.01	2.78	2.62	2.51	2.42	2.36	2.30	2.25	2.18	2.11	2.03	1.98	1.94	1.89	1.84	1.79	1.73
25	4.24	3.39	2.99	2.76	2.60	2.49	2.40	2.34	2.28	2.24	2.16	2.09	2.01	1.96	1.92	1.87	1.82	1.77	1.71
26	4.23	3.37	2.98	2.74	2.59	2.47	2.39	2.32	2.27	2.22	2.15	2.07	1.99	1.95	1.90	1.85	1.80	1.75	1.69
27	4.21	3.35	2.96	2.73	2.57	2.46	2.37	2.31	2.25	2.20	2.13	2.06	1.97	1.93	1.88	1.84	1.79	1.73	1.67
28	4.20	3.34	2.95	2.71	2.56	2.45	2.36	2.29	2.24	2.19	2.12	2.04	1.96	1.91	1.87	1.82	1.77	1.71	1.65
29	4.18	3.33	2.93	2.70	2.55	2.43	2.35	2.28	2.22	2.18	2.10	2.03	1.94	1.90	1.85	1.81	1.75	1.70	1.64
30	4.17	3.32	2.92	2.69	2.53	2.42	2.33	2.27	2.21	2.16	2.09	2.01	1.93	1.89	1.84	1.79	1.74	1.68	1.62
40	4.08	3.23	2.84	2.61	2.45	2.34	2.25	2.18	2.12	2.08	2.00	1.92	1.84	1.79	1.74	1.69	1.64	1.58	1.51
60	4.00	3.15	2.76	2.53	2.37	2.25	2.17	2.10	2.04	1.99	1.92	1.84	1.75	1.70	1.65	1.59	1.53	1.47	1.39
120	3.92	3.07	2.68	2.45	2.29	2.18	2.09	2.02	1.96	1.91	1.83	1.75	1.66	1.61	1.55	1.50	1.43	1.35	1.25
∞	3.84	3.00	2.60	2.37	2.21	2.10	2.01	1.94	1.88	1.83	1.75	1.67	1.57	1.52	1.46	1.39	1.32	1.22	1.00

（α =0.025）

n_2 \ n_1	1	2	3	4	5	6	7	8	9	10	12	15	20	24	30	40	60	120	∞
1	647.8	799.5	864.2	899.6	921.9	937.1	948.2	956.7	963.3	968.6	976.7	984.9	993.1	997.2	1001	1006	1010	1014	1018
2	38.51	39.00	39.17	39.25	39.30	39.33	39.36	39.37	39.39	39.40	39.41	39.43	39.45	39.46	39.46	39.47	39.48	39.49	39.50
3	17.44	16.04	15.44	15.10	14.88	14.73	14.62	14.54	14.47	14.42	14.34	14.25	14.17	14.12	14.08	14.04	13.99	13.95	13.90
4	12.22	10.65	9.98	9.60	9.36	9.20	9.07	8.98	8.90	8.84	8.75	8.66	8.56	8.51	8.46	8.41	8.36	8.31	8.26
5	10.01	8.43	7.76	7.39	7.15	6.98	6.85	6.76	6.68	6.62	6.52	6.43	6.33	6.28	6.23	6.18	6.12	6.07	6.02
6	8.81	7.26	6.60	6.23	5.99	5.82	5.70	5.60	5.52	5.46	5.37	5.27	5.17	5.12	5.07	5.01	4.96	4.90	4.85
7	8.07	6.54	5.89	5.52	5.29	5.12	4.99	4.90	4.82	4.76	4.67	4.57	4.47	4.41	4.36	4.31	4.25	4.20	4.14
8	7.57	6.06	5.42	5.05	4.82	4.65	4.53	4.43	4.36	4.30	4.20	4.10	4.00	3.95	3.89	3.84	3.78	3.73	3.67
9	7.21	5.71	5.08	4.72	4.48	4.32	4.20	4.10	4.03	3.96	3.87	3.77	3.67	3.61	3.56	3.51	3.45	3.39	3.33
10	6.94	5.46	4.83	4.47	4.24	4.07	3.95	3.85	3.78	3.72	3.62	3.52	3.42	3.37	3.31	3.26	3.20	3.14	3.08
11	6.72	5.26	4.63	4.28	4.04	3.88	3.76	3.66	3.59	3.53	3.43	3.33	3.23	3.17	3.12	3.06	3.00	2.94	2.88
12	6.55	5.10	4.47	4.12	3.89	3.73	3.61	3.51	3.44	3.37	3.28	3.18	3.07	3.02	2.96	2.91	2.85	2.79	2.72
13	6.41	4.97	4.35	4.00	3.77	3.60	3.48	3.39	3.31	3.25	3.15	3.05	2.95	2.89	2.84	2.78	2.72	2.66	2.60
14	6.30	4.86	4.24	3.89	3.66	3.50	3.38	3.29	3.21	3.15	3.05	2.95	2.84	2.79	2.73	2.67	2.61	2.55	2.49
15	6.20	4.77	4.15	3.80	3.58	3.41	3.29	3.20	3.12	3.06	2.96	2.86	2.76	2.70	2.64	2.59	2.52	2.46	2.40
16	6.12	4.69	4.08	3.73	3.50	3.34	3.22	3.12	3.05	2.99	2.89	2.79	2.68	2.63	2.57	2.51	2.45	2.38	2.32
17	6.04	4.62	4.01	3.66	3.44	3.28	3.16	3.06	2.98	2.92	2.82	2.72	2.62	2.56	2.50	2.44	2.38	2.32	2.25
18	5.98	4.56	3.95	3.61	3.38	3.22	3.10	3.01	2.93	2.87	2.77	2.67	2.56	2.50	2.44	2.38	2.32	2.26	2.19
19	5.92	4.51	3.90	3.56	3.33	3.17	3.05	2.96	2.88	2.82	2.72	2.62	2.51	2.45	2.39	2.33	2.27	2.20	2.13
20	5.87	4.46	3.86	3.51	3.29	3.13	3.01	2.91	2.84	2.77	2.68	2.57	2.46	2.41	2.35	2.29	2.22	2.16	2.09
21	5.83	4.42	3.82	3.48	3.25	3.09	2.97	2.87	2.80	2.73	2.64	2.53	2.42	2.37	2.31	2.25	2.18	2.11	2.04
22	5.79	4.38	3.78	3.44	3.22	3.05	2.93	2.84	2.76	2.70	2.60	2.50	2.39	2.33	2.27	2.21	2.14	2.08	2.00
23	5.75	4.35	3.75	3.41	3.18	3.02	2.90	2.81	2.73	2.67	2.57	2.47	2.36	2.30	2.24	2.18	2.11	2.04	1.97
24	5.72	4.32	3.72	3.38	3.15	2.99	2.87	2.78	2.70	2.64	2.54	2.44	2.33	2.27	2.21	2.15	2.08	2.01	1.94
25	5.69	4.29	3.69	3.35	3.13	2.97	2.85	2.75	2.68	2.61	2.51	2.41	2.30	2.24	2.18	2.12	2.05	1.98	1.91
26	5.66	4.27	3.67	3.33	3.10	2.94	2.82	2.73	2.65	2.59	2.49	2.39	2.28	2.22	2.16	2.09	2.03	1.95	1.88
27	5.63	4.24	3.65	3.31	3.08	2.92	2.80	2.71	2.63	2.57	2.47	2.36	2.25	2.19	2.13	2.07	2.00	1.93	1.85
28	5.61	4.22	3.63	3.29	3.06	2.90	2.78	2.69	2.61	2.55	2.45	2.34	2.23	2.17	2.11	2.05	1.98	1.91	1.83
29	5.59	4.20	3.61	3.27	3.04	2.88	2.76	2.67	2.59	2.53	2.43	2.32	2.21	2.15	2.09	2.03	1.96	1.89	1.81
30	5.57	4.18	3.59	3.25	3.03	2.87	2.75	2.65	2.57	2.51	2.41	2.31	2.20	2.14	2.07	2.01	1.94	1.87	1.79
40	5.42	4.05	3.46	3.13	2.90	2.74	2.62	2.53	2.45	2.39	2.29	2.18	2.07	2.01	1.94	1.88	1.80	1.72	1.64
60	5.29	3.93	3.34	3.01	2.79	2.63	2.51	2.41	2.33	2.27	2.17	2.06	1.94	1.88	1.82	1.74	1.67	1.58	1.48
120	5.15	3.80	3.23	2.89	2.67	2.52	2.39	2.30	2.22	2.16	2.05	1.94	1.82	1.76	1.69	1.61	1.53	1.43	1.31
∞	5.02	3.69	3.12	2.79	2.57	2.41	2.29	2.19	2.11	2.05	1.94	1.83	1.71	1.64	1.57	1.48	1.39	1.27	1.00

（α=0.01）

n_2 \ n_1	1	2	3	4	5	6	7	8	9	10	12	15	20	24	30	40	60	120	∞
1	4052	4999	5403	5625	5764	5859	5928	5981	6022	6056	6106	6157	6209	6235	6261	6287	6313	6339	6366
2	98.50	99.00	99.17	99.25	99.30	99.33	99.36	99.37	99.39	99.40	99.42	99.43	99.45	99.46	99.47	99.47	99.48	99.49	99.50
3	34.12	30.82	29.46	28.71	28.24	27.91	27.67	27.49	27.35	27.23	27.05	26.87	26.69	26.60	26.50	26.41	26.32	26.22	26.13
4	21.20	18.00	16.69	15.98	15.52	15.21	14.98	14.80	14.66	14.55	14.37	14.20	14.02	13.93	13.84	13.75	13.65	13.56	13.46
5	16.26	13.27	12.06	11.39	10.97	10.67	10.46	10.29	10.16	10.05	9.89	9.72	9.55	9.47	9.38	9.29	9.20	9.11	9.02
6	13.75	10.92	9.78	9.15	8.75	8.47	8.26	8.10	7.98	7.87	7.72	7.56	7.40	7.31	7.23	7.14	7.06	6.97	6.88
7	12.25	9.55	8.45	7.85	7.46	7.19	6.99	6.84	6.72	6.62	6.47	6.31	6.16	6.07	5.99	5.91	5.82	5.74	5.65
8	11.26	8.65	7.59	7.01	6.63	6.37	6.18	6.03	5.91	5.81	5.67	5.52	5.36	5.28	5.20	5.12	5.03	4.95	4.86
9	10.56	8.02	6.99	6.42	6.06	5.80	5.61	5.47	5.35	5.26	5.11	4.96	4.81	4.73	4.65	4.57	4.48	4.40	4.31
10	10.04	7.56	6.55	5.99	5.64	5.39	5.20	5.06	4.94	4.85	4.71	4.56	4.41	4.33	4.25	4.17	4.08	4.00	3.91
11	9.65	7.21	6.22	5.67	5.32	5.07	4.89	4.74	4.63	4.54	4.40	4.25	4.10	4.02	3.94	3.86	3.78	3.69	3.60
12	9.33	6.93	5.95	5.41	5.06	4.82	4.64	4.50	4.39	4.30	4.16	4.01	3.86	3.78	3.70	3.62	3.54	3.45	3.36
13	9.07	6.70	5.74	5.21	4.86	4.62	4.44	4.30	4.19	4.10	3.96	3.82	3.66	3.59	3.51	3.43	3.34	3.25	3.17
14	8.86	6.51	5.56	5.04	4.69	4.46	4.28	4.14	4.03	3.94	3.80	3.66	3.51	3.43	3.35	3.27	3.18	3.09	3.00
15	8.68	6.36	5.42	4.89	4.56	4.32	4.14	4.00	3.89	3.80	3.67	3.52	3.37	3.29	3.21	3.13	3.05	2.96	2.87
16	8.53	6.23	5.29	4.77	4.44	4.20	4.03	3.89	3.78	3.69	3.55	3.41	3.26	3.18	3.10	3.02	2.93	2.84	2.75
17	8.40	6.11	5.18	4.67	4.34	4.10	3.93	3.79	3.68	3.59	3.46	3.31	3.16	3.08	3.00	2.92	2.83	2.75	2.65
18	8.29	6.01	5.09	4.58	4.25	4.01	3.84	3.71	3.60	3.51	3.37	3.23	3.08	3.00	2.92	2.84	2.75	2.66	2.57
19	8.18	5.93	5.01	4.50	4.17	3.94	3.77	3.63	3.52	3.43	3.30	3.15	3.00	2.92	2.84	2.76	2.67	2.58	2.49
20	8.10	5.85	4.94	4.43	4.10	3.87	3.70	3.56	3.46	3.37	3.23	3.09	2.94	2.86	2.78	2.69	2.61	2.52	2.42
21	8.02	5.78	4.87	4.37	4.04	3.81	3.64	3.51	3.40	3.31	3.17	3.03	2.88	2.80	2.72	2.64	2.55	2.46	2.36
22	7.95	5.72	4.82	4.31	3.99	3.76	3.59	3.45	3.35	3.26	3.12	2.98	2.83	2.75	2.67	2.58	2.50	2.40	2.31
23	7.88	5.66	4.76	4.26	3.94	3.71	3.54	3.41	3.30	3.21	3.07	2.93	2.78	2.70	2.62	2.54	2.45	2.35	2.26
24	7.82	5.61	4.72	4.22	3.90	3.67	3.50	3.36	3.26	3.17	3.03	2.89	2.74	2.66	2.58	2.49	2.40	2.31	2.21
25	7.77	5.57	4.68	4.18	3.85	3.63	3.46	3.32	3.22	3.13	2.99	2.85	2.70	2.62	2.54	2.45	2.36	2.27	2.17
26	7.72	5.53	4.64	4.14	3.82	3.59	3.42	3.29	3.18	3.09	2.96	2.81	2.66	2.58	2.50	2.42	2.33	2.23	2.13
27	7.68	5.49	4.60	4.11	3.78	3.56	3.39	3.26	3.15	3.06	2.93	2.78	2.63	2.55	2.47	2.38	2.29	2.20	2.10
28	7.64	5.45	4.57	4.07	3.75	3.53	3.36	3.23	3.12	3.03	2.90	2.75	2.60	2.52	2.44	2.35	2.26	2.17	2.06
29	7.60	5.42	4.54	4.04	3.73	3.50	3.33	3.20	3.09	3.00	2.87	2.73	2.57	2.49	2.41	2.33	2.23	2.14	2.03
30	7.56	5.39	4.51	4.02	3.70	3.47	3.30	3.17	3.07	2.98	2.84	2.70	2.55	2.47	2.39	2.30	2.21	2.11	2.01
40	7.31	5.18	4.31	3.83	3.51	3.29	3.12	2.99	2.89	2.80	2.66	2.52	2.37	2.29	2.20	2.11	2.02	1.92	1.80
60	7.08	4.98	4.13	3.65	3.34	3.12	2.95	2.82	2.72	2.63	2.50	2.35	2.20	2.12	2.03	1.94	1.84	1.73	1.60
120	6.85	4.79	3.95	3.48	3.17	2.96	2.79	2.66	2.56	2.47	2.34	2.19	2.03	1.95	1.86	1.76	1.66	1.53	1.38
∞	6.63	4.61	3.78	3.32	3.02	2.80	2.64	2.51	2.41	2.32	2.18	2.04	1.88	1.79	1.70	1.59	1.47	1.32	1.00

(α=0.005)

n_2 \ n_1	1	2	3	4	5	6	7	8	9	10	12	15	20	24	30	40	60	120	∞
1	16 211	19 999	21 615	22 500	23 056	23 437	23 715	23 925	24 091	24 224	24 426	24 630	24 836	24 940	25 044	25 148	25 253	25 359	25 465
2	198.5	199.0	199.2	199.3	199.3	199.3	199.4	199.4	199.4	199.4	199.4	199.4	199.4	199.5	199.5	199.5	199.5	199.5	199.5
3	55.55	49.80	47.47	46.19	45.39	44.84	44.43	44.13	43.88	43.69	43.39	43.08	42.78	42.62	42.47	42.31	42.15	41.99	41.83
4	31.33	26.28	24.26	23.15	22.46	21.97	21.62	21.35	21.14	20.97	20.70	20.44	20.17	20.03	19.89	19.75	19.61	19.47	19.32
5	22.78	18.31	16.53	15.56	14.94	14.51	14.20	13.96	13.77	13.62	13.38	13.15	12.90	12.78	12.66	12.53	12.40	12.27	12.14
6	18.63	14.54	12.92	12.03	11.46	11.07	10.79	10.57	10.39	10.25	10.03	9.81	9.59	9.47	9.36	9.24	9.12	9.00	8.88
7	16.24	12.40	10.88	10.05	9.52	9.16	8.89	8.68	8.51	8.38	8.18	7.97	7.75	7.64	7.53	7.42	7.31	7.19	7.08
8	14.69	11.04	9.60	8.81	8.30	7.95	7.69	7.50	7.34	7.21	7.01	6.81	6.61	6.50	6.40	6.29	6.18	6.06	5.95
9	13.61	10.11	8.72	7.96	7.47	7.13	6.88	6.69	6.54	6.42	6.23	6.03	5.83	5.73	5.62	5.52	5.41	5.30	5.19
10	12.83	9.43	8.08	7.34	6.87	6.54	6.30	6.12	5.97	5.85	5.66	5.47	5.27	5.17	5.07	4.97	4.86	4.75	4.64
11	12.23	8.91	7.60	6.88	6.42	6.10	5.86	5.68	5.54	5.42	5.24	5.05	4.86	4.76	4.65	4.55	4.45	4.34	4.23
12	11.75	8.51	7.23	6.52	6.07	5.76	5.52	5.35	5.20	5.09	4.91	4.72	4.53	4.43	4.33	4.23	4.12	4.01	3.90
13	11.37	8.19	6.93	6.23	5.79	5.48	5.25	5.08	4.94	4.82	4.64	4.46	4.27	4.17	4.07	3.97	3.87	3.76	3.65
14	11.06	7.92	6.68	6.00	5.56	5.26	5.03	4.86	4.72	4.60	4.43	4.25	4.06	3.96	3.86	3.76	3.66	3.55	3.44
15	10.80	7.70	6.48	5.80	5.37	5.07	4.85	4.67	4.54	4.42	4.25	4.07	3.88	3.79	3.69	3.58	3.48	3.37	3.26
16	10.58	7.51	6.30	5.64	5.21	4.91	4.69	4.52	4.38	4.27	4.10	3.92	3.73	3.64	3.54	3.44	3.33	3.22	3.11
17	10.38	7.35	6.16	5.50	5.07	4.78	4.56	4.39	4.25	4.14	3.97	3.79	3.61	3.51	3.41	3.31	3.21	3.10	3.98
18	10.22	7.21	6.03	5.37	4.96	4.66	4.44	4.28	4.14	4.03	3.86	3.68	3.50	3.40	3.30	3.20	3.10	2.99	2.87
19	10.07	7.09	5.92	5.27	4.85	4.56	4.34	4.18	4.04	3.93	3.76	3.59	3.40	3.31	3.21	3.11	3.00	2.89	2.78
20	9.94	6.99	5.82	5.17	4.76	4.47	4.26	4.09	3.96	3.85	3.68	3.50	3.32	3.22	3.12	3.02	2.92	2.81	2.69
21	9.83	6.89	5.73	5.09	4.68	4.39	4.18	4.01	3.88	3.77	3.60	3.43	3.24	3.15	3.05	2.95	2.84	2.73	2.61
22	9.73	6.81	5.65	5.02	4.61	4.32	4.11	3.94	3.81	3.70	3.54	3.36	3.18	3.08	2.98	2.88	2.77	2.66	2.55
23	9.63	6.73	5.58	4.95	4.54	4.26	4.05	3.88	3.75	3.64	3.47	3.30	3.12	3.02	2.92	2.82	2.71	2.60	2.48
24	9.55	6.66	5.52	4.89	4.49	4.20	3.99	3.83	3.69	3.59	3.42	3.25	3.06	2.97	2.87	2.77	2.66	2.55	2.43
25	9.48	6.60	5.46	4.84	4.43	4.15	3.94	3.78	3.64	3.54	3.37	3.20	3.01	2.92	2.82	2.72	2.61	2.50	2.38
26	9.41	6.54	5.41	4.79	4.38	4.10	3.89	3.73	3.60	3.49	3.33	3.15	2.97	2.87	2.77	2.67	2.56	2.45	2.33
27	9.34	6.49	5.36	4.74	4.34	4.06	3.85	3.69	3.56	3.45	3.28	3.11	2.93	2.83	2.73	2.63	2.52	2.41	2.29
28	9.28	6.44	5.32	4.70	4.30	4.02	3.81	3.65	3.52	3.41	3.25	3.07	2.89	2.79	2.69	2.59	2.48	2.37	2.25
29	9.23	6.40	5.28	4.66	4.26	3.98	3.77	3.61	3.48	3.38	3.21	3.04	2.86	2.76	2.66	2.56	2.45	2.33	2.21
30	9.18	6.35	5.24	4.62	4.23	3.95	3.74	3.58	3.45	3.34	3.18	3.01	2.82	2.73	2.63	2.52	2.42	2.30	2.18
40	8.83	6.07	4.98	4.37	3.99	3.71	3.51	3.35	3.22	3.12	2.95	2.78	2.60	2.50	2.40	2.30	2.18	2.06	1.93
60	8.49	5.79	4.73	4.14	3.76	3.49	3.29	3.13	3.01	2.90	2.74	2.57	2.39	2.29	2.19	2.08	1.96	1.83	1.69
120	8.18	5.54	4.50	3.92	3.55	3.28	3.09	2.93	2.81	2.71	2.54	2.37	2.19	2.09	1.98	1.87	1.75	1.61	1.43
∞	7.88	5.30	4.28	3.72	3.35	3.09	2.90	2.74	2.62	2.52	2.36	2.19	2.00	1.90	1.79	1.67	1.53	1.36	1.00

（α=0.001）

n_2 \ n_1	1	2	3	4	5	6	7	8	9	10	12	15	20	24	30	40	60	120	∞
1	4053+	5000+	5404+	5625+	5764+	5859+	5929+	5981+	6023+	6056+	6107+	6158+	6209+	6235+	6261+	6287+	6313+	6340+	6366+
2	998.5	999.0	999.2	999.2	999.3	999.3	999.4	999.4	999.4	999.4	999.4	999.4	999.4	999.5	999.5	999.5	999.5	999.5	999.5
3	167.0	148.5	141.1	137.1	134.6	132.8	131.6	130.6	129.9	129.2	128.3	127.4	126.4	125.9	125.4	125.0	124.5	124.0	123.5
4	74.14	61.25	56.18	53.44	51.71	50.53	49.66	49.00	48.47	48.05	47.41	46.76	46.10	45.77	45.43	45.09	44.75	44.40	44.05
5	47.18	37.12	33.20	31.09	29.75	28.83	28.16	27.65	27.24	26.92	26.42	25.91	25.39	25.13	24.87	24.60	24.33	24.06	23.79
6	35.51	27.00	23.70	21.92	20.80	20.03	19.46	19.03	18.69	18.41	17.99	17.56	17.12	16.90	16.67	16.44	16.21	15.98	15.75
7	29.25	21.69	18.77	17.20	16.21	15.52	15.02	14.63	14.33	14.08	13.71	13.32	12.93	12.73	12.53	12.33	12.12	11.91	11.70
8	25.41	18.49	15.83	14.39	13.48	12.86	12.40	12.05	11.77	11.54	11.19	10.84	10.48	10.30	10.11	9.92	9.73	9.53	9.33
9	22.86	16.39	13.90	12.56	11.71	11.13	10.70	10.37	10.11	9.89	9.57	9.24	8.90	8.72	8.55	8.37	8.19	8.00	7.81
10	21.04	14.91	12.55	11.28	10.48	9.93	9.52	9.20	8.96	8.75	8.45	8.13	7.80	7.64	7.47	7.30	7.12	6.94	6.76
11	19.69	13.81	11.56	10.35	9.58	9.05	8.66	8.35	8.12	7.92	7.63	7.32	7.01	6.85	6.68	6.52	6.35	6.18	6.00
12	18.64	12.97	10.80	9.63	8.89	8.38	8.00	7.71	7.48	7.29	7.00	6.71	6.40	6.25	6.09	5.93	5.76	5.59	5.42
13	17.82	12.31	10.21	9.07	8.35	7.86	7.49	7.21	6.98	6.80	6.52	6.23	5.93	5.78	5.63	5.47	5.30	5.14	4.97
14	17.14	11.78	9.73	8.62	7.92	7.44	7.08	6.80	6.58	6.40	6.13	5.85	5.56	5.41	5.25	5.10	4.94	4.77	4.60
15	16.59	11.34	9.34	8.25	7.57	7.09	6.74	6.47	6.26	6.08	5.81	5.54	5.25	5.10	4.95	4.80	4.64	4.47	4.31
16	16.12	10.97	9.01	7.94	7.27	6.80	6.46	6.19	5.98	5.81	5.55	5.27	4.99	4.85	4.70	4.54	4.39	4.23	1.06
17	15.72	10.66	8.73	7.68	7.02	6.56	6.22	5.96	5.75	5.58	5.32	5.05	4.78	4.63	4.48	4.33	4.18	4.02	3.85
18	15.38	10.39	8.49	7.46	6.81	6.35	6.02	5.76	5.56	5.39	5.13	4.87	4.59	4.45	4.30	4.15	4.00	3.84	3.67
19	15.08	10.16	8.28	7.27	6.62	6.18	5.85	5.59	5.39	5.22	4.97	4.70	4.43	4.29	4.14	3.99	3.84	3.68	3.51
20	14.82	9.95	8.10	7.10	6.46	6.02	5.69	5.44	5.24	5.08	4.82	4.56	4.29	4.15	4.00	3.86	3.70	3.54	3.38
21	14.59	9.77	7.94	6.95	6.32	5.88	5.56	5.31	5.11	4.95	4.70	4.44	4.17	4.03	3.88	3.74	3.58	3.42	3.26
22	14.38	9.61	7.80	6.81	6.19	5.76	5.44	5.19	4.99	4.83	4.58	4.33	4.06	3.92	3.78	3.63	3.48	3.32	3.15
23	14.20	9.47	7.67	6.70	6.08	5.65	5.33	5.09	4.89	4.73	4.48	4.23	3.96	3.82	3.68	3.53	3.38	3.22	3.05
24	14.03	9.34	7.55	6.59	5.98	5.55	5.23	4.99	4.80	4.64	4.39	4.14	3.87	3.74	3.59	3.45	3.29	3.14	2.97
25	13.88	9.22	7.45	6.49	5.89	5.46	5.15	4.91	4.71	4.56	4.31	4.06	3.79	3.66	3.52	3.37	3.22	3.06	2.89
26	13.74	9.12	7.36	6.41	5.80	5.38	5.07	4.83	4.64	4.48	4.24	3.99	3.72	3.59	3.44	3.30	3.15	2.99	2.82
27	13.61	9.02	7.27	6.33	5.73	5.31	5.00	4.76	4.57	4.41	4.17	3.92	3.66	3.52	3.38	3.23	3.08	2.92	2.75
28	13.50	8.93	7.19	6.25	5.66	5.24	4.93	4.69	4.50	4.35	4.11	3.86	3.60	3.46	3.32	3.18	3.02	2.86	2.69
29	13.39	8.85	7.12	6.19	5.59	5.18	4.87	4.64	4.45	4.29	4.05	3.80	3.54	3.41	3.27	3.12	2.97	2.81	2.64
30	13.29	8.77	7.05	6.12	5.53	5.12	4.82	4.58	4.39	4.24	4.00	3.75	3.49	3.36	3.22	3.07	2.92	2.76	2.59
40	12.61	8.25	6.59	5.70	5.13	4.73	4.44	4.21	4.02	3.87	3.64	3.40	3.14	3.01	2.87	2.73	2.57	2.41	2.23
60	11.97	7.77	6.17	5.31	4.76	4.37	4.09	3.86	3.69	3.54	3.32	3.08	2.83	2.69	2.55	2.41	2.25	2.08	1.89
120	11.38	7.32	5.78	4.95	4.42	4.04	3.77	3.55	3.38	3.24	3.02	2.78	2.53	2.40	2.26	2.11	1.95	1.77	1.54
∞	10.83	6.91	5.42	4.62	4.10	3.74	3.47	3.27	3.10	2.96	2.74	2.51	2.27	2.13	1.99	1.84	1.66	1.45	1.00

附录G　正态总体参数（μ、σ）区间估计表

参数	条　件	参数的 $1-\alpha$ 置信区间
μ	σ^2 已知	$\left(\overline{x} \pm u_{\frac{\alpha}{2}}\sqrt{\frac{\sigma^2}{n}}\right)$
μ	σ^2 未知	$\left(\overline{x} \pm t_{\frac{\alpha}{2}}(n-1)\sqrt{\frac{S^2}{n}}\right)$
σ^2		$\left(\frac{(n-1)S^2}{\chi^2_{\frac{\alpha}{2}}(n-1)}, \frac{(n-1)S^2}{\chi^2_{1-\frac{\alpha}{2}}(n-1)}\right)$
$\mu_1-\mu_2$	σ_1^2，σ_2^2 已知	$\left((\overline{x}_1-\overline{x}_2) \pm u_{\frac{\alpha}{2}}\sqrt{\frac{\sigma_1^2}{n_1}+\frac{\sigma_2^2}{n_2}}\right)$
$\mu_1-\mu_2$	σ_1^2，σ_2^2 未知 n_1，$n_2>50$	$\left((\overline{x}_1-\overline{x}_2) \pm u_{\frac{\alpha}{2}}\sqrt{\frac{S_1^2}{n_1}+\frac{S_2^2}{n_2}}\right)$
$\mu_1-\mu_2$	$\sigma_1^2=\sigma_2^2=\sigma^2$ 值未知	$\left((\overline{x}_1-\overline{x}_2) \pm t_{\frac{\alpha}{2}}(n_1+n_2-2)\cdot S_{\omega}\sqrt{\frac{1}{n_1}+\frac{1}{n_2}}\right)$ $S_{\omega}^2=\frac{(n_1-1)S_{n-1,1}^2+(n_2-1)S_{n-1,2}^2}{n_1+n_2-2}$
$\frac{\sigma_1^2}{\sigma_2^2}$		$\left(\frac{S_1^2}{S_2^2}\cdot\frac{1}{F_{\frac{\alpha}{2}}(n_1-1,\ n_2-1)}, \frac{S_1^2}{S_2^2}\cdot F_{\frac{\alpha}{2}}(n_2-1,\ n_1-1)\right)$

附录H 正态总体参数（μ）的假设检验表

名称	条件	H_0	H_1	统计量及其分布	拒绝域	图形
u检验法	已知一个总体的σ^2	$\mu=\mu_0$	$\mu\neq\mu_0$	$u=\frac{\overline{X}-\mu_0}{\sigma_0/\sqrt{n}}\sim N(0,1)$	$\lvert u\rvert>u_{\frac{\alpha}{2}}$	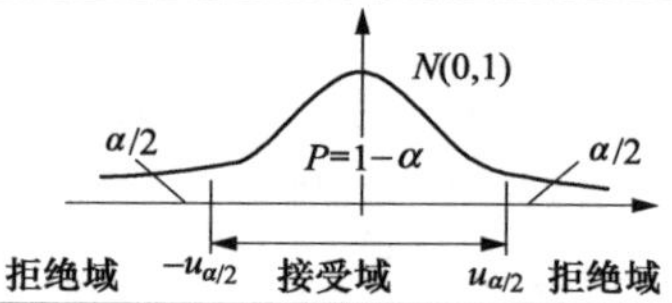
			$\mu>\mu_0$		$u>u_\alpha$	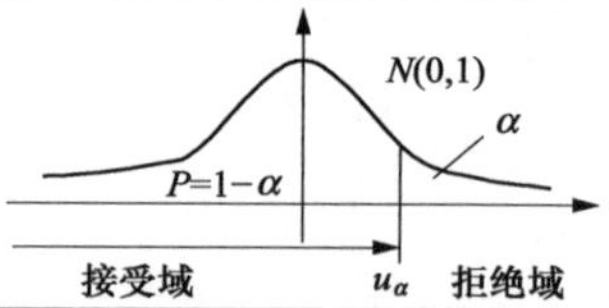
			$\mu<\mu_0$		$u<-u_\alpha$	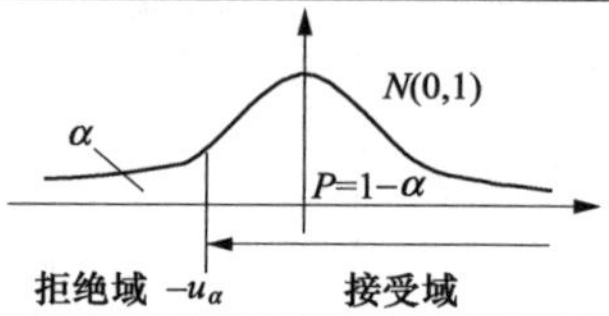
	已知两总体的σ_1^2和σ_2^2	$\mu_1=\mu_2$	$\mu_1\neq\mu_2$	$u=\frac{\overline{X_1}-\overline{X_2}}{\sqrt{\frac{\sigma_1^2}{n_1}+\frac{\sigma_2^2}{n_2}}}\sim N(0,1)$	$\lvert u\rvert>u_{\frac{\alpha}{2}}$	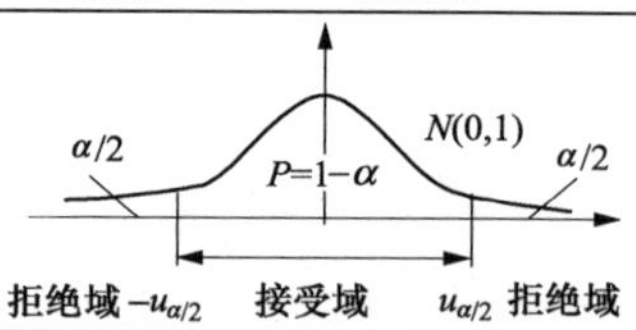
			$\mu_1>\mu_2$		$u>u_\alpha$	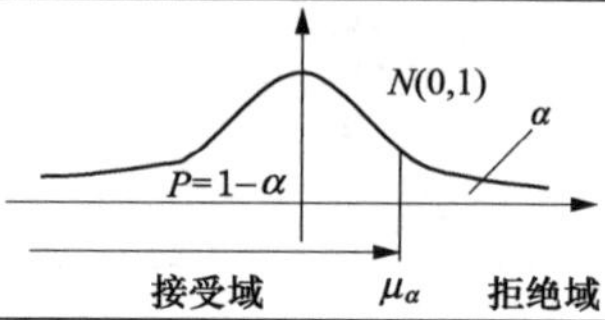
			$\mu_1<\mu_2$		$u<-u_\alpha$	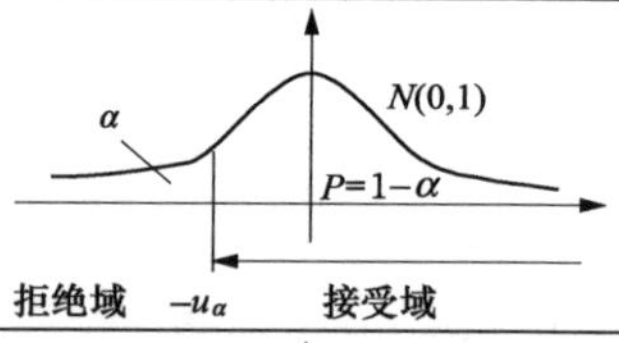
t检验法	一个总体方差未知	$\mu=\mu_0$	$\mu\neq\mu_0$	$t=\frac{\overline{X}-\mu_0}{\frac{S}{\sqrt{n-1}}}\sim t(n-1)$	$\lvert t\rvert>t_{\alpha/2}$	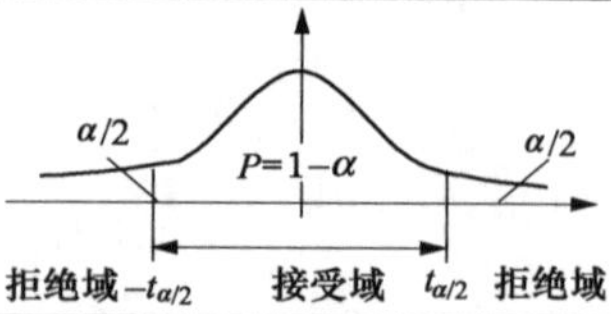
			$\mu>\mu_0$		$t>t_\alpha$	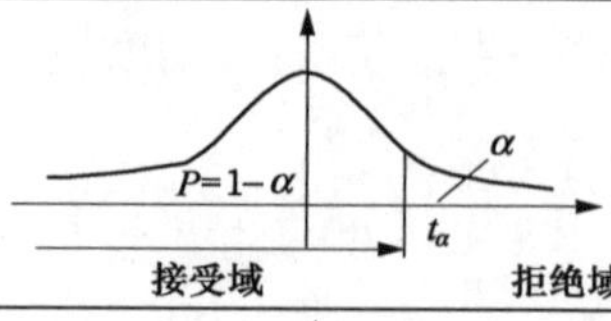
			$\mu<\mu_0$		$t<-t_\alpha$	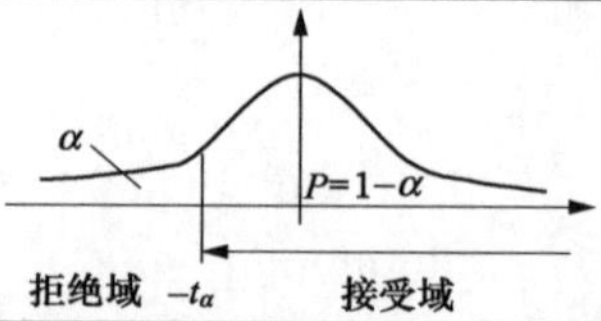

续表

名称	条件	H_0	H_1	统计量及其分布	拒绝域	图　形
t 检验法	两总体方差相等但值未知	$\mu_1=\mu_2$	$\mu_1\neq\mu_2$	$t=\dfrac{\overline{X}_1-\overline{X}_2}{S_0\sqrt{\dfrac{1}{n_1}+\dfrac{1}{n_2}}}$ $t\ (n_1+n_2-2)$ $S_0=\sqrt{\dfrac{(n_1-1)S_1^2+(n_2-1)S_2^2}{n_1+n_2-2}}$	$\lvert t\rvert>t_{\alpha/2}$	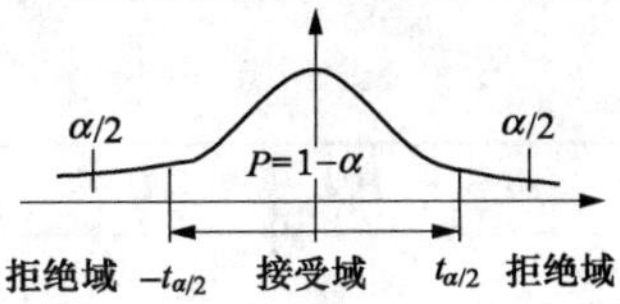
		$\mu_1\geqslant\mu_2$	$\mu_1<\mu_2$		$t<-t_\alpha$	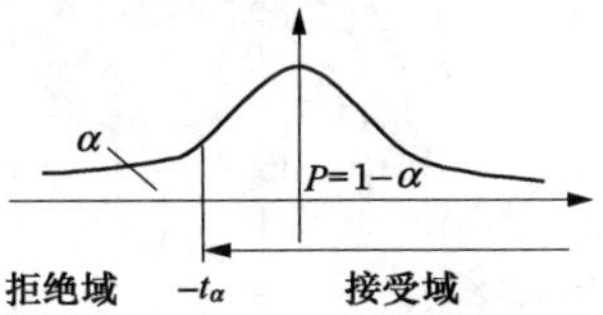
		$\mu_1\leqslant\mu_2$	$\mu_1>\mu_2$		$t>t_\alpha$	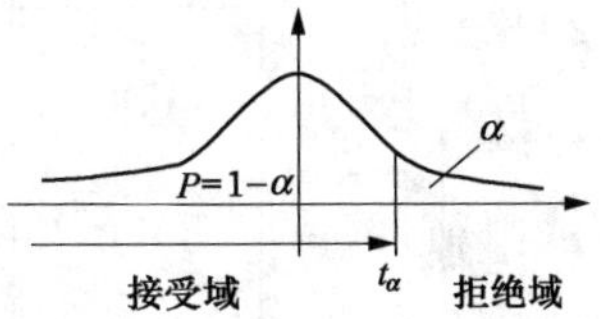

附录Ⅰ 正态总体参数（σ）的假设检验表

名称	条件	H_0	H_1	统计量及其分布	拒绝域	图形
χ^2检验法	已知总体均值μ_0，检验总体方差σ^2是否等于已知常数σ_0^2	$\sigma^2=\sigma_0^2$	$\sigma^2\neq\sigma_0^2$	$\chi^2=\dfrac{\sum(X_i-\mu_0)^2}{\sigma_0^2}$ $\chi^2\sim\chi^2(n)$ $\chi^2=\dfrac{nS^2}{\sigma_0^2}\sim\chi^2(n-1)$	$\chi^2>\chi^2_{\alpha/2}$ 或 $\chi^2<\chi^2_{1-\alpha/2}$	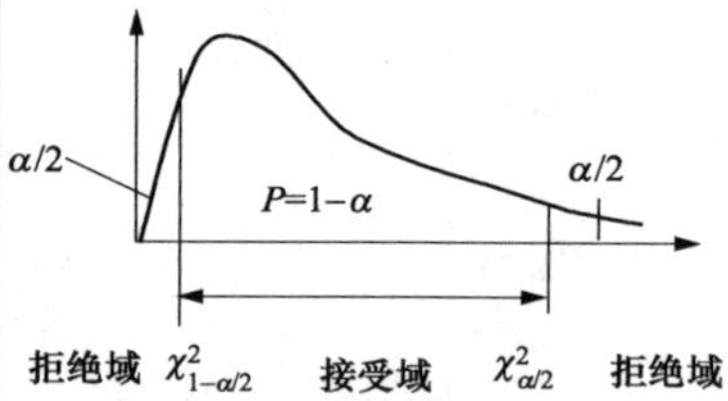
			$\sigma^2>\sigma_0^2$		$\chi^2>\chi^2_{\alpha}$	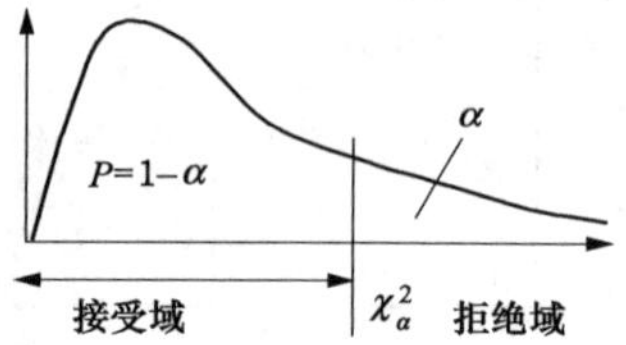
			$\sigma^2<\sigma_0^2$		$\chi^2<\chi^2_{1-\alpha}$	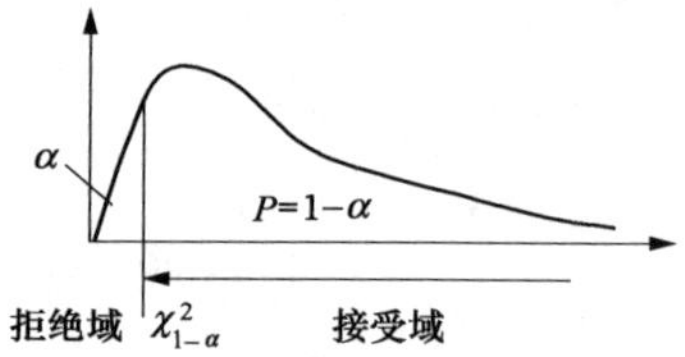
	总体均值μ未知，检验总体方差σ^2是否等于已知常数σ_0^2	$\sigma^2=\sigma_0^2$	$\sigma^2\neq\sigma_0^2$	$\chi^2=\dfrac{\sum(X_i-\bar{X})^2}{\sigma_0^2}$ $\chi^2\sim\chi^2(n-1)$ $\chi^2=\dfrac{(n-1)S^2}{\sigma_0^2}\sim\chi^2(n-1)$	$\chi^2>\chi^2_{\alpha/2}$ 或 $\chi^2<\chi^2_{1-\alpha/2}$	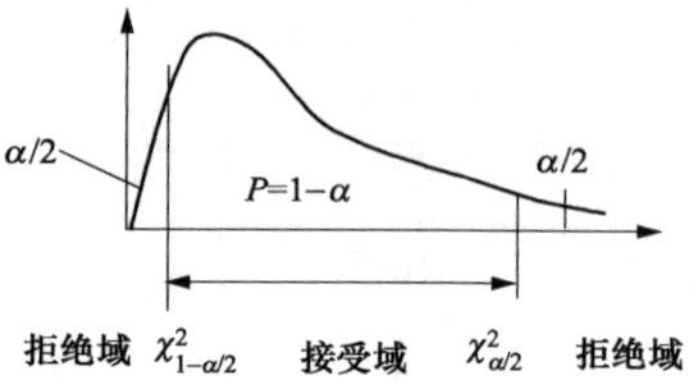
			$\sigma^2>\sigma_0^2$		$\chi^2>\chi^2_{\alpha}$	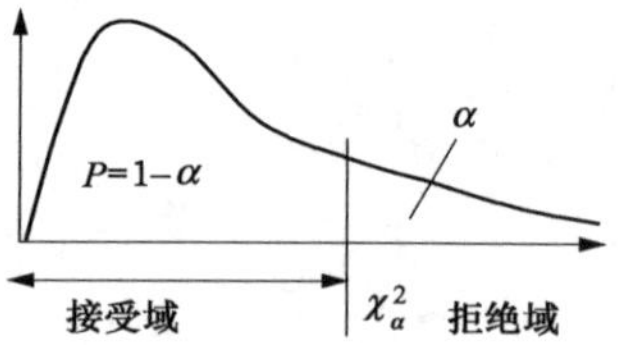
			$\sigma^2<\sigma_0^2$		$\chi^2<\chi^2_{1-\alpha}$	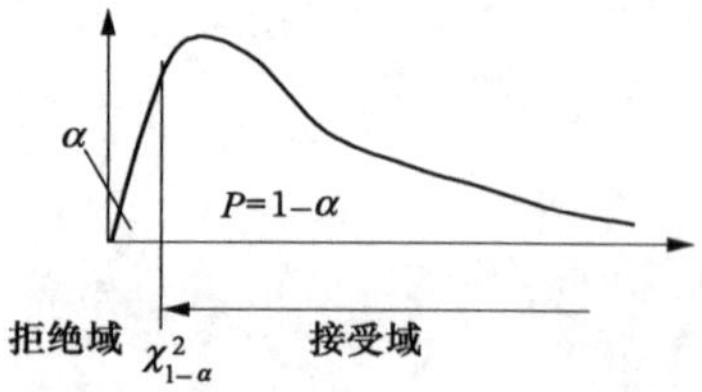
F检验法	两个总体均值μ，方差σ^2未知比较两总体方差	$\sigma_1^2=\sigma_2^2$	$\sigma_1^2\neq\sigma_2^2$	$F=\dfrac{\sum(X_i-\bar{X})^2/n_1-1}{\sum(Y_i-\bar{Y})^2/n_2-1}$ $=\dfrac{S_1^2}{S_2^2}$ $F\sim F(n_1-1,\ n_2-1)$	$F>F_{\alpha/2}$ 或 $F<F_{1-\alpha/2}$	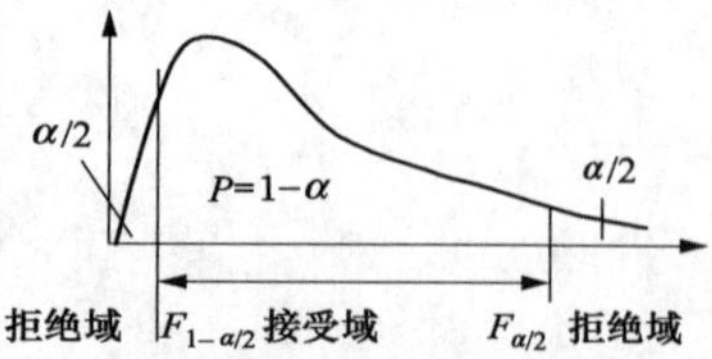

续表

名称	条件	H_0	H_1	统计量及其分布	拒绝域	图 形
F 检验法	两个总体均值 μ，方差 σ^2 未知比较两总体方差	$\sigma_1^2=\sigma_2^2$	$\sigma_1^2>\sigma_2^2$	$F=\frac{\sum (X_i-\bar{X})^2/n_1-1}{\sum (Y_i-\bar{Y})^2/n_2-1}=\frac{S_1^2}{S_2^2}$ $F\sim F(n_1-1,\ n_2-1)$	$F>F_\alpha$	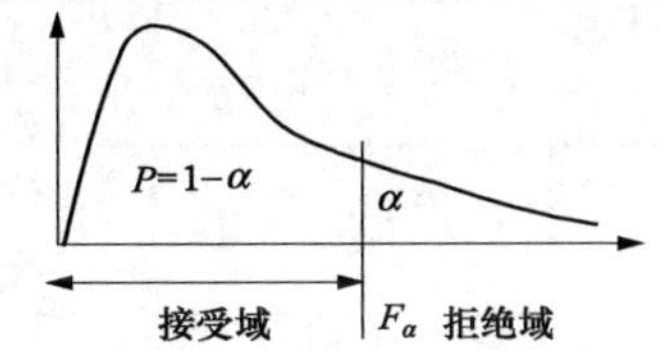
			$\sigma_1^2<\sigma_2^2$		$F<F_{1-\alpha}$	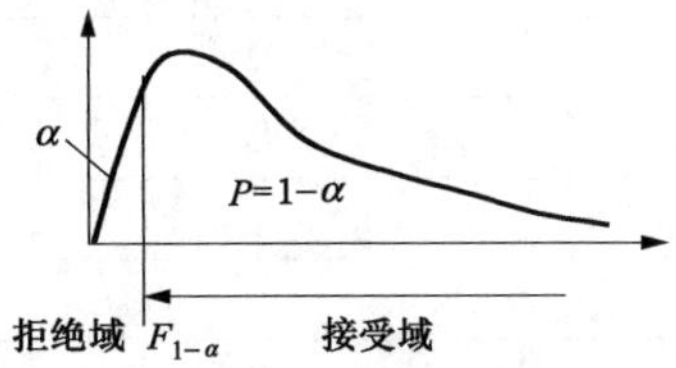

附录J 相关系数临界表

自由度（n）	显著性水平（α）	
	0.050	0.010
1	0.997	1.000
2	0.950	0.990
3	0.878	0.959
4	0.811	0.917
5	0.754	0.874
6	0.704	0.834
7	0.666	0.798
8	0.632	0.765
9	0.602	0.735
10	0.576	0.708
11	0.553	0.984
12	0.532	0.661
13	0.514	0.641
14	0.497	0.623
15	0.482	0.606
16	0.468	0.590
17	0.456	0.575
18	0.444	0.561
19	0.433	0.549
20	0.423	0.537
25	0.381	0.487
30	0.349	0.449
35	0.325	0.418
40	0.304	0.393
45	0.287	0.372
50	0.273	0.354
60	0.250	0.325
70	0.232	0.302
80	0.217	0.283
90	0.205	0.267
100	0.195	0.254

参 考 文 献

［1］贾俊平. 统计学［M］. 6 版. 北京：中国人民大学出版社，2015.

［2］盛承懋，楼江，于晓红. 统计学［M］. 南京：东南大学出版社，2002.

［3］盛骤，谢式千，潘承毅. 概率论与数理统计［M］. 4 版. 北京：高等教育出版社，2008.

［4］刘思峰，吴和成，菅利荣. 应用统计学［M］. 2 版. 北京：高等教育出版社，2011.

［5］葛新权. 统计学［M］. 2 版. 北京：机械工业出版社，2006.

［6］蒲括，邵朋. 精通 Excel 数据统计与分析[M]. 北京：人民邮电出版社，2014.

［7］薛薇. 统计分析与 SPSS 的应用［M］. 3 版. 北京：中国人民大学出版社，2011.

［8］王燕. 应用时间序列分析［M］. 4 版. 北京：中国人民大学出版社，2015.

［9］龚曙明. 应用统计学［M］. 2 版. 北京：清华大学出版社，北京交通大学出版社，2005.

［10］耿修林，谢兆茹. 应用统计学［M］. 3 版. 北京：科学出版社，2013.

［11］田海霞. 统计学原理与 Excel 应用［M］. 北京：机械工业出版社，2016.

［12］Eelko K R E Huizingh. Applied statistics with SPSS [M]. SAGE Publications Ltd, 2007.

［13］Johannes Ledolter, Robert V. Hogg. Applied statistics for engineers and physical scientists [M]. Pearson, 2011.

［14］Lothar Sachs, Zenon Reynarowych. Applied statistics: a handbook of techniques [M]. Springer, 2011.